# 人工内耳装用児の
# 言語学習活動

フォーカス・オン・フォームによる
「あげる・くれる・もらう」の指導

星野友美子

ココ出版

Study on facilitating language acquisition of Japanese children with cochlear implants:
Focusing on the giving and receiving verbs

First published 2015
Printed in Japan

All rights reserved
©Yumiko Hoshino, 2015

Coco Publishing Co., Ltd.

ISBN 978-4-904595-54-1

# 目次

## 基本的な用語の使用について /////1

〈授受表現〉/////1
〈難聴・聴覚障害・聾〉/////1
〈（リ）ハビリテーション〉/////2
〈獲得・習得・学習〉/////2
〈母語・第一言語・第二言語〉/////3
〈音声の文字化表記について〉/////3

## 第1章
## はじめに /////5

**1.1** 本研究の目的 /////5
**1.2** 研究の方法 /////8
**1.3** 本研究の構成 /////10

## 第2章
## 聴覚障害児の言語教育 /////13

**2.1** 聴覚障害児教育と9歳の壁 /////13
**2.2** 聴覚障害児の言語力と学力 /////15
**2.3** 聴覚障害児・外国語学習者の類似点と非類似点 /////19
 2.3.1 誤用の類似点 /////20
 2.3.2 言語習得における類似点・非類似点 /////27
**2.4** 聴覚障害児の教育環境の変化 /////36

## 第3章
# 人工内耳装用児の言語習得/////45

- 3.1 人工内耳について/////45
  - 3.1.1 言語の選択/////45
  - 3.1.2 人工内耳のしくみ/////49
  - 3.1.3 人工内耳の補聴効果と限界/////51
  - 3.1.4 手術後の（リ）ハビリテーション/////54
- 3.2 A子の言語習得/////59
  - 3.2.1 健聴児の言語発達/////59
  - 3.2.2 A子のプロフィールと言語環境/////62
  - 3.2.3 A子の言語発達/////64
- 3.3 聴覚障害児にとって獲得が遅れる構文/////76


## 第4章
# 日本語の授受表現とその習得/////83

- 4.1 日本語の授受表現/////83
  - 4.1.1 授受の方向/////84
  - 4.1.2 話者の視点/////85
  - 4.1.3 待遇意識/////89
- 4.2 健聴児の授受表現の習得/////91
- 4.3 聴覚障害児の授受表現の習得/////97
- 4.4 先行研究・言語指導方法の問題点/////105

## 第5章
# 言語習得の認知的アプローチ /////111

- **5.1** 言語習得の情報処理モデル /////112
- **5.2** インプットの役割 /////118
- **5.3** インタラクションの役割 /////120
- **5.4** アウトプットの役割 /////122
- **5.5** フォーカス・オン・フォームと「気づき」/////123
- **5.6** A子の言語習得における「気づき」/////126
- **5.7** 聴覚障害児・学生の言語習得を促す方法に関する先行研究 /////131

## 第6章
# 授受表現の学習活動 /////139

- **6.1** フィードバックの種類 /////140
- **6.2** 誤用の分類 /////142
- **6.3** 学習活動ステップ1（4年生時）/////143
  - 6.3.1 ステップ1：自由会話 /////144
  - 6.3.2 ステップ1：漫画を使った学習A（話す）/////154
  - 6.3.3 ステップ1：漫画を使った学習B（書く）/////168
  - 6.3.4 学習活動ステップ1の考察 /////171
  - 6.3.5 学習活動ステップ1の評価 /////173

- 6.4 学習活動ステップ2（5年生時）/////173
  - 6.4.1 ステップ2：自由会話/////174
  - 6.4.2 ステップ2：リーディング/////176
  - 6.4.3 ステップ2：ライティング/////185
  - 6.4.4 学習活動ステップ2の考察/////192
  - 6.4.5 学習活動ステップ2の評価/////195
- 6.5 学習活動ステップ3（6年生時）/////197
  - 6.5.1 ステップ3：読解A（読んで話す学習）/////198
  - 6.5.2 ステップ3：読解B（読んで書く学習）/////202
  - 6.5.3 学習活動ステップ3の考察/////207
  - 6.5.4 学習活動ステップ3の評価/////208

# 第7章
# 考察のまとめ/////213

## 7.1 A子の授受表現の問題点/////213

## 7.2 A子の授受表現の習得過程/////216

## 7.3 A子の学習方法：フォーカス・オン・フォームの効果/////220

# 第8章
# 今後の課題/////225

▌あとがき //////227

▌参考文献 //////231

▌巻末資料 //////244
　　　巻末資料1　A子の言語発達 //////244
　　　巻末資料2　A子・K子との会話 //////250
　　　巻末資料3　学習活動ステップ1：漫画 //////259
　　　巻末資料4　学習活動ステップ2：ワークシート //////263
　　　巻末資料5　学習活動ステップ3：読解 //////269
　　　巻末資料6　確認テスト（30問）//////272

▌索引 //////274

# 基本的な用語の使用について

本書で使用する用語の定義・説明と音声の文字化表記の記号について下記に記す。

**〈授受表現〉**

本研究では、日本語の授受動詞「あげる」「くれる」「もらう」、補助動詞「〜てあげる」「〜てくれる」「〜てもらう」を含む文を「授受表現」と呼ぶことにする。「あげる」「くれる」「もらう」と表記したときには、補助動詞「〜てあげる」「〜てくれる」「〜てもらう」を含むものとする。また「やる」は「あげる」、「〜てやる」は「〜てあげる」に含め、「やる」と「あげる」は区別しない。

**〈難聴・聴覚障害・聾〉**

感覚器官の損傷によって聞こえない、聞こえにくい状態を指す。「難聴」は突発性難聴、先天性難聴など、医学的な分野でその種類について説明するときや重度難聴のように、聴力レベルを表すときに用いられる。教育分野では、一般的に聴覚障害（児）教育など「聴覚障害」という語が使われるため、「難聴」と「聴覚障害」という語は必要に応じて使い分ける。

また、聞こえない人たちの中には、聞こえないことは障害ではないとして、自分たちを「障害者」ではなく「聾者」と呼び、聞こえる人を「聴者」と呼ぶ人たちもいる（英語ではDeaf: 聾文化に属するという意味で大文字のDを用いる）。2007年以降、聾学校は「特別支援学校」という名称に変更されたが、本研究では、聾学校という名称を用いる。

〈(リ)ハビリテーション〉

　人工内耳の手術後には、定期的な検診とマッピング（個人に合わせたスピーチプロセッサの設定）や言語指導が必要となる。これらを総称して「(リ)ハビリテーション」と呼ぶ。一般的に、リハビリテーションには失われた機能を再び回復するという意味があるが、先天性難聴児は生まれたときから聴覚器官に問題があるため、能力を新たに獲得するという意味でハビリテーション（habilitation）という語が用いられる（Tyszkiewicz & Stokes, 2006）。また、成人の装用者や進行性の難聴など、音声言語を獲得してから失聴する場合もあるため、本研究では、それらをまとめて(リ)ハビリテーションと表記する。

〈獲得・習得・学習〉

　「獲得」と「習得」という用語は、英語のacquisitionに対応するが、その用語の使い分けについては研究者間で相違が見られる。『応用言語学事典』（研究社、2003: 112）によると、「言語獲得」は、ヒトには環境や能力にかかわらず生得的に言語を身につける機能が備わっているという理論に基づき、主に母語に関して用いられる。一方「言語習得」は、ヒトが一般的な認知機能によってことばを学習するという狭義と生得的な要因も含めた言語学習全般を意味する広義があり、第二言語に関して用いられることが多い。また第二言語習得研究では、Krashen (1982)が「獲得／習得（acquisition）」と「学習（learning）」を区別し、「獲得／習得」は無意識で自然に身につくのに対して、「学習」は意識的に文法などを学ぶことだとしている。

　先天性の最重度難聴児が人工内耳による聴覚補償によって目指すことは、第一言語として音声言語を獲得することである。しかし、人工内耳装用児の場合、『応用言語学事典』（研究社、2003: 112）の「親が子供に対して母語の構造規則や意味を解説し、学習指導を行うはずもない」という記述に反して、音声言語を獲得するために学習的な側面が欠かせない。人工内耳を装用するだけでは健聴児のように自然に母語を獲得していくことができないからである。

　装用児が音声言語を獲得するためには、手術後に適切な(リ)ハビリテーションが必要である。親が文脈に即したことばをゆっくりと繰り返

し、意識的な言語インプットや相互交渉が不可欠である。また母語を正しく使用するために、本研究で行ったような言語学習を行う必要がある。作られた環境で言語を学ぶことは、日本語を第二言語として学ぶ学習者と似ていると言えるだろう。

本研究ではこのような人工内耳装用児の言語環境をもとに、「獲得」「習得」「学習」という用語を適宜使用する。

〈母語・第一言語・第二言語〉

『応用言語学事典』(研究社、2003: 117) によると、「第一言語」は「子供が最初に習得する言語」である。また「母語」は文字通り、「母親から学んだ言語、家庭内で習得された言語」という意味で使用されるほか、習得する環境に関わりなく、最初に習得したという意味で第一言語と同義に使われる。しかし、先天性聴覚障害児の場合、最初に習得する言語や母親から学んだ言語が必ずしも母語／第一言語になるわけではない。補聴器装用児が最初に健聴の親から音声言語を学んでも、十分に聞き取れない場合は、音声言語が母語／第一言語とならない場合もある。健聴の親が手話をあまり使わなければ、家庭内で手話を習得できないが、聾学校に在学したり、手話を母語とする聾者に頻繁に接したりすれば、手話を第一言語／母語とするようになる。人工内耳装用児の場合、手術年齢、装用効果、教育環境などによって個人差があり、音声言語と手話の両方を使う場合は、どちらがその子どもの第一言語／母語になるかは、子どもによって異なる。

本研究では、母語と第一言語は同義として扱うが、「母親が使うことば」という意味合いが強い場合は「母語」、第二言語と比較して用いるときには「第一言語」ということばを用いることにする。また、「第二言語」とは、主に第二言語習得研究の分野において、三番目、四番目などに習得した言語も含める用語であるが、本研究では、母語／第一言語以外の言語という意味で使用する。

〈音声の文字化表記について〉

以下に、本研究で使用した記号の説明をする。

？：疑問文、上昇イントネーション
…：ポーズ、会話のとぎれ
！：感嘆文、強調や驚きなど
太字：強く発音した部分
A：A子の発話
K：K子の発話
M：筆者の発話
P：A子の父親の発話
Y：健聴の姉の発話
その他のアルファベット：個人名などの固有名詞

# 第1章
# はじめに

## 1.1 本研究の目的

　本研究の目的は、音声日本語[1]を第一言語とする人工内耳装用児A子に対してフォーカス・オン・フォームによる指導を実践し、A子の授受表現の習得過程とその問題点を明らかにすることである。またウチとソトの概念を理解することなく日本社会で円滑な人間関係を構築することは難しいことから、授受表現の「くれる」を習得することの重要性を主張し、聴覚障害児の言語習得の評価に授受動詞「くれる」の使用が不可欠であることを提言することである。さらに、A子の学習活動のプロセスが示すように、「くれる」が自然に使用できる語用能力を習得するためには、段階的な学習の必要性があることを示すことである。

　聴覚障害児教育では、話しことばが聞こえにくいことにより、ことばの発達が遅く、小学校の4年生頃から学力が伸び悩むことを意味する「9歳の壁」ということばがある。これまで、先天性の重度・最重度難聴児は、補聴器を装用して訓練しても、話しことばを習得することは困難であり、家族は大きな労力や努力を強いられた。さらに就学前に話しことばを十分に習得することができない聴覚障害児は、就学後、日本語を使った読み書きが中心となる教科学習においても健聴児より困難な課題が多く、聴覚障害児の言語発達の遅れや学力の低さが指摘されている。しかし、1990年代から小児難聴に適応され始めた人工内耳は従来の補聴器と異なり、重度・最重度難聴児に会話音域の音を提供することができる。個人差はあるが、人工内耳を埋め込み、手術後の言語（リ）ハビリテーションが適切に行われれば、話しことばを習得することができるような

ってきている。

　筆者は、先天性最重度難聴児のＡ子（次女）とＫ子（三女）に人工内耳を選択した。それは、最重度の難聴児が人工内耳によって話しことばを習得し、筆者（親）の母語である音声日本語で子どもを育てるためである。二児とも生後2歳3か月で人工内耳を装用し、手術後の言語（リ）ハビリテーションを続けた。しかし、人工内耳を装用しても聴覚障害者が健聴者になるわけでなく、音声言語を習得するためには、大人の意識的な関わりと話しかけが必要となるため、Ａ子やＫ子に遊びの中で適切なことばかけを繰り返してきた。この過程は健聴児の子育てと比較すると決して自然な母子間のやりとりではなかったが、このような親や周囲の人々による言語インプットを受けながら、二児は日本語の話しことばを習得していった。現在Ａ子は中学2年生、Ｋ子は中学1年生になり健聴児と共に通常学級で学んでいる。

　近年、重度・最重度難聴児が人工内耳を装用し、話しことばを習得することによって、健聴児と共に通常学級で学ぶ機会が以前よりも増えてきている。しかし、先天性の最重度難聴児が人工内耳を装用しても健聴児と同じように聞こえるわけではなく、軽度の難聴であることには変わりがない。小学校のときのＡ子やＫ子の話しことばや作文では、語彙の少なさと多くの誤用が見られた。それらは、助詞の脱落・誤用、受身文、使役文、授受構文など、同年齢の健聴児には見られないような誤用だった。そのため、聴覚障害児教育で言われている「9歳の壁」を乗り越えられるか、という大きな問題があった。

　難聴児が聾学校に在籍すれば、聴覚障害に起因する問題に対処するために聾教育の専門家による指導を受けることができるが、健聴児と共に通常学級で学ぶ装用児の学習環境は、聾学校とは大きく異なっている。生徒が30人以上の大きなクラスでの授業、健聴児の学習に合わせた指導のスピード、さらに騒音レベルの高さなど、通常学級では、話しことばの聞き落としや聞き間違いも増え、十分な言語インプットを得ることができない。さらに、一対一の状況では相手のことばを聞き取れるが、グループになって複数の人が同時に話すような話し合いの聞き取りなどは、著しく困難になる。健聴児にとって、ごく普通の言語環境が、Ａ子やＫ子の会話や作文に見られる語彙の不足、また健聴児には見られない

誤用を生み出していると考えられる。

　人工内耳装用児は、耳から十分な言語インプットを得られない中で言語を特異的に習得していくが、これと類似しているのが日本語学習者である。例えば、語彙の不足や誤用の類似、また聴覚障害児にとって習得が遅れる受身や授受表現の構文は、中・上級の日本語学習者にとっても困難な課題となっている。

　特に日本語の授受表現は「あげる」「～てあげる」「くれる」「～てくれる」「もらう」「～てもらう」を使って物の移動や恩恵の授受を表し、さらに日本語的なウチとソトという文化的な概念と他者への配慮が反映される。また、「あげる」は「さしあげる」、「くれる」は「くださる」、「もらう」は「いただく」という敬語表現にもつながり、日本社会における円滑なコミュニケーションには不可欠な表現である。中でも「くれる」は他者への感謝や恩恵を表す表現であることから、「くれる」を適切に使うことは、聴覚障害児が音声日本語を使って健聴者の社会の中で生きていくために重要である。聴覚障害児が音声言語を第一言語として習得することを目指し、人工内耳を装用するからには、健聴者と話しことばでのやりとりができる段階だけで安心することなく、適切な日本語の使用、特に人間関係を構築するのに必要な授受表現を正しく身につける必要がある。人工内耳によって発音が明確になり、正しい日本語を話すようになればなるほど、装用児が語用的に不適格な表現を使えば、言語能力の問題ではなく、人格の問題と捉えられることにもなりかねない。

　筆者は、A子やK子の授受表現の誤用を訂正するたびに、授受表現の習得の必要性を感じていた。そして、自分が経験した日本語教育や外国語教育の経験から、装用児の日本語教育の学習・指導方法として、第二言語習得研究の知見に基づく言語指導が必要ではないかと考えた。

　装用児にどのような学習方法が効果的であるか模索している中、学習者の「気づき」(5.5で詳しく述べる)が言語習得に効果的であることを知った（徳永p.c.2007）[2]。装用児が自然に得ていく言語インプットの量は、健聴児と比べると少ないため、言語に対する「気づき」も少なくなる。そこで、「気づき」の機会が限られている装用児には、認知的なアプローチで「気づき」を促す学習活動が有効ではないかと考えた。本研究で実践した第二言語習得研究におけるフォーカス・オン・フォームによる指導

は、意味のあるコミュニケーションの中で、文法形式への「気づき」を促す指導方法であり、この方法が装用児の言語習得を促進することに有用ではないかと考えた。

また、本研究の対象児である装用児A子は、日本語の話しことばで日常のコミュニケーションが可能であり、書きことばで通常学級の教科学習を行うだけの日本語の力を持っている。既に日本語がある程度習得され、認知面において障害のないA子には、認知力に働きかける言語習得のアプローチが期待できると考えた。

筆者は本研究の対象児A子の母親という立場であり、実際の親子関係の中で言語指導を行うにおいて、多々不備な点はあった。しかし、家庭で実践した学習活動を通して、A子は最終的に授受表現の習得に至ることができた。

以上述べたように、本研究は、次の三つの点で意義があると考える。第一に、人工内耳装用児だけを対象にした構文獲得に関する研究が少ないこと、第二に、聴覚障害児の授受表現の構文獲得に関する研究に「くれる」が含まれていないこと、第三に、授受表現の構文獲得の遅れが指摘されているにもかかわらず、それに対応した具体的な言語学習方法が示されていないことである。本研究は、装用児の習得が遅れる日本語の文法項目の中でも授受表現に焦点を当て、フォーカス・オン・フォームを用いた指導方法を実践し、装用児の授受表現の習得プロセスとその問題点を明らかにする。また授受表現の「くれる」を習得することの重要性を主張し、聴覚障害児の言語習得の評価に「くれる」の必要性を提言したい。

次節では、A子の授受表現習得のために行った本研究の方法について述べる。

### 1.2 研究の方法

本研究では、聴覚障害児の言語習得研究の中でも先行研究が少ない人工内耳装用児を対象とする。使用した言語データは、装用児A子を主な対象とし、筆者（M）がA子との日常コミュニケーションの中で観察した発話や誤用の記録、言語（リ）ハビリテーションのビデオ記録、ホームビデオでの観察、A子の作文の記録などである。またフォーカス・オ

ン・フォームを用いた学習活動ステップ1（小学4年生時）、学習活動ステップ2（小学5年生時）、学習活動ステップ3（小学6年生時）を実践し、録音した音声記録を文字に起こして使用した（学習活動の詳しい方法は第6章で述べる）。

　A子の授受表現の問題点や習得過程、フォーカス・オン・フォームの効果は、A子に実践した学習活動ステップ1、ステップ2、ステップ3で明らかにした。それぞれの学習活動の効果は、聴覚障害児のための標準化された言語検査がなかったため、毎年K県人工内耳友の会ACITA小児部で実施している教研式読書力診断検査を用いて行う予定であった。しかし、2011年3月11日に起きた東日本大震災の影響により実施されなかったため、ステップ1の評価はA子の日常の授受表現の使用からのみの評価である。幸い、2007年から2011年まで、厚生労働科学研究の感覚器障害戦略研究の聴覚分野として「聴覚障害児の療育等により言語能力等の発達を確保する手法の研究」が行われ、就学前から小学生の子どもの日本語の言語発達を評価するためにALADJIN（アラジン）[3]が開発された。そのため、この検査をA子の学習活動の効果を測る評価として用いた。しかし、ALADJINで用いた失語症構文検査や日本語理解テスト（J.COSS）[4]の中の授受表現には、「あげる」と「もらう」はあるが、「くれる」が含まれていない。そのため、学習活動ステップ2とステップ3の評価においては、筆者が独自に作成した確認テストでA子の習得を評価した。

　A子の言語環境やプロフィールについては3.2.2で詳しく述べるが、本研究は、筆者が聴覚障害児教育における方法論の中でも聴覚を最大に生かすオーディトリー・バーバル・アプローチ（auditory-verbal approach）の理念と方法に基づき実践したものである[5]。また、本研究の対象児は主にA子であるが、観察の記録、学習の実践（A子との自由会話など）には、妹の装用児K子や健聴の姉Y子が加わっている場合もある。

　A子の1日の人工内耳装用時間は、入浴や睡眠時以外の朝起きてから寝るまでの約15時間である。日常のコミュニケーションでは、誤用の訂正や修正のフィードバックを話しことばで与え、インプットが確実に伝わらない場合は、ゆっくり何度も話し、文字を書いて示すことで補っている。本研究は、このように言語習得を促す方法を実践、模索しなが

ら、日々の生活や学校生活を通してA子が成長していく中で、次女A子、三女K子、長女で健聴児のY子と親子関係を築きながら行ったものである。

　学習活動ステップ1（4年生時）、ステップ2（5年生時）の授受表現の学習では、A子の健康状態や心理状態によって左右されることや、学習を継続することが困難な状況もあった。さらに、親子関係、家庭環境などの要因に影響される学習活動もあった。特に親子関係の中では、学習中に言語指導よりも親としての教育的側面が強く出て、教室における外国語習得の教師と生徒のような関係は築きにくく、学習言語項目から焦点がずれることもあった。しかし、教師と生徒間にあるような緊張感やA子の誤用を犯すことに対する羞恥心は少なく、家庭で装用児が心理的に安心した状態で学習を行うことができるという利点もあった。

　次節では、本研究の構成について述べる。

### 1.3　本研究の構成

　本研究は、大きく二つに分かれている。第2章から第5章までは、人工内耳やA子の言語発達、日本語や第二言語習得研究に関する章であり、第6章からは実際にA子に行った授受表現の学習活動とその結果や考察についてである。

　第2章では、聴覚障害児教育の言語教育について、聴覚障害児の言語に関する問題や学力、聴覚障害児と日本語学習者との類似点、聴覚障害児の教育環境の変化について述べる。

　第3章では、人工内耳装用児の言語習得について述べるため、人工内耳の機器や装用効果、A子の言語発達や聴覚障害児にとって獲得が遅れる構文について述べる。

　第4章では、日本語の授受表現の習得に関して、健聴児と聴覚障害児それぞれを対象とした先行研究を概観する。

　第5章では、第二言語習得研究の認知的アプローチについて述べ、学習者の「気づき」が重要であると考えるフォーカス・オン・フォームについて述べる。

　第6章では、A子に実際に行った授受表現の3段階にわたる学習活動、学習活動ステップ1（4年生時）、学習活動ステップ2（5年生時）、学習活動

ステップ3（6年生時）について述べる。

　第7章では、A子の授受表現の問題点や習得過程を考察し、フォーカス・オン・フォームの効果について見ていく。

　第8章では、装用児の言語学習への提言と今後の研究課題について述べる。

注
[1] 手話を第一言語とする聴覚障害者が「書記日本語」という語を用いて日本語の書きことばを呼ぶことに対して、本研究では、話しことばの日本語を「音声日本語」と呼ぶ。
[2] p.c. は personal communication の略である。
[3] 感覚器障害戦略研究「聴覚障害児の療育等により言語能力等の発達を確保する手法の研究」が提唱する日本語言語発達検査パッケージのことで、日本の小児の言語発達評価（Assessment of LAnguage Development for Japanese chIldreN）の頭文字をとっている。『聴覚障害児の日本語言語発達のために―ALADJINのすすめ』（テクノエイド協会、2012）を参照。
[4] ALADJINを補足する検査であるが、聴覚障害児に対する実施例が少なく解釈には注意が必要である（笠井2012）。J.COSSは Japanese Test for Comprehension of Syntax and Semantics の略。
[5] Estabrooks（1994）を参照。

## 第2章
# 聴覚障害児の言語教育

本章では、聴覚障害児の教育の中で長年にわたって指摘されている言語や学力に関する問題についてとりあげる。2.1では、聴覚障害児教育で言われる、9歳頃から学力が停滞する「9歳の壁」について述べる。2.2では、学力の低さの問題は音韻意識や語彙力と関係があり、話しことばと読み書き力が関連していること、また多くの聴覚障害児が「9歳の壁」を乗り越えられない現状があることについて述べる。そして2.3では、聴覚障害児の日本語の誤用や言語環境が、第二言語として日本語を学ぶ学習者と類似しているということを見ていく。最後に2.4では、近年の人工内耳の普及に伴い、重度・最重度難聴児の教育環境が変化していることについて触れる。

次節では、聴覚障害児教育における「9歳の壁」について述べる。

## 2.1 聴覚障害児教育と9歳の壁

聴覚障害児の教育の中で「9歳の壁」という問題がある。「9歳の壁」とは、聴覚障害児が低学年での学習には問題がなくても、高学年になるにつれて教科の学習が困難になり、学力が9歳頃から停滞することを指摘したことばである[1]。

藤村（2005）によると、1970年代後半から、障害を持たない子どもでもこの時期の学力につまずくことが広く指摘されるようになり、一般的な教育の現場でも「9歳の壁」という用語が用いられるようになったという。そして「9歳の壁」の問題は、教育内容・教育方法の問題と認知発達・人格発達に関する問題として、相互作用的に問題解決の必要性があると述べている。また糸山（2003）は、子どもが頭の中で言語を十分に

操作できないと、抽象的な思考ができず、思考力が育たないということを指摘している。

　小学校英語教育でも「9歳の壁」と称する子どもの認知発達の変化に即して、指導方法や教材などを変えていく必要があるとしている（樋口・金森・國方2005; 山岡2008）。樋口ら（2005）は9歳までの子どもと9歳以降の子どもの英語に対する捉え方の違いを比較している。9歳までは聞いた音を躊躇なく発音したり、間違えることに対する自意識もなく、のびのびと授業を受けるが、9歳を過ぎると人前で発音をためらったり、英語を教科授業の一つと捉え始めるなど「9歳の壁」を境とする子どもの認知発達の違いを指摘している。

　脇中（1999）は、9歳の壁がピアジェによる子どもの発達段階の具体的操作期から形式的操作期へ移行する時期と関連していると述べている。ピアジェ（1968）によると、具体的操作期から形式的操作期へ移行する時期は、子どもの発達段階における質的な一大転機であり、具体的な事象を抽象化、概念化させ、一般化する思考ができるようになる時期であるという。内田（2004）は、この時期には思考が具体的事象から概念化へ移行するため、ことばが単に簡単な日常の必要事項や相手にしてほしいことを伝え、嬉しいなどの感情を伝え合うためだけに使われるのではなく、自分の意見を主張し、相手を説得するために使われる段階になると述べている。

　また岡本（1985）は、子どものことばの発達には、具体的な場面と関連付けられて獲得する「一次的ことば」と現実の場面と離れた文脈だけで成立する「二次的ことば」があるとしている。さらに内田（2004）は、「二次的ことば」に加え、論証と説得のための考える手段としての「三次的ことば」を提唱し、「三次的ことば」がことばの発達における質的転換期に当たると述べ、その獲得の重要性を主張している。また、バイリンガル研究者のCummins（1979, 2003）は、モノリンガル環境で、6歳ぐらいまでに対人関係を通して獲得される言語をBICS（Basic Interpersonal Communicative Skills）、それ以降の学校生活など生涯にわたって発達していく言語をCALP（Cognitive Academic Language Proficiency）という語で区別している[2]。

　このように子どもにとって9歳という年齢は、学力、心理面、社会面

の発達で大きな転換期に当たり、言語の獲得と深く関わっている。脇中 (2009) は、聴覚障害児が「9歳の壁」を超えるためには、学力面だけではなく、社会性、心理的な側面も含めて捉えなければならないと指摘する。しかし、学力面に特に注目するならば、すべての教科学習が日本語の読み書きを必要とするため、「9歳の壁」を超える大きな鍵となるのは、学力を支える日本語の力であると言えるだろう。「9歳の壁」を乗り越えるためには、9歳までに聴覚障害児が正しい日本語の理解や使用を習得しているかどうかが、重要な鍵になる。脇中 (2009: 131) は、聾教育の現場では依然として「9歳の壁」を超えられない生徒がいることを指摘し、「9歳の壁」を乗り越えるためには、話しことばを充実させる「高度化」と、話しことばから書きことばへ移行する「高次化」の両方が必要であると指摘している。

上で概観した先行研究が指摘しているように、聴覚障害児の「9歳の壁」の問題は、自己の感情を表現したり、思考を深めたりするために必要な抽象概念の発達が遅れることにあると言えよう。「9歳の壁」の問題は、人工内耳装用児にとっても大きな問題である。「9歳の壁」を乗り越えるために、日本語の習得が重要であり、そのための意図的な学習が必要であると言えるだろう。

次節では、聴覚障害児の読み書き力が停滞してしまう問題や学力の問題について先行研究が示していることについて述べる。

## 2.2　聴覚障害児の言語力と学力

学力が伸び悩むことを意味する「9歳の壁」は、言語の習得と深く関わる問題であり、多くの研究者が聴覚障害児の言語力の低さを指摘している（Allen, 1986; Karchmer & Mitchell, 2003; Marschark & Harris, 1996; Paul, 2003; Traxler, 2000; Wauters, van Bon, & Tellings, 2006; 澤2004; 菅原・今井・菅井1976; 長南・澤2007; 四日市2006）。四日市 (2006) は、聴覚障害児は、基本的な意味のやりとりをする会話はできるが、日本語の抽象的な語彙や文法の習得が遅れるため、個人差はあるが、十分な読み書きを習得していない場合が多いことを指摘している。Karchmer & Mitchell (2003) や Paul (2003) は、15歳の聴覚障害児の学力テストの平均得点が健聴児の8, 9歳レベルに相当すること、また長南・澤 (2007) は、聾学校高等部生徒の読書力の平均が、小

学校5年生3学期に相当することを報告している。

9歳という年齢は、小学校4年生頃に当たり、この時期の健聴児の読解力の低下は、Chall（1983）によっても指摘されている。Challは、健聴の子どもの読み（リーディング）の発達を以下の0～5段階のモデルで示し、文字が読めるようになる前段階から大学生レベルまで発達し続けるとしている。

ステージ0（0–6歳）……　読みの前段階（prereading）となる時期で、文字を認識し、区別をする。これは一文字ずつの字が読めるというよりも、文字全体を捉えて、頻繁に目にする「止まれ」という道路交通標識や「牛乳」という字がわかるということである。

ステージ1（6–7歳）……　小学1,2年のこの頃は、文字と音声を対応させることができるようになる。

ステージ2（7–8歳）……　小学2,3年のこの頃は、文字を流暢に読めるようになり、親しみのある内容では、頻出する語に注意を払うようになる。この段階では、まだ読んだことから新しい情報を得ることは難しいが、自分の知識や経験に基づいて書いてあることと自分の知識や言語を結びつけることができる。これまでの日常的な語彙から難しい語彙が増え、文も複雑になってくる。

ステージ3（9–14歳）[3] …　この段階になると、読むことで新しい知識や情報を得ることができるようになる。しかし、一般的な知識や語彙、認知力が十分ではないので、一つの観点から書かれた内容を読むことで読書力が発達する。

ステージ4（14–18歳）…　中学・高校の時期で、さまざまな観点から書かれた文を自分の経験や概念を用いて読み取ることができる。

ステージ5（18歳–）……　特定の本や記事から自分の目的のために読むことを学ぶ。自分に必要な情報を選び、分析することによって自分の意見や考えを構築し、さらに情報を分析して再構築することができるようになる。

　Chall（1983）によると読みの発達初期であるステージ1の中心になるのは、音韻的再符号化（phonological recoding/decoding）と視覚に基づく検索（visually based retrieval）による単語の同定である。そして、ステージ2で話しことばと書きことばの関係を学ぶ。Chall（1983: 67）は、読みの発達は4年生（9歳）頃にスピードが落ち、発達が停滞する子どもが多くなることを指摘し、これを「4年生のスランプ：the 4th grade slump」と呼んでいる。Chall（1983: 20）は子どもの読みについて、低学年では「読むことを学び（learn to read）」、高学年では「学ぶために読む（read to learn）」と述べている。そして4年生頃から、理科や社会などの教科内容が難しくなり、学ぶための道具として読みの必要性が高まることを指摘している。

　Robertson（2009）は、小学4年生頃の読みの停滞を指す「4年生のスランプ」は健聴児にも見られるが、特に聴覚障害児の場合は、以下にあげる項目に理由があると述べている（Robertson, 2009: 172）。

・話しことばに問題があること
・リスニング語彙に限界があること
・音韻情報が足りないこと
・背景知識が足りないこと
・一般的な理解の問題
・語彙レベルでの処理が不完全であること
・1音節、または2音節以上の語の読みに関する能力が足りないこと
・語をひとまとまりとして扱うこと
・メタ認知的気づきが足りないこと
・ストラテジーの使用が少ないこと
・記憶容量が少ないこと
・情報的読みの練習が足りないこと

Robertson (2009) は、特に音韻意識と語彙の成長が読みの獲得 (achievement) につながると述べている。低学年までの読みでは、単語を一つずつ記憶し、単語全体をまとまりとして捉えていても、4年生頃に読む文章では、語彙の種類が増えて意味も難しくなるので、単語を処理することが必要になるという。単語を処理するというのは、単語の知識を利用し、他の単語の形態上のしくみや意味を推測することである。例えば、un-kind-ness の /un-/ は否定の意味、kind が語幹で /-ness/ は性質や程度を表す語（形態素）だという知識があれば、unhappiness という語を見たときに /un-/「ない・不」と happiness「幸福」の組み合わせの「不幸」が推測できるということである[4]。つまり、単語は接頭語、語幹、接尾語、複数を表す形態素（語）/-s/ 等から構成されるという知識を利用するのである。また、unkind は「不親切」、kindness は「親切さ」というように名詞の派生語の生成や意味を推測することもできる。Robertson は、語彙をこのような単語の意味を有する最小単位「形態素 (morpheme)」に分解して、それぞれの意味を知ることで、記憶できる語彙が増し、書くときにもこの知識を利用することができるようになると指摘している。

　書きことばは話しことばとリンクしていて、話しことばの獲得が難しい聴覚障害児にとって、リテラシーの獲得は大きな課題である。聴覚障害児のリテラシーの獲得の鍵になるものとしては、音韻知識、語彙、文法、世界知識などがあげられている (Archbold, Harris, O'Donoghue, Nikolopoulos, White, & Richmond; 2008)。リーディング力は、話しことばの発達の延長にあり、言語知識だけではなく、内容理解を助ける世界知識や体験学習が重要だということになる。さらに、体験があっても、その体験を言語と結びつけることができなければ、語彙知識を増やすことができない。

　Marschark & Harris (1996) は、聴覚障害児は英語の統語 (syntax) を身につけることが困難であり、その問題を克服するまでに至っていないと指摘している。一方、人工内耳装用児は、人工内耳で会話音域を聞き取ることができるようになり、聴覚経験 (auditory experience) が豊かである。音韻意識が発達することで、音と文字を対応させることが容易になり、個人差は大きいが、健聴児と同等までリーディング力が発達している装用児もいると報告されている (Marschark, Rhoten, & Fabich, 2007; Spencer, Gantz, & Knutson, 2004; Thoutenhoofd, 2006; Tomblin, Spencer, & Gantz, 2000; Vermulen, van

Bon, Schreuder, Knoors, & Snik, 2007)。

　日本では、聴覚障害児の言語発達の遅れ、学習の困難性を改善する必要性から、2007年から5年間にわたり、感覚器障害戦略研究「聴覚障害児の療育等により言語能力等の発達を確保する手法の研究」で大規模な調査が行われた[5]。この調査は、日本で初めて行われた大規模な調査で、638人の聴覚障害児（そのうち人工内耳装用児は285人）[6]を対象にしている。この調査で、藤吉（2012）は、健聴児と聴覚障害児の構文獲得年齢を比較し、授受構文の受文（もらう文）の獲得年齢は、健聴児が6歳8か月、聴覚障害児が10歳3か月、受身文は、健聴児が7歳9か月、聴覚障害児は10歳9か月頃で、聴覚障害児は健聴児よりも構文の獲得が遅れることを報告している。この調査報告が明らかにしているように、聴覚障害児にとって獲得が遅れる構文は、授受表現や受身表現である[7]。

　また脇中（2009）は、聴覚障害児が日本語の習得でつまずく問題は、語彙量の少なさ、助詞の理解、やりもらい文、受身文、使役文、比喩文の理解、語用などに多いと述べている。これらの問題には、外国人の日本語学習者の中級・上級者にも獲得が難しいとされるものが含まれている（稲熊2004; 河野2008b, 2008c; 坂本・岡田1996; 田中1997, 2004; 中村2002; 尹2004）。

　次節では聴覚障害児と日本語学習者の日本語の誤用や言語習得における類似点について述べる。

## 2.3　聴覚障害児・外国語学習者の類似点と非類似点

　2.2で先行研究を概観したように、聴覚障害児の学力が健聴児レベルに及ばず、獲得が遅い構文として、授受構文や受身文などがあることを述べた。聴覚障害児にとって獲得が困難な構文は、日本語学習者にとっても同様に獲得が難しい構文である。このことから、本節では、聴覚障害児と外国語として日本語を学ぶ成人日本語学習者の類似点や非類似点について詳しく見ていきながら、A子の言語習得が、健聴児の母語獲得とは異なる特徴があることについて述べる。

　2.3.1では、誤用の類似点に焦点を当て、2.3.2では、言語習得における類似点、非類似点について述べる。

### 2.3.1 誤用の類似点

2.2で述べたように、聴覚障害児にとって獲得が困難である授受構文や受身文、関係節文（連帯修飾節）などは、健聴児のように自然に習得していくことが難しいため、学習の必要性がある。本項では、子どもが間違った発話をしたときに、否定証拠（negative evidence：ある発話が非文法的であることを伝える情報）をどのように扱うか、健聴児と装用児A子の否定証拠の利用について述べる。また聴覚障害児と日本語学習者の誤用の類似点について、具体的な例を扱いながら見ていく。

一般的に第二言語習得では、学習者は誤用を指摘されると訂正し、否定証拠を利用する。言語は周囲の人とのやりとりを通して習得が促進されるというインタラクションを重視する考え方では、否定証拠の必要性が強調されている（詳しくは5.3で述べる）。

母語獲得では、母親は子どもの発話に対して音韻や意味、文法に関する否定証拠を与えるが、子どもはそれを利用できないとされている（Lust, 2006）[8]。例えば次のような例である[9]。

Child: Nobody don't like me.（ぼくを好きじゃない人はだれもいない）
Mother: No, Say "nobody likes me."
　　　　（いいえ、「ぼくを好きな人はだれもいない」でしょ）
Child: Nobody don't like me.（ぼくを好きじゃない人はだれもいない）
〈この繰り返しが8回〉
Mother: No, now listen carefully; say "nobody likes me."
　　　　（いいえ、ほらちゃんときくのよ。「ぼくを好きな人はだれもいない」よ）
Child: Oh! Nobody don't like me.
　　　　（そうか。ぼくを好きじゃない人はだれもいない、か）

(McNeil, 1966)

白畑（2008）は、子どもが否定証拠を使えない理由を三つあげている。一つ目は、大人は子どもの内容の間違いを訂正する（例えば、ママが怒ったという意味的な誤りをパパが怒ったに訂正する）が、文法の間違いは子どもが話し始める頃は気にしない。二つ目は、たとえ間違いを訂正しても子どもはその訂正を無視する。三つ目は、子どもは誤りを訂正されても何が

どのように間違っているか理解できない。

　健聴児は否定証拠を利用しないが、A子は話しことばでコミュニケーションがとれるようになると、以下のように否定証拠を利用していた。

（まだ濡れているタオルを持って来て）
　A：これ　かわいてー
　M：かわかして　でしょ
　A：かわかして　明日の準備するから

（8歳0か月、右装用4年6か月）

　A子が誤用を指摘されると正しく言い直すのは、筆者が常にA子の発音や意味、文法的な間違いを訂正し、正しい日本語のインプットを与え、正しい発話を促してきたからだと思われる。母語獲得では、子どもは間違えながらも母語を聞く中で自然に言語を獲得していく。しかし、装用児の言語習得では、母語であるにもかかわらず、A子のように小学校高学年になっても誤用が残る。

　聴覚障害児と日本語学習者の日本語の誤用の類似は、河野（2008b, 2008c）によって指摘されている。河野は、聴覚障害児の中高生と日本語学習者の書きことばに共通の文法的な誤りが見られることを指摘し、特に助詞と用言の活用、ことばの使い方、自動詞、音韻意識という点で類似した問題が目立つと述べている。

　河野（2008b）は、聴覚障害児と日本語学習者は、辞書で調べたことばをそのまま使い、不適切な表現をする点が似ていることを指摘している。K子の例をあげてみよう（K子のプロフィールは3.2.2を参照）。K子が4年生のとき、質問応答関係検査で、質問者が「先生がみんなに折り紙を配りました。でも折り紙が足りなくてK子さんだけ、折り紙をもらえませんでした。そういうときは、どうしますか？」とK子に聞いた。K子は「先生のところに行って、注意します」と答えた。この文の場合、日本語として文法性には問題ないが、「注意する」（よくない点を見つけ、それはよくない、やめなさい、と言うこと）[10]という語を生徒が先生に対して使うこと、また折り紙が足りないという事実を誰かに伝えるときに使うには不適切であることを理解していないことがわかる。K子に「注意する」

ということばをどのように使うか確認したところ、「落下注意」や「1年生と一緒に走るときに、1年生に合わせないで早く走ってしまったので、注意したいと思います」というように「気をつける」という意味で理解していた。このように、文法的に正しくてもその文がその状況で使えるか、ということに関しての直感は、健聴児ならば他者の母語の使い方を知らないうちに多量に聞いていて、自然に身についていく。しかし、言語入力に限りがある聴覚障害児にとって、適切な語の使用は難しいことである。他者との社会的な関係によっては、不適切な使用になる場合があるので、語彙の意味理解だけでなく、場面に応じた正しい使い方を含めた語彙の学習がきわめて重要なものとなる。

次に、A子の助詞の誤用の例をあげてみる。A子の5年生の作文で「まず、最初は、みんなが作ってきた作品を見せ合いをしました」という誤用がある。健聴児ならば、一文に一つしか他動詞がない場合、「〜を〜をV（動詞）」と助詞の「を」が二度出てくると、その理由がわからなくても、何かおかしいと直感的に感じることができるだろう。聴覚障害児が母語である日本語で間違いを犯すのは、「この文はどこかおかしい」と感じる直感が十分に働かないからであると考えられる。小林（2007: 25）は母語話者であれば誰でも、ある文を見たり、聞いたりしたときに「自然」な文か、または「なんかおかしい」か、理屈抜きで判断できる「言語直感（linguistic intuition）」を持っていると述べている。母語話者は、何かおかしな文を聞いたとき、どうしておかしいのか説明することはできなくても、直感的にそのようには言わないと判断することができる。しかし人工内耳装用児は、産出する文がおかしいのか、おかしくないのかを判断することが難しい。装用児A子の場合も日本語の誤用は年齢と共に少なくなっているが、上記の例のように、助詞の誤用などが見られる。

表1に河野（2008b）があげている聴覚障害児と日本語学習者の誤用の例を示す。用言の活用、助詞、音韻意識による文字の誤用などで聴覚障害児と日本語学習者の誤用の類似が見られる。

表1からわかるように、用言の活用では、形容詞の活用でA：「暑いでした」は「暑かった」、a：「たのしいだった」は「たのしかった」が正しい。またBの助詞では、「雨を降っていました」は「雨がふっていました」、b：「サッカーを好きです」は「サッカーが好きです」が正しい。ま

**表1** 聴覚障害児と日本語学習者の誤用の類似点

| 日本語の誤用 | 聴覚障害児の例 | 日本語学習者の例 |
|---|---|---|
| 用言の活用 | A：この体育館に入っても暑いでした | a：このことは大変たのしいだった |
| 助詞 | B：バスを降りたら、雨を降っていました | b：事実は私はサッカーを好きです |
| 音韻意識 | C：2時50分までのあいたにのんびりでした | c：いなかの生活てあそぶどころもあまりないし、からだはけんきになるけど… |

河野（2008b）に基づく

**表2** A子と日本語学習者の誤用の類似点

| | A子の誤用 | 日本語学習者の誤用 |
|---|---|---|
| ①授受動詞<br>〜てもらう<br>→〜てくれる | （誤）お父さんが見に来てもらいました。<br>（正）お父さんが見に来てくれました。<br>2009.2：2年生 | （誤）国のお母さんが送ってもらたんです。<br>（正）国のお母さんが送ってくれたんです。<br>p.726（中国） |
| ②助詞<br>で→に | （誤）日本に来てからお父さんのお母さんの家でとまりました。<br>（正）日本に来てからお父さんのお母さんの家にとまりました。<br>2011.1：4年生 | （誤）日本の文化をわかるように、日本で何年もすまなければなりません。<br>（正）日本の文化をわかるように、日本に何年もすまなければなりません。<br>p.401（ブラジル） |
| ③助詞<br>は（名詞修飾節内） | （誤）私は、生まれた所は、デンマークネストベ中央病院です。<br>（正）私が、生まれた所は、デンマークネストベ中央病院です。<br>2011.1：4年生 | （誤）私はすんでいる所は学校からすごく近いために、いつも授業は遅れた。<br>（正）私がすんでいる所は学校からすごく近いために、いつも授業は遅れた。<br>p.605（中国） |
| ④助詞<br>を→に | （誤）将来を向けて<br>（正）将来に向けて<br>2011.1：4年生 | （誤）倒れた騎士が試合を負ける<br>（正）倒れた騎士が試合に負ける<br>p.782（アメリカ） |
| ⑤助詞<br>を（付加） | （誤）みんなが作って来た作品を見せ合いをしました。<br>（正）みんなが作って来た作品を見せ合いしました。<br>2011.9：5年生 | （誤）レポートを明日までに提出をしなければならない<br>（正）レポートを明日までに提出しなければならない<br>p.781（オーストラリア） |

日本語学習者の誤用にあるページ表記は市川（2010）からの引用を示す

た音韻意識では、C：「あいた」が「あいだ」、c：「けんき」が「げんき」など、濁音や長音、促音などの特殊音節の誤用があげられている。

　また表2で、装用児A子の作文の誤用と市川（2010）による日本語学習者の誤用を示す。表2から、A子の誤用と日本語学習者の誤用が類似していることがわかる[11]。

　表2のA子の誤用①「〜てもらう」と「〜てくれる」の誤用は、「（お父さんに）」とするところで「が」を用いたとも考えられる。②の「泊まる」「住む」などの動詞には、通常「場所＋に」と結びつきやすく、「場所＋で」は使えない。また③は、従属節（名詞節・名詞修飾節などを含む）の主語に「は」を使用した誤りで、従属節内の主語は基本的に「が」をとる。④では「向ける」「負ける」など対象を「に」で提示するタイプの動詞に「を」を使用した誤りで、「対象＝を」という連想で処理したことが誤用の原因であると考えられる。⑤の誤用は「を」の重なりによる過剰である。

　以上、A子と日本語学習者の書きことばでの誤用の類似を見たが、A子は話しことばにおいても、表2の①に相当する授受表現や②に相当する助詞の誤用が観察される。例えばA子が3年生のときの次のような発話である。

　　A：1年生のときね、Mちゃんがランドセル間違えた。
　　　　そしたらアイスがもらってきた。

　この発話が意味するところは、Mちゃんが自分のランドセルとA子のランドセルを間違えて持って帰ってしまったため、A子がMちゃんのうちに届けに行ったら、お礼にアイスクリームをもらった、ということである。

　また助詞の誤用では、②に相当する「場所＋に」に関する次のような誤用が5年生の6月に観察された。

　　A：（手に本を持って見せながら）図書室に借りて来たよ。

　助詞「に」の意味役割は、①着点（goal）、②動作主（agentive）または行

為者（doer）などの他に「場所」を「点」として捉えた「ここに」など多様である。上の例では、「図書館で」とするべきところをＡ子が「図書館に」としていて不自然に感じる。この場合、奪格の「から」と置き換えが可能であるため、Ａ子が「から」を使うか「に」を使うかで迷い、「に」を使った結果、不自然な表現になったと思われる。つまり、「から」と「に」はどちらでもよい場合とそうでない場合がある。例えば、「山田さんからお金を借りた」とも「山田さんにお金を借りた」とも言うことができる。しかし、「銀行からお金を借りた」というのは自然だが、「銀行にお金を借りた」というのは何となく不自然である。その理由は、「に」に密着性の意味が強く、相手が人間などの生物の場合には自然だが、銀行や郵便局などの無生名詞の場合には制約が起きるからである。そのため、「銀行にお金を借りた」という場合は、話し手の頭の中に特定の親しい銀行員が思い浮かんでいる場合である。上の例では、図書館は無生名詞であるため、「図書館（という組織）から借りた」とするか、場所を示す「で」を用い、「図書館で借りた」とするのが自然である（徳永 p.c.2012）。

斉藤（2002）は、健聴児の場所格「で」の習得は６歳半頃だと述べている。この発話はＡ子が 11 歳のときであることを考えると、同年齢の健聴児には見られない誤用であると言える。

Spencer（2002）は、日本語の習得について言及しているわけではないが、一般的に人工内耳装用児の形態素（grammatical morphemes）の習得は、健聴児に比べて遅れると述べている。また河野（2008a）は、聴覚障害児は助詞に対するフィードバックを受ける機会が少なく、助詞を獲得しにくいと述べている。つまり、発話で大きく発音されない形態素や日本語の助詞などは、装用児にとって獲得が遅れることになる。

藤吉（2012）の調査結果によると、健聴児の授受構文の習得は、授与文[12]（あげる文）が５歳半以前、受文（もらう文）が６歳８か月である。上記の発話がＡ子が９歳９か月のときであることから、授受構文は獲得が遅れている構文だと言える。聴覚障害児に困難な構文は、日本語を第二言語として学習する日本語学習者の中級・上級者にとっても同じである。稲熊（2004）、坂本・岡田（1996）、尹（2004）が日本語学習者の授受構文の習得の難しさ、田中（1997, 2004）、中村（2002）は、受身構文の習得の難しさを指摘している。

第二言語習得研究では、Selinker（1972）が、学習者が目標言語を習得する段階で、習得が停滞してしまうことを「fossilization（化石化）」と称している。Bley-Vroman（1988）が述べているように、第二言語習得でも目標言語の成功は必ずしも保証されているわけではない。外国語を母語話者と変わらないぐらい自由に操る学習者もいれば、ある一定の段階で習得が停滞してしまう学習者もいる。第二言語習得の場合は、第一言語から目標言語の習得に至るまでの中間言語（interlanguage）の段階で化石化が起こると考えられている。中間言語とは、Selinker（1972）が用いた用語で、学習者の母語から目標言語に近づいていく間にある学習者独自の言語である。また、第二言語習得では、学習者の誤用を分析することを中間言語分析と呼ぶ。装用児A子の場合は、母語の獲得過程で日本語の誤用がなくならないという現象であり、第二言語習得の中間言語に当たるこの段階では、装用児独自の言語体系が構築されていると考えられる。この段階の誤用を「発達の遅れ」と捉えるか、「化石化」と捉えるかは議論の必要があるが、多くの聴覚障害児のリテラシーや言語レベルが小学4年生で停滞してしまうことからわかるように、聴覚障害児の言語獲得には健聴児の言語獲得には見られない言語発達の停滞があることがわかる。そのためにも、言語指導や学習によって意識的に日本語を習得させる必要があると考える。

　河野（2008a, 2008b）は、聴覚障害児と日本語学習者の誤用の原因は異なっても、誤用として現れる現象が類似していることから、日本語教育で開発されている教材や指導の手法を聴覚障害児への言語指導法として取り入れることを提案している。さらに河野（2008b）は、聴覚障害児と日本語を母語としないJSL（Japanese as a Second Language）児童は、日本語による経験量が少ないことから、話しことばだけでなく、書きことばが加わる「二次的ことば」が育ちにくいという点が共通していると述べ、国語教育とは区別した言語教育の必要性を主張している。

　また、松井・渡邉・佐藤・細谷（2006）は、日本語学習者のための日本語能力試験が聴覚障害者に使用できる可能性を示唆し、外国人の日本語学習者と同様に、日本語の文法に誤用が見られる聴覚障害者には、外国人日本語学習者と同様に意識的な学習が必要であると述べている。

　本項では、聴覚障害児と日本語学習者の誤用の類似点について見てき

た。次項では、言語習得における類似点や非類似点について述べる。

### 2.3.2 言語習得における類似点・非類似点

装用児A子は、音声日本語を習得するために人工内耳を装用する聴覚障害児であり、音声日本語の習得は、A子にとって母語の獲得となる。しかし、健聴児と同じようには聞こえないため、健聴児の母語獲得と異なる側面があり、第二言語習得と共通する点がある。そのため、本項では、第一言語、第二言語、聴覚障害児（装用児A子を含む）の言語習得の類似点や非類似点について述べる。

第一言語と第二言語の習得の違いについて、Bley-Vroman（1988）は、次のような点をあげている[13]。

・成功の保証
・完全な成功
・到達度、学習方略の個人差
・化石化
・文法的判断
・教授法や練習の効果
・否定証拠の有効性
・情緒的要因

上にあげたように、子どもの言語発達では、ほとんどの子どもが母語をマスターするのに対し、大人の外国語学習は必ずしも成功するとは限らず、成功の度合いもさまざまである。大人の外国語学習は一般的な問題解決能力を使い、指導法や学習方法によって習熟度も異なる。また大人の学習者は、化石化（fossilization）と呼ばれる習得が停滞する現象が起こり、熟達した大人の学習者でも、文法的に正しいかという明確な判断ができない。意図的な言語指導や練習は、子どもには必要ないが、大人には効果をあげる場合がある。また、子どもは否定証拠を利用しない傾向があるが、大人には有効であり、必要な場合がある。さらに子どもの言語発達では、個性、社会性、動機、態度など情緒的な要因が影響する。

このような点において、第一言語習得と第二言語習得では違いがある

とされている。そこで、子どもが生後からたどる言語発達過程に沿いながら〈言語環境〉、〈動機付けの必要性〉、〈言語と知覚・認知の発達〉、〈個人差と成功の保証〉について述べる。

最初に言語習得における〈言語環境〉について述べる。

### 〈言語環境〉

目標言語が日常的に用いられている環境を母語環境、またそうでない環境を非母語環境とすると、装用児の言語環境は、母語環境であるが、母語のインプットが極端に少ない[14]。A子のように人工内耳を装用している聴覚障害児や補聴器を装用する聴覚障害児が通常学級に在籍する場合、学校で手話を使うことはほとんどなく、健聴児と話しことばで接する時間が長い。また、1クラスが30人以上の学級編成は、聾学校の1クラス6人までの編成と比べると非常に少ない人数で、話しことばの日本語を聞く機会も少ないと言える[15]。さらに、近年では、多くの聾学校で幼稚部の段階から手話を取り入れているという（藤本2006）。そのため、通常学級と聾学校では、音声日本語の使用状況は、大きく異なると言えるだろう。

このように、聴覚障害児にとって音声言語に触れる時間は、聾学校に通うか、通常学級に通うか、という言語環境によって異なってくる。外国語の学習でも、その言語が使われる国で生活する場合と自国で外国語を学ぶ場合には、耳からの言語インプットの量が大きく異なる。例えば、外国の大学で外国語として日本語を学ぶ場合と、日本で就労しながら第二言語として日本語を学ぶ外国人では、当然、日本で就労する外国人の方が日本語に接する時間が長くなるだろう。

装用児A子の場合は、聾学校ではなく、普通学級に在籍しているため、音声日本語を健聴児と同じぐらい長く聞いていることになる。しかし、Nelson, Jin, Carney, & Nelson（2003）が報告しているように、騒音環境では健聴者に比べて聞き取りが悪くなるため、話しことばを聞く時間が多くても、音声言語のインプットが健聴者よりも少なくなる。また、人工内耳を装用しても、同時に大勢が会話をする状況では聞き取りが難しくなり、音は聞こえても言語音を理解できないという状況があることも考えられる。

多くの外国語学習者は、特別に設けられた外国語の授業などで、ことばを意識的に学ぶ。聾学校の小学部でも、教科学習に先立つ日本語習得の必要性から、「自立活動」の中に言語指導を位置づけている（四日市2006）。一方、人工内耳装用児は、手術をしただけでは聞こえるようにはならず、手術後に聞こえのプログラムを設定するマッピングという作業や言語習得のための（リ）ハビリテーションなどが不可欠である。（リ）ハビリテーションでは、専門家が養育者に対して、言語インプットの与え方や子どもとの接し方などを指導する。装用児は、日常生活で話しことばを聞くだけでは言語習得が進まないので、学習のための準備や環境が必要である。言語インプットの限界から、意識的な言語習得のための指導が必要であることは、多くの外国語学習者が意識的に言語を学ぶ機会を持っている点と共通する。外国語学習者の場合、意識的に言語インプットを与え、言語指導を行うのは教師の役目であるが、人工内耳装用児の場合は、母親などの養育者、聾教育関係者や（リ）ハビリテーションの専門家などがそれに相当する。

　母語を聞く言語環境が整った健聴児や外国語を学習する環境が整った学習者は、他者ともっとコミュニケーションをとりたいと思うようになるだろう。そこで、次に言語習得における動機付けの必要性について述べる。

〈動機付けの必要性〉
　第二言語習得研究では、学習者要因として動機付けの研究が行われ、研究の成果が外国語教育の現場に貢献してきている（中田2011）。外国語を学ぶときの動機には、その外国語を使って誰かと話したい、好きなアーティストの歌の歌詞がわかるようになりたいなどの内的な動機や、学校の試験で落第しないためなどの外的な動機がある。

　健聴児の母語獲得でも動機付けは重要とされている。斉藤（2002）は、子どもの言語への動機には、言語自体への志向性とコミュニケーションへの志向性があると述べている。健聴児が音声言語を母語として獲得した場合、母親の話しかけによって相互交流が可能となる。子どもは親の反応を見て、声を発し、母子間の交流によってもっとコミュニケーションをとりたいという動機が自然に芽生えてくる。健聴児の動機が自然に

備わってくるのは、母親の語りかけが聞こえるからである。例えば、母親は通常、乳幼児に母乳やミルクをあげながら「おなかがすいたのね」「いっぱいのんでね」とやさしい口調で話しかけ「まあ、どうしたの？」「おしめかえようね」と語りかけながら子どもの世話をする。子どもがアイロンを触ろうとしたときには、怒った強い口調で「だめ！」と叱り、お絵かきをしているときには、「じょうずね！」とほめる。ボワソン＝バルディ（2008: 92）は、母親の感情がのった「声のメッセージ」は、感情的な価値を伝え、子どものほほ笑みを誘い、最終的に、言語的コミュニケーション（バーバル）の交換を動機付け、母親と子どもの音声的交換によって子どもは口頭（オーラル）コミュニケーションに方向づけられると述べている。

母親の話しかけの特徴は、母親語（マザリーズ：motherese）[16]と呼ばれ、ゆっくりと、ピッチが高く、短い発話であり、繰り返しが多いなどの特徴がある（岩立2005a; 岡本1982; ボワソン＝バルディ2008; 村田1983; Lust, 2006）。このマザリーズには、母子の情緒的な絆を強める役割と、言語獲得を促進していく役割がある。小椋（2006）やバーンスタイン・ティーガーマン（1994）は、マザリーズは母子間の情緒的な絆を深めるだけでなく、子どもの言語発達にも大きな役割を果たすと述べている。例えば、子どもが話しことばの切れ目を理解するのを助ける、会話型のコミュニケーションを促進し、子どもの反応を引き出す、遊びや養育場面などさまざまな社会的な文脈で新しい情報を与える、子どもが理解できるレベルに合わせる、などである。そしてこれらの特徴が、子どもの言語発達に貢献すると述べている[17]。

聴覚障害児は、難聴が発見され、補聴器や人工内耳を装用するまでは、母親のことばを聞くことができない。装用児A子は、難聴の発見が遅れ、人工内耳を装用する生後2年3か月まで、全く音を聞く経験がなかった。A子は、健聴児なら自然に聞いている母親のマザリーズが聞こえず、情報は主に視覚的に得ていた。

人工内耳の手術をすると（リ）ハビリテーションが始まり、マッピングという個人の聞こえの調整を行う必要がある。手術後に初めて音を聞く「音入れ」では、言語聴覚士が装用児の反応を見ながら、音の聞こえ方を調整していく。初めて人工内耳で聞く音を不快と感じれば、それ以降、人工内耳をつけたがらなくなってしまう場合もある。反対に、自分

が音に反応したときに周囲の大人が嬉しそうに喜べば、その姿を見るためにもっと音が聞きたいという気持ちが起きる。音に興味を持つようになれば、人工内耳をつけることに抵抗がなくなり、その後のマッピングも継続して行えるようになる。さらに、話しことばが聞こえるようになると、親や兄弟ともっとコミュニケーションをとりたいという動機が生まれてくる。このような意味でも装用児にとって動機付けは重要なことである。

斉藤（2002）は、母語獲得の動機は自然発生的で内発的なものだと述べている。しかし、装用児A子にとって、手術後の生活や（リ）ハビリテーションにおけるコミュニケーションへの動機付けは、自然発生的なものではなく、大人による意識的なものであると言えるだろう。A子のような装用児には、母子間の自然に発生してくるコミュニケーションや言語習得に対して意図的に動機付ける必要がある。

聴覚障害児は、補聴器や人工内耳を装用後、言語指導や日常生活で音を聞くようになる。他者と音声でコミュニケーションができるようになると、もっと聞きたい、もっと話したいという動機が強まり、母語としての音声日本語を習得していく。そして言語の発達とともに認知も発達していく。そこで、次に知覚や認知の発達について述べる。

**〈言語と知覚・認知の発達〉**

成人の第二言語学習者は、認知が発達してから、母語以外の外国語を習得することになる。成人が第二言語を学習するときは、時間や数の概念、推論や記憶などの認知の働き、母語の知識や世界知識を生かしながら言語を学ぶことができる。一方、母語の発達では、言語と認知の発達は相互に関連し合い、どちらか一方がもう一つを規定するという関係ではなく、密接な関連性を持ちながら相互作用的に働くものである（内田 1999; 小椋 2002; 針生 2006）。

小林（2002）は、健聴児の発達では、言語が出現するまでの前言語期に、コミュニケーション能力、構音の発達、音声の知覚、意味などが発達すると述べている。健聴児は、生後1歳頃の初語を発するようになるまでに、母子間の共同注意が成立し、意図を伝える「指さし」ができるようになる。また、喃語が発達し、ことばをシンボル（記号）として使え

るようになり、象徴機能が発達するようになる。こうして、健聴児は、認知と言語が相互に発達しながら4歳頃までには母語の文法を獲得していく（磯部・大津2005; Lightbown & Spada, 2006）。

　ピアジェ（1968）の発達段階によると、健聴児の4歳までの認知発達は、感覚運動期（1～2歳半）と前操作期（2～7歳）に当たる。感覚運動期は、子どもがさまざまな動作を通して、見たり聞いたりすることの他に、自分の周囲にある物に触れたり、舐めたり、臭いを嗅いだりする時期である。この段階では、直接子どもが感じることができないものは認識できない。前操作期の象徴的思考段階（2～4歳）になると、感覚的な認知から表象機能（何かを何かで表すこと）が発達してくる。そのため、この頃から、ごっこ遊びができるようになる。例えば、細長い形の積み木を並べて動かすことで、電車が動くことを想像しながら遊ぶことができるようになる。そして、この象徴機能が発達すると、思考を表現する言語が急速に発達していく（永江2004; 矢澤2002）。つまり、4歳頃までの認知能力は、主に感覚を通して発達する形や色、重さなどを認知する能力であり、それ以降に発達する認知力は、より複雑な概念の理解、情報の整理や統合などに必要な認知力であると言える。そして、言語の問題は、より高次な思考の発達に関係してくると言える。したがって、難聴の発見が遅れて人工内耳の手術年齢が高くなり、言語の発達が遅れると、言語習得と共に発達する概念の理解が難しくなり、論理的な思考にも影響する可能性があるだろう。

　健聴児が4歳頃までに母語の話しことばを獲得するのに対して、A子の言語習得では、難聴の発見が遅れ、言語発達が遅れた。人工内耳を2歳3か月で装用して音が聞こえるようになるまで、聴覚以外の視覚、嗅覚、味覚、皮膚感覚とそれらを通じての認知だけが発達し、言語は発達していない。A子は2歳3か月で行った最初の手術で埋め込んだ電極が適切に蝸牛に挿入されていなかったため、子音などの言語音を弁別できなかった。3歳7か月で反対側の耳に再手術を行い、言語音が聞こえるようになるまでは、「あー」というような母音の発声しかしなかった。つまり、運動機能や聴覚以外の知覚を使っての認知は正常に発達していたが、言語は発達していなかったことになる。

　通常、健聴児は認知と言語が発達しながら、4歳頃までに母語の話し

ことばを獲得する。A子が4歳近くになるまで言語音を聞けなかったということは、認知と言語が健聴児のように相互作用的に働きながら発達しなかったと言える。A子は、見たり触ったりして感じたことを言語によって表すことができず、認知と言語とのギャップが大きかったと言えるだろう[18]。

　認知だけが発達して言語の発達が伴っていない例として、聴覚と視覚に障害があったヘレン・ケラーがあげられる。ヘレン・ケラーの自伝では、本人の立場から聞こえない子どもがどのようにことばを習得していったかについて記されている（ケラー2004）。1歳7か月に熱病を患い、聴覚と視覚を失ったヘレン・ケラーは、「行く」「来る」「～を食べたい」などを表現するために、簡単なジェスチャーを使ってコミュニケーションをとっていた。しかし、自分の思い通りにいかないときには、激しい怒りを蹴飛ばしたり、大声でわめいたりすることで表現している。その頃のヘレン・ケラーは、母親を食料庫に閉じ込め、母親が中からドアを叩く振動を楽しみ、それが嬉しいという感情を持つほど、自己中心的な行動が目立つ。彼女は、自伝の中で、成長に伴い、自分の考えを伝えたいという気持ちが強くなるほど、意思伝達の手段として身振りだけでは不十分であったと述べている。

　ヘレン・ケラーと同じように、成人の第二言語学習者は、認知が発達した上で、言語を習得することになる。ことばを使って言いたいことが表現できず、相手に伝えられないという状況は、第二言語学習者が語彙や文法の知識不足により、伝えたいことを外国語で表現できない状況と同じである。3.2.3で詳しく述べるが、A子にも、自分の気持ちや他者にしてほしいことがことばで伝えられない状況があったと考えられる（A子の発達については、3.2.1で詳しく述べる）。

　以上で見てきたように、認知と言語発達の関係は、認知と言語が関連しながら発達していく子どもの母語獲得と、認知が発達してから言語を学ぶ成人の第二言語学習者では大きく異なる。ヘレン・ケラーのような障害者や装用児A子のように認知と言語が相互に発達していかない場合には、認知の働きはあっても、それを表現することばがないという状況が生まれる。このような状況は、第二言語学習者が、言いたくてもそれをことばで表せないという状況に似ていると言えるだろう。

健聴児では、4歳頃までに母語の文法を獲得していく。発達のスピードに個人差はあるが、認知的な障害を持たない限り、話しことばを獲得できない健聴児はほとんどいない。しかし、聴覚障害児には日本語の言語指導が必要であり、言語習得における個人差も大きい。そこで次に個人差と成功の保証について述べる。

**〈個人差と成功の保証〉**
　健聴児の場合、認知や聴覚に障害がなければ、ほとんど誰もが生後直後から周囲の大人が話すことばを聞き始める。そして、日本語を聞くだけで自然に生後1歳頃から初語を発するようになり、4歳頃までには母語の文法を獲得する（磯部・大津2005; Lightbown & Spada, 2006）。そのため、母語獲得における個人差の研究は、主に発達の速度や学習スタイルについての研究である（小椋2005）。
　第二言語習得研究では、子どもが4歳頃までに母語の話しことばを習得してしまうのとは異なり、目標言語の学習で成功する学習者とそうでない学習者の個人差が大きい。このため、学習者の年齢や適正、動機付けなどの個人要因と言語習得との関係が研究されている（Lightbown & Spada, 2006）。
　斎藤（1996）は、聴覚障害児教育では、コミュニケーションの手段が手話や口話（あるいは両方）などがさまざまで、言語習得の程度の個人差が大きいことを指摘している。人工内耳装用児の研究でも、個人差が指摘されている。人工内耳をいつ埋め込んだかという装用開始年齢、装用までの言語モードや家庭で使われる言語（音声か手話か）、聴覚障害の開始年齢など要因はさまざまであり、個人差の問題は大きい。人工内耳装用児の個人差、スピーチ知覚（Dowell, Dettman, Hill, Winton, Barker, & Clark, 2002）、言語理解・産出（Svirsky, Robbins, Iler-Kirk, Pisoni, & Miyamoto, 2000）、リーディング（Geers, Nicholas, & Sedey, 2003; James, Rajput, Brinton, & Goswami, 2008; Marschark, Rhoten, & Fabich, 2007; Spencer, Barker, & Tomblin, 2003; Vermeulen, van Bon, Schreuder, Knoors, & Snik, 2007）、音韻意識（James, Rajput, Brown, Sirimanna, Brinton, & Goswami, 2005; James, Rajput, Brinton, & Goswami, 2008）など、言語発達のさまざまな側面にわたって個人差が大きいことが報告されている。
　母語獲得の分野では、健聴児は生まれた直後から周囲の大人が話すこ

とばを聞くことができ、言語音をインプットする時期は、生後直後という同じ時期から開始される。ことばを聞いていれば自然に母語を獲得するため、話しことばの個人差はほとんど注目されない。しかし、人工内耳装用児は、難聴の発見時期、人工内耳の埋め込み時期、また人工内耳を装用する以前の補聴器使用の有無により言語力の個人差が大きい。さらに、誰がどのように人工内耳の手術を行ったか、手術後のマッピングや（リ）ハビリテーションは適切か、日常生活における親の関わり方などによっても、音声知覚に個人差が生まれ、話しことばが十分に母語として機能しないことがある。つまり、人工内耳を装用しても必ずしも音声日本語の獲得が保証されているわけではなく、言語発達に個人差が生じる。

　Spencer（2004）は、人工内耳装用児の中には、人工内耳を常に10時間以上装用している子どももいれば、1日に6時間以内しか装用していない子どももいると報告している。また、手術年齢が低いほど、人工内耳を常に装用する傾向があり、このような差が個人差を生み出す要因の一つだと考えている。Geers（2004）は装用児の個人差が大きい理由として、インプラント（人工内耳の埋め込み部）からの聴覚情報が不十分であること、人工内耳を埋め込む以前に話しことば（speech）にアクセスしにくかったため、言語発達の臨界期を逃してしまったこと、という2点をあげている。Tomblin, Spencer, Flock, Tyler, & Gantz（1999）は、言語発達を左右する因子として、家庭の社会経済的地位、母親の教育水準をあげ、Geers, Nicholas, & Sedey（2003）は、家族構成、性別などをあげている。しかし、日本では装用児の言語発達の因子に関する研究は少ない。その理由としては、日本では、①社会経済的格差が少ないこと、②社会的諸要因を特定する資料が少ないこと、③社会的因子として何を特定すればいいか不明確であることなどがあげられている（野中・大森・越智・山田・宮下・森2006）。

　これまで見てきた健聴児の母語獲得、第二言語習得、A子の言語習得について以下の表3にまとめた。

表3 母語獲得・第二言語習得・A子の言語習得の比較

|  | 健聴児の母語獲得 | 第二言語習得 | A子の言語習得 |
|---|---|---|---|
| 話しことばの成功の保証 | 必ず成功する | 成功するとは限らない | 成功するとは限らない（結果的には成功した） |
| 認知発達との関係 | 認知発達しながら言語を学ぶ | 認知発達の後に言語を学ぶ | 認知発達しながら言語を学ぶ（人工内耳を装用するまでは聴覚以外の知覚は発達していた） |
| 言語環境 | 母語環境 | 非母語環境 | インプットが少ない母語環境 |
| 母語の干渉 | ない | ある | ない |
| 動機付けの必要性 | ない | ある | ある |
| 否定証拠の利用 | しない | する | する |
| 意識的な介入・学習の必要性 | ない | ある | ある |

平川（2005）は、第一言語習得と成人の第二言語習得の相違点について、第二言語習得は、①目標言語の獲得が保証されていない、②成功の度合いに個人差がある、③意識的な学習が重要である、④学習者の動機付けや性格などが関係する、という四つの点をあげている。装用児の言語習得は、これらすべての点で第二言語習得と類似する。そのため、装用児の日本語習得のためには、第二言語習得のように、母語を学習（learning）する必要性があると考える。

A子のように通常学級で学ぶ装用児には、日本語を意図的に学習する必要があるにもかかわらず、学習の機会がほとんどない。そこで次に、高性能の補聴器や人工内耳などの普及に伴った聴覚障害の教育環境の変化について述べ、装用児A子の抱える日本語学習についての問題点を述べる。

### 2.4 聴覚障害児の教育環境の変化

重度・最重度聴覚障害児は、人工内耳が会話音域を補償することで、話しことばを獲得することができるようになった。そのため、人工内耳装用児は、聾学校だけでなく通常学級で学ぶ機会も増えている。しかし、聴覚障害児は健聴児と異なり、自然に日本語を獲得できるわけでは

ない。2.3.1で見たように、同年齢の健聴児には観察されないような日本語の誤用も残り、意識的な学習が必要である。本節では、人工内耳装用児の増加に伴う教育環境の変化と装用児の日本語を矯正するための教育機関や研究が十分ではないことなど、現状の問題点について述べる。

　藤本（2006）が述べているように、学校教育法で定められている聴覚障害児の教育の場は、①聾学校、②難聴特殊学級、③通級指導、④通常学級がある。②の難聴特殊学級は、特別支援学級（2006年までは特殊学級と呼ばれていた）の一つで、対象となる聴覚障害児がいる場合、通常の小学校内に設置され、固定制または一部の教科を通常の学級と交流する形をとる。しかし、その設置条件は、市町村によって異なる。一般的に、音楽や体育、図工などは、普通学級で健聴児と一緒に学び、難聴学級[19]で聴覚障害児に即した方法で国語や算数などを学ぶことが多い。③の通級指導とは、聴覚障害児が健聴児と共に通常の学級に在籍し、各教科等の指導は通常学級で行い、障害に応じた特別の指導（言語指導、教科学習の補充、障害認識など）は、自校や他校に設けられた教室で行うことである。通常学級で学ぶ装用児も、希望すれば聾学校の通級指導が受けられる。

　近年、聾学校で学ぶ聴覚障害児は減少の傾向にある。文部科学省特別支援教育資料（平成22年度）によると、聾学校（現在の聴覚特別支援学校の国・公・私立）の在籍者数は1959年（昭和34年）に20,744人であり、2012年（平成24年）には5,381人まで減少している。それに対して、小・中学校の通常学級で学ぶ聴覚障害児は増加している。文部科学省通級による指導実施状況調査結果（平成24年）によると、通級指導を受ける「難聴その他」[20]の障害を持つ子どもは、1993年（平成5年）に1,268人、2012年（平成24年）には2,254人と増加の傾向にある。人工内耳装用児は、聾学校でも増加の傾向にあり、平成20年から平成23年度の3年間で、聾学校における装用児の割合は、幼稚部で18％から26％に、初等部で16％から22％に、中等部で5％から13％に増加している[21]。このように、装用児だけではなく、聴覚障害児全体を見ても、教育環境は聾学校だけでなく、通常学級へと広がっている。さらに、2007年度から実施された特別支援教育は、障害児一人一人の支援ニーズに応える教育として、通常学級で学ぶ障害児を支援する方向にある。

　イギリスでは、Archbold, Nikolopoulos, Lutman, & O'Donoghue（2002）

が、調査の対象とした42人の人工内耳装用児のうち、95％（40人）が通常教育（mainstream）あるいは通常教育の特別クラス（a unit or special class in a mainstream school）に在籍し、聾学校に在籍している装用児は、5％（2人）であることを報告している。またMarschark, Rhoten, & Fabich（2007）によると、アメリカの聾学校[22]でも、全入学者の20％が人工内耳を装用しているという。さらにChristiansen & Leigh（2002）は、アメリカでは、聞こえる親を持つ先天性聴覚障害児だけでなく、手話を使う成人の聾者の中にも人工内耳を装用する者が出てきていると述べている。

近年、日本でも装用児が増加している。日本で成人を対象に人工内耳の最初の手術が行われたのは、1985年である（城間1992）。その後、1994年から健康保険が認められるようになったことを契機に装用者が増加し、人工内耳友の会ACITAによると、2010年の装用者は約6,300人である。1990年代には小児の人工内耳手術が開始され、小児の装用者は全体の40％に当たる約2,500人である[23]。Chute & Nevins（2002）によると、アメリカのFDA（Food and Drug Administration）が定めたガイドラインでは、重度難聴児（profoundly deaf）には生後12か月から人工内耳が適用され、海外では小児の両耳装用も効果が報告されている（Litovsky, Johnstone, Godar, Agrawal, Parkinson, Peters, & Lake, 2006; Peters, Litovsky, Lake, & Parkinson, 2004）。日本では日本耳鼻咽喉科学会が、1998年に小児適応規準を2歳と定めたが、早期装用の効果が認められるようになり、2006年には1歳6か月、2014年には1歳以上に引き下げられた[24]。

人工内耳の早期装用は、難聴の早期発見が可能になったことも一つの理由である。2000年から導入された新生児聴覚スクリーニング検査では、生後3日以降から難聴診断が可能になった（柴田・堀江・服部・中山・加藤・浅見・加藤・稲垣2007; 廣田2008; 福田・問田・福島・片岡・西崎2005）。さらに宇佐美（2006）は、遺伝子診断によって難聴の早期発見の可能性を見出している。星野（2010a）が指摘しているように、人工内耳装用児が増加している背景には、人工内耳によって音声言語による母子間のコミュニケーションが円滑になり、重度・最重度聴覚障害児を育てる労力が補聴器による子育ての時代よりも軽減されていることにもよるだろう。

Smullen, Eshraghi, & Balkany（2006）が指摘しているように、医療の分野だけでなく、人工内耳の機器自体も技術が急速に進歩している。医療

工学の発展により、人工内耳の技術が進歩すれば、騒音下での聞き取りなどが改善され、装用児を取り巻く医療や教育環境の変化は、ますます大きくなっていくだろう。今後、さらに人工内耳装用児が増加し、通常学級で学ぶ人工内耳装用児は増えていくと思われる。

このように増加傾向にある装用児に対して、Archbold, Nikolopoulos, Lutman, & O'Donoghue（2002）は、人工内耳装用児の増加は、教育環境の違いによるサポートの必要性を生み出していると述べている。またSpencer, Barker, & Tomblin（2003）は、人工内耳装用児には、文章構成力（formulated sentences）と文の複雑さ（language complexity）に関する矯正プログラム（remedial program）が必要だと述べている。

2.3.1で述べたように、装用児A子にも日本語の誤用が見られるため、上記のようなプログラムが必要である。しかし、A子は通級指導など、聴覚障害児のための特別な指導を受けていない[25]。また、小学校の通級の言語指導の現状として、松村・牧野・横尾（2008）は、多くの教員が適切な指導法を模索していることを報告している[26]。通級指導に関しては、個人差や地域差が大きい。公立の小学校に通う聴覚障害児は、「ことばの教室」[27]に通うことができるが、自治体によっては私立学校に通う聴覚障害児は通級指導を受けられないという制約がある場合もある[28]。このような通級指導を週に1時間〜1時間半程度受けることによって、聴覚障害児の日本語の習得に効果があるかは疑問が残る[29]。

また、通常学級では、聴覚障害児に対して特別な指導が設けられていないことから、聴覚障害児特有の日本語の問題や支援体制が整っているとは言い難い現実がある。聾学校では、「自立活動」として、聴能、発音、言語に関する指導が位置づけられている。しかし、A子をはじめ、通常学級に在籍し、難聴学級指導に通っていない装用児は、間違って使用している日本語を矯正するための指導を受ける機会がほとんどない。たとえ通級指導を受けたとしても、週に1〜1時間半ほどである。そのため、通常学級だけで学び、通級指導を受けない場合は、装用児の日本語の力に不安を抱く親も多い。筆者が2008年にK県人工内耳友の会ACITA小児部の保護者を対象に行ったアンケート調査によると、装用児の学習の遅れや読み書きの日本語の問題は、家庭における自助努力や、家庭教師、個別に対応する塾などへ通うことで対処していた[30]。

装用児の日本語の誤用を矯正する機会は、主に家庭である。適切な日本語の使用は言語の形式だけではなく、言語の使用においても必要である。装用児の心がことばに表れ、豊かな日本語の使用者となるには、家庭における豊かなコミュニケーションを通して、日本語を学習していくしか方法がない。しかし、多くの親たちは、装用児が教科学習に大きな遅れをとらないようにすることに手一杯である。話しことばのコミュニケーションに問題がなければ、不自然で間違った日本語を使っても、その場で誤用を訂正するだけの場合が多い。親は日本語の母語話者であれば、自然な日本語を話すことができ、日本語の間違いや不適切な使い方を訂正することができる。しかし、多くの日本語の文法の規則やことばの学習方法についての専門的知識は持っていない。通常学級の中で、聴覚障害児が学年相当の学力を保ち、適切な日本語を獲得するためには、学習内容が高度になり、概念的な理解が必要とされる高学年になるまでに、できる限り正しい日本語を使う力をつけておくことが必要である。そのためにも、装用児の日本語の習得に効果的な指導方法や学習方法が示される必要がある。

　現在、日本の聴覚障害児の実態は十分に明らかにされておらず、聴覚障害児の日本語力を評価するための標準化された検査方法も十分に確立されていない。また聴覚障害の言語指導方法に関しても、長い間、議論が続いている。幸い、聴覚障害児の言語発達の遅れや学習の困難性を改善する必要性から、2007年～2011年にかけて、638人の聴覚障害児を対象に感覚器障害戦略研究「聴覚障害児の療育等により言語能力等の発達を確保する手法の研究」が行われた。この研究では、対象児の言語発達や療育の状況などの実態調査と日本語力の評価が行われた。この調査によって、今後、さらに聴覚障害児の言語発達に利用できる評価方法や支援プログラムが確立されていくだろう[31]。しかし、人工内耳装用児を持つ親にとって、装用児の日本語の問題は毎日の課題であり、子どもの日々の成長を止めて研究の成果を待つことはできない。学校の学習内容は高学年になるにつれて難しくなり、日本語の読み書きの問題は、すべての教科に通じる重要な問題である。このような装用児の日本語の問題を改善するために、具体的にどうすればいいのか、という方法論の指標となるものは、ほとんど示されていない。松村・牧野・横尾（2008）が報

告しているように、聾教育の専門家が行う通級指導でも、適切な言語指導方法が模索されている。特に、聾学校や通級指導に通わず、専門家の指示を直接受ける機会が少ない通常学級で学ぶ装用児は、親の情報力と実行力で日々の学校生活や日本語の問題に対処している状況があり、具体的な方法や対策は欠如している。

　以上、述べたように、人工内耳の技術的進歩、教育環境の変化が生み出す多様性の中で、意識的な日本語の学習の必要性がある人工内耳装用児に、従来の聾教育の枠組みで日本語指導を捉えることは不十分ではないかと思われる。A子の作文に日本語の誤用が見られることからもわかるように、装用児には日本語を矯正するための指導や学習が必要である。人工内耳装用児が聴覚障害児であることは確固たる事実であり、日本語の問題は聴覚障害児特有の問題として対処されなければならない。しかし、今後は聴力が向上した人工内耳装用児やさまざまな教育環境で学ぶ聴覚障害児に対して、聞こえや能力に応じた方法で言語教育を位置づけることが必要であると考える。そのための方法として、河野（2008a, 2008b, 2008c）は、外国人日本語学習者のための日本語指導方法を取り入れ実践している。

　また松井・渡邉・佐藤・細谷（2006）は、成人になっても健聴の日本語話者には見られない誤用をする聴覚障害者は、外国人日本語学習者と同様に、意識的な日本語の学習が必要であると指摘している。松井らは、これまでの聾教育では「その指導は国語科の学習の中で行われており、日本語教育の観点に立った体系的な指導法や教材が確立されているわけではない」（p.111）と述べ、国語教育に加えて日本語教育の知見を取り入れることが必要であると述べている。

　人工内耳という医療技術の進歩により、重度・最重度の聴覚障害を持つ子どもたちも、通常学級で学ぶ機会が多くなってきた。彼らの日本語の習得に関して、系統的な日本語学習の必要性があることは広く認識されている。これらの現状を背景に、本研究では、聴覚障害児の言語指導方法に第二言語習得研究の理論であるフォーカス・オン・フォームを取り入れ、A子の授受表現の習得に関する問題点とその習得過程を明らかにする。

　装用児A子の授受表現の習得過程を明らかにするために、次章では、

人工内耳装用児の言語発達を概観する。

注 [1] 脇中（2009）を参照。
[2] BICS/CALPの訳語としては、基本的対人伝達能力／認知・学習言語能力（『英語教育用語事典』大修館書店、2009: 41）や基本的対人人間コミュニケーション技能／知的学問的言語能力（『新編英語教育指導法事典』研究社、2011: 41）などがある。
[3] ステージ3はさらに9-11歳と12-14歳にの2つに分けられている。
[4] 伊藤（2005）を参照。
[5] 『聴覚障害児の日本語言語発達のために―ALADJINのすすめ』（テクノエイド協会、2012）を参照。
[6] 人工内耳＋補聴器併用児は198人、片側人工内耳のみ児は85人、両側人工内耳装用児は2人であった（岩崎・西尾2012: 106-107）。
[7] 他に獲得が遅れる構文として、逆語順文「おかあさんを男の子が叩いている」、関係節文「男の子に押されているお母さんが猫を抱いている」などがあげられている。
[8] 『応用言語学事典』（研究社、2003: 119）では、大人が子どもに否定証拠を与えないと断定することはできないことを指摘している。
[9] オグレディ（2008: 192）の日本語訳。
[10] 『例解新国語辞典第七版』（三省堂、2006年）。
[11] 市川（2010）の例文は、主に日本語学習者の作文、テスト解答文、練習問題の答えからとりあげられているが、一部は会話やディスカッションから採集されているということである。
[12] 藤吉（2012）では、「授文」という語を用いている。
[13] Bley-Vroman（1988）は、英語が話されない環境での英語English as a Foreign Language（EFL）と英語が話される環境での英語English as a Second Language（ESL）の区別を特にせず、外国語学習 foreign language learningと呼んでいる。
[14] 母語環境、非母語環境という用語は、大津（2011: 48）の用語を用いた。
[15] 高等部は1学級当たり8人、公立の小・中学校の難聴特殊学級は1学級8人となっている（藤本2006: 43）。
[16] Child-Directed Speechとも呼ばれる（小椋2005: 26）。
[17] バーンスタイン・ティーガーマン（1994: 97）は、マザリーズが子どもの言語学習の妨げになることも指摘している。
[18] この場合の認知とは、知覚よりも高次な記憶や思考に関わる認知ではない。
[19] 2007年4月の学校教育法の改正施行により、難聴学級は、難聴特別支援学級という名称になった。
[20] 「難聴その他」は難聴、弱視、肢体不自由および病弱・身体虚弱の合計。また、特別支援教育資料（平成24年）によると、小・中学校（国・公・私立）の特別支援学級在籍児童生徒数は1,329人、小・中学校（公立）の通級指導

|  |  |
|---|---|
|  | を受ける児童生徒数は、2,056人である。 |
| [21] | 2011年ACIC年次フォーラムⅣ大西孝志「日本の聴覚障害教育の現状と展望」の資料による。 |
| [22] | Western Pennsylvania School for the Deaf. |
| [23] | 人工内耳友の会ACITAによる2010年10月31日現在の統計（http://www.normanet.ne.jp/~acita/info/index.html, 2011年1月19日）。 |
| [24] | 日本耳鼻咽喉科学会人工内耳小児適応規準（http://www.jibika.or.jp/members/iinkaikara/artificial_inner_ear.html, 2014年6月28日）。 |
| [25] | 2010年3月に通級指導を希望して聾学校で聴力検査を行ったところ、人工内耳装用時の平均聴力が23dBで比較的よいこと、通級はグループ指導であること、指導時間は、週に一度1時間程度であることなどの説明を受けた。また、この通級指導に通う他の装用児から、通級指導の日は、通常学級を早退する必要があること、指導内容は国語のプリントが中心であることなどから、通級指導は受けないことに決めた。 |
| [26] | 松村・牧野・横尾（2008）は、現状として、構文指導よりも語彙の指導、書くことよりも読むことの指導が多く行われていると述べている。 |
| [27] | 名称は自治体によって異なる。 |
| [28] | 東京都町田市教育委員会の回答によると、私立学校に通う難聴児は通級指導の対象ではない（2011.7.18）。 |
| [29] | 文部科学省平成24年度通級による指導実施状況調査結果によると、難聴の指導時間別児童生徒数で最も多いのは、週1単位（90分）程度717人である。 |
| [30] | 18人の小学生の装用児を持つ保護者を対象に行ったアンケート調査では、子どもの日本語能力のうち、①聴くこと（7名）、②発音（5名）、③話すこと（12名）、④読むこと（5名）、⑤書くこと（11名）、⑥その他（1名）について「少し心配がある」「かなり心配がある」と回答した（複数回答可）。また「現在在籍している教育機関の他に学習を補うために行っていることはありますか？」という質問に対して、①家庭教師（1名）、②個人対応塾（4名）、③塾（4名）、④何もしていない（3名）、⑤その他（通信教育の教材、母親による学習指導など）（7名）という回答を得た。 |
| [31] | 『聴覚障害児の日本語言語発達のために―ALADJINのすすめ』（テクノエイド協会、2012）参照。 |

# 第3章
# 人工内耳装用児の言語習得

　本章では、人工内耳と人工内耳装用児の言語発達について述べる。最初に3.1で人工内耳の説明、3.2では装用児A子の言語習得について述べる。そして3.3でA子や聴覚障害児にとって獲得が遅れる日本語の構文について先行研究を概観する。

## 3.1　人工内耳について

　本節では、まず3.1.1で、聴覚障害児が生まれた場合に、「どのような言語で聴覚障害児を育てるか」という言語の選択の問題についてとりあげる。次に3.1.2で、人工内耳という機器がどのように聴覚障害児に音を伝えるかというしくみについて説明する。3.1.3では、人工内耳の補聴効果と限界について述べる。最後に3.1.4では、人工内耳は手術を受けて装用するだけでは言語音を聞き取れるようになるわけではないため、手術後に（リ）ハビリテーションが必要であることに触れる。

### 3.1.1　言語の選択

　健聴の親に先天性難聴児が生まれた場合、最初に聴覚障害児をどのようなことばで育てるかという決断をしなくてはならない。子どもに聴覚障害があると診断されると、最初に親は障害の告知にショックを受けるが、次に聞こえない子どもとコミュニケーションをとるために、どのような言語を使うかという選択を迫られる。聴覚障害者は、手話か音声言語、あるいは音声言語と手話の両方を使う場合がある[1]。生まれたばかりの先天性難聴児は自分で言語を決定できないため、言語の選択は親の役目である。聴覚障害児が、どのような言語を使用するかという問題

は、養育者が聞こえない子どもにどのような言語を使用するかという問題である。子どもが聴覚障害児として生まれた場合、両親は、自分の子どもを補聴器や人工内耳などの補聴機器で聴覚を補償し、音声言語を使って育てるか、手話を使って育てるか、または音声言語と手話の両方を使用するかを選択する必要がある。

　最初に、聴覚障害児教育における言語の選択という問題の歴史的背景について概観してみる。聴覚障害児教育の中で、聞こえない子どもをどのように教育するかという問題は、手話法対口話法として、200年以上にわたる論争が続いている（ターキントン&サスマン2002）。都築（1997）が聴覚障害教育のコミュニケーション論争について述べているように、この論争は、1775年にパリで初めて手話と指文字を用いて聴覚障害児のための学校を建てたド・レペ（Charles–Michel de l'Épée）と1788年にドイツで口話法を用い、初めて聾学校を建てたハイニッケ（Samuel Heinicke）から始まる。そしてその論争は、1880年にミラノで開かれた聴覚障害児教育国際会議で口話法が支持されて以来、アメリカで音声言語を支持するベル（Alexander Graham Bell）と手指言語（手話と指文字）を主張するギャローデット（Edward Miner Gallaudet）によって引き継がれた。また、ムーアズ・マーチン（2010: 19）は、聴覚障害児を手話で育てるか、口話で育てるかという従来の「方法論争」は、聴覚障害児に何を教えるべきかという議論に移行していると述べている。

　日本の聴覚障害児教育は、明治11年（1878年）に京都府盲唖院で古河太四郎により、手話を中心にした方法で始まった。大正期から昭和30年代にかけては、川本宇之介、西川吉之助らによって、読話や発音を重視した口話法が普及された。第二次大戦後、聴力測定機器や補聴器の普及と機器の性能が向上したことにより、昭和35年頃から聴覚を活用した指導方法である聴覚口話法が普及した。聴覚口話法による教育が進む中、音声による指導が必ずしも聴覚障害児にとって効果的であるわけではない、という考えから、聴覚・手話・口話のすべてを使ってコミュニケーションをするべきであるというトータル・コミュニケーションという考え方が主張されるようになった。このような歴史的な流れの中で、現在は多くの聾学校で、手話や指文字（50音の仮名文字を指の形で表し、長音・促音・拗音は動きによって表す）、キュード・スピーチ（音節を手指サインと

母音の組み合わせで示し、読話の補助として音声言語と併用するもの)などが併用されながら、聴覚口話法が主流となっている(斎藤1996; 四日市2006)。

聴覚障害児のコミュニケーション手段には、聴覚活用、読話、発音、発語、キュード・スピーチ、指文字、手話など多様な手段が混在している。四日市(2006)が述べているように、聴覚障害児教育では、コミュニケーション手段の習得そのものが目的ではなく、コミュニケーションを通して社会で自立すること、自己能力を発揮することが目的である。しかし、そのために、コミュニケーション手段の選択は、重要な課題とされている。斎藤(1996)は、聴覚障害児の教育方法での主要な論議は、言語の問題というよりもコミュニケーション手段の問題をめぐって行われてきたことを指摘している。

聴覚口話法に対して、手話で聴覚障害児を教育する方法も主張されている(金澤2001)。手話の言語研究が進み、聾者による聾文化運動の活発化から、手話が聴覚障害者の第一言語であることが見直されるようになった[2]。鳥越・クリスターソン(2003)が報告しているように、1980年代から北欧を中心に報告されているバイリンガル教育は、聾者の手話が第一言語であり、第一言語習得の後に、その国で話されている言語の書きことばを第二言語として習得するという考え方である。日本でも、聴覚障害児の第一言語を日本手話とし、第二言語は書きことばとしての日本語(書記日本語)であるという主張のもと、バイリンガル教育を実践する教育の場が生まれている[3]。

親子の言語の一致は、重要な問題である。健聴者の親に健聴の子ども、手話を第一言語とする聾者の親に聾児という親子の組み合わせは、言語が一致していて問題がない。子どもが生まれた直後から、音声言語、あるいは手話で語りかけていれば、自然に子どもは言語を獲得していくからである。言語の選択という問題が生じるのは、親が健聴者で子どもが聴覚障害児の場合である[4]。

聴覚障害児の90%以上は、健聴の親から生まれる(Chute & Nevins, 2002; Marschark & Harris, 1996; Meadow-Orlans, 2004)。聞こえる親から聴覚障害児が生まれた場合、親たちは自分たちが使う音声言語で子どもを育てるか、親が新たに手話という言語を学び、子どもを育てるか、という親子間における言語の選択に直面する。子どもの言語発達を考えると、早期

に言語を選択し、言語インプットを与えていくことが必要である。しかし、中野（1991）が指摘しているように、子どもに聴覚障害が発見されると、養育者の不安や緊張、失望などの心理的要因によって母子間の相互交渉的な関係が築きにくくなり、障害の発見からどのように子どもを育てるかという教育的措置がとられるまで、かなりの時間を要する場合がある。

　言うまでもなく、健聴児は生まれた直後から母語を聞きながら自然に言語を獲得していく。言語インプットは、音声言語であっても手話であっても、言語発達には必要不可欠である。健聴の親が音声言語を使って聴覚障害児を育てる場合、子どもが補聴器を装用してある程度音が聞こえるようになったとしても、親の話しことばを聞き取ることは難しい。また健聴の親が手話を選択した場合も、子どもが第一言語として手話を獲得するために、手話での言語入力を十分に与えることが必要である。しかし、聞こえる人が大半の社会では、手話を浴びるように見ることができる環境を整えることは、容易ではない。健聴の親と聴覚障害の子どもという組み合わせの親子では、音声言語、手話のどちらを選択しても、言語インプットを十分に与えることが難しい。

　聴覚障害児の親子間で音声言語を選択した場合、子どもの音声言語獲得に大きく貢献したのが、1980年代に登場した人工内耳である。北野（2007）が述べているように、人工内耳は装用効果の個人差が大きいが、それまで補聴器では補聴できなかった高音域の聞こえを重度・最重度難聴児に提供することができる。人工内耳のしくみと装用効果については3.1.2と3.1.3で詳しく述べるが、子音を含む高い周波数高音の会話音域を補償することができ、静かな環境であれば、話しことばによる一対一でのコミュニケーションが可能である。そのため、黒田（2008）が述べているように、人工内耳は聞こえる親と聞こえない子どもの母子関係において、音声による豊かな情動的コミュニケーションを可能にしている。しかし、人工内耳にも限界があり、人工内耳を装用しても健聴者と同じように音が聞こえるようになるわけではない。そこで、次項では人工内耳という機器がどのように音を伝えるかについて述べる。

### 3.1.2 人工内耳のしくみ

本項では、人工内耳が音をどのように伝えるのか、人工内耳のしくみについて見ていく。

人工内耳の歴史は電池を開発したイタリアの物理学者であるボルタ (Volta) が1800年に初めて自分自身の耳に電流を流し、雑音のような音を知覚した200年前にさかのぼる。その後、人間の聴神経に電気的刺激を与える実験や研究が行われ、1960年には、人工内耳の開発研究がアメリカやオーストラリアで行われた。医学や医療工学の進歩によって、1970年代には、アメリカ、オーストリア、オーストラリアを中心に、成人難聴者の手術が行われるようになり、1980年代に人工内耳が世界で普及されるようになった（エプスタイン 1992）。日本では、1985年に成人中途失聴者に最初の手術が行われた（城間1992）。

人工内耳は、音を増幅して伝える補聴器とは異なり、音を電気信号に変換して脳に伝える。人工内耳は、音をデジタル信号に変えるスピーチプロセッサ（体外機）とデジタル信号を電気信号に変換するインプラント（体内機）の二つの機器からなり、インプラントを体内に埋め込む手術が必要になる。手術の早期化は聴取能が改善し、音声言語の発達に効果があるとされているが、手術後に適切な（リ）ハビリテーションが必要であり、Tyszkiewicz & Stokes（2006）が指摘しているように、装用効果の個人差は大きいと言われている。

音は空気の振動によって伝わる。空気の波動が外耳、中耳、内耳に伝わり、内耳の有毛細胞が聴神経に電気的刺激を送ると大脳に伝わり、音が聞こえるのである。難聴とは、この音の伝わる経路で障害が生じ、聴覚の感度が低下した状態を言う。

難聴は障害の生じる場所によって、伝音性難聴と感音性難聴に分けられる。伝音性難聴は、中耳炎を代表とする外耳、中耳など、音波を物理的に伝える部位で生じる障害で、感音性難聴は、内耳の有毛細胞や神経系に生じる障害である。伝音性難聴は、治療や手術によって治癒する場合が多く、補聴器で聴力が改善される。一方、感音性難聴は、現在のところ治療法がなく、補聴器で聴覚を補償することが難しい。人工内耳は、感音性難聴に有効であり、電極を内耳に挿入して聴神経を直接刺激するため、補聴器で音声の識別が困難な重度・最重度難聴児に対して聴

覚を補償することができる。18歳以下の小児への適応は、原則1歳以降であり、手術後に適切なサポートを受けると、先天性難聴児でも聴取能と言語発達が改善される。人工内耳には手術と術後の（リ）ハビリテーションが必要になる。人工内耳友の会ACITAによると、国内の装用者が約6,300人で、そのうち、小児装用者は約2,500人である[5]。

　人工内耳はスピーチプロセッサとインプラントからなり、音を伝えるしくみは、次の図1のように示すことができる。最初に①マイクロホンが周囲の音や音声を拾う。次に②音声信号がスピーチプロセッサに送られる。そして③スピーチプロセッサで音声がデジタル信号に変換される。④では、変換された音声信号が送信コイルに送られる。そして⑤信号が皮膚を介し、体内の受信コイル（インプラント）に送られ、⑥蝸牛に埋め込まれた電極が聴神経を刺激し、⑦音声情報が脳に伝達され認識される、という経路である。

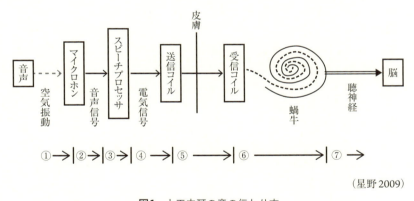

(星野2009)

図1　人工内耳の音の伝わり方

　A子は補聴器を装用しても効果がなく、両耳に人工内耳を装用している。そこで、3.1.3では、片耳に人工内耳を装用している先天性最重度難聴児のK子の例を用いて、人工内耳の装用効果とK子が補聴器を装用した場合の効果を比較しながら、人工内耳の補聴効果について述べる。

### 3.1.3 人工内耳の補聴効果と限界

本項では、K子の聴力を見ながら、人工内耳の装用効果と限界について述べる。K子を例にあげるのは、A子では両耳に人工内耳を装用し、補聴器の装用閾値[6]が検査できないが、K子の場合は左耳に人工内耳、右耳に補聴器が装用可能であり、人工内耳と補聴器の装用閾値が測定できるためである。K子を例にあげることで、一人の聴覚障害児の裸耳聴力、補聴器による聴力、人工内耳による聴力を比較することができる。

聴覚障害といってもその程度はさまざまである。一般的に、重度・最重度の難聴は2000Hz以上の子音の聞き取りが困難であることから、ことばの弁別能が低い。しかし、人工内耳では高い周波数の補聴が可能である。聴力を表すには図2のようなオージオグラム（聴力図）が用いられ、音の高さを周波数（Hz）で表し、音の大きさを音圧（dB）で表す。

図2は、健聴者の聴力と最重度難聴児K子の裸耳聴力、K子の補聴器の装用閾値、K子の人工内耳の装用閾値を示している[7]。オージオグラムの楕円型の領域はスピーチ・バナナ[8]と呼ばれ、日常会話の音域を表

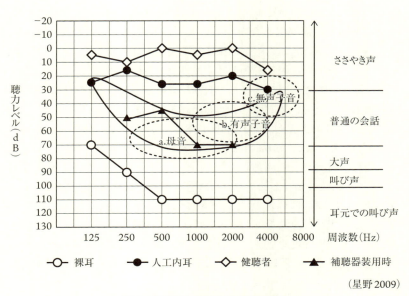

（星野2009）

**図2** 補聴器と人工内耳の装用効果

し、aは母音、bは有声子音（/m/,/g/,/d/,/b/,/r/,/n/など）、cは無声子音（/t/,/s/,/p/,/k/,/f/,/h/など）の領域を示している。健聴者の閾値（—◇—で示す）はゼロdBに近く、このスピーチ・バナナの示す会話音域をカバーしているため、日常会話の聞き取りには問題がない。

装用児K子の場合、図2の—○—が示すように、補聴器や人工内耳をしていないときは、耳元で叫ばれても何も聞こえない聴力であり、普通の会話は全く聞き取れない。このK子が補聴器を装用すると—▲—で示される装用閾値はスピーチ・バナナを一部カバーするので、会話の一部が聞き取れるようになる。しかし、bで示す有声子音やcで示す無声子音の領域をカバーしていないため、子音を聞き取ることができず、「おかあさん」ということばは「おああん」のように聞こえる。K子が人工内耳を装用すると、—●—で示す装用閾値は、スピーチ・バナナの上まで改善され、子音が聞こえるようになり、静かな環境下での会話が聞き取れるようになる。

このように人工内耳は今までの補聴器では十分に聴覚補償ができなかった重度・最重度難聴児に、会話音域での聞き取りの可能性を提供し、個人差はあるが、静かな場所での一対一の対話を可能にしている。

全国早期支援研究協議会が行った人工内耳に関するアンケート調査（2010）[9]では、160名の装用児の保護者が人工内耳の聞こえに関して回答している。人工内耳の手術を受けた後、子どもの聞こえの状態が「非常によく聞こえるようになった」と回答しているのは、114名（71%）であり、「多少聞こえるようになった」という38名（24%）の回答を含めると、95%の保護者が人工内耳を装用して聞こえがよくなったと感じていることがわかる。また、160名中108名（69%）の保護者が術後に音声言語が「非常に増えた」と回答し、「少し増えた」と回答している保護者34名（22%）と合わせると約9割の保護者が音声言語の増加を実感している。発音の明瞭さについては、「非常に明瞭になった」と回答した73名（47%）と「少し明瞭になった」という回答の70名（45%）を合わせると92%が発音の明瞭度を実感している。調査では、人工内耳手術後の音声言語の増加や発音の明瞭度は、個人差が大きいと述べられているが、多くの装用児が手術後3年以上が経過して、装用期間が長くなるにつれ、人工内耳に対する効果を実感している状況が明らかになっている。

しかし、人工内耳は難聴をなくす魔法のような機器ではない。Nelson, Jin, Carney, & Nelson（2003）や Stickney, Zeng, Litovsky, & Assman（2004）が報告しているように、成人の装用者による聞き取りは、背景雑音（background noise）で影響を受ける。下記の図3は、A子が両耳に人工内耳を装用しているときに行った静寂下と騒音下の単語、文章の聞き取り検査である[10]。単語の聞き取り正答率は、静寂下で95％（57/60）であるが、騒音下では48％（12/25）まで悪くなり、文章の聞き取りは静寂下で68％（17/25）、騒音下で48％（29/60）の理解度だった。

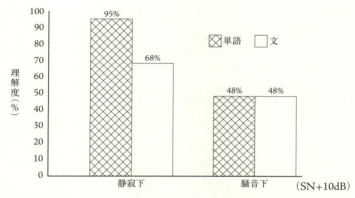

**図3**　人工内耳の静寂下と騒音下における単語・文章の聞き取り

　Wheeler, Archbold, Gregory, & Skipp（2007）が人工内耳を装用している13歳から16歳の若者29人に対して行った調査によると、29人のうち11人（39％）が人工内耳の不利な面（disadvantage）として、交通量の多い屋外や大勢が集まるパーティー、駅や街などの人混みでは、聞き取りが困難になると回答している。また全国早期支援研究協議会によるアンケート調査（2010）では、装用児の保護者（89名）が人工内耳を装用しても「聴者にはならない」（31名）「手話は必要」（21名）と回答して、人工内耳の限界と手話の必要性を明らかにしている。
　人工内耳を装用すると、重度・最重度難聴が中程度の難聴レベルになるが、決して健聴児と同じ聴力になるわけではない（Ertmer, Young, Grohne, Mellon, Johnson, Corbett, & Saindon, 2002）。最近は、両耳に人工内耳を装用す

る難聴児も増えているが、片耳にしか人工内耳を装用していない場合は、音の聞こえる方向がわからないなど、聞こえに制限があることには変わりがない。

　3.1.2で述べたように、本来、空気の振動によって伝わる音を電気信号に変えて伝える機器が人工内耳である。人工内耳を装用するためには、手術が必要であるが、手術をすればすぐに聞こえるようになるわけではない。人工内耳を効果的に使用するには、手術後に電気的な刺激に慣れ、聴覚的な信号として理解できるように、適切な（リ）ハビリテーションが必要である。

　次項では、言語を獲得する前の先天性難聴児に必要な手術後の（リ）ハビリテーションについて述べる。

### 3.1.4　手術後の（リ）ハビリテーション

　人工内耳は、機器を埋め込む手術を受けるだけでは、聞こえるようにはならない。先天性難聴児の手術後の（リ）ハビリテーションには、子どもに適切な音の刺激を与えるためのマッピングと呼ばれるプログラムの調整と言語指導がある。言語を獲得した後に失聴した成人難聴者とは異なり、言語を獲得していない難聴児は、人工内耳の埋め込み手術をしても、すぐに健聴者と同じ聞こえを得られるわけではない。健聴児は生まれた直後から、母語に触れることによって、自然に言語を獲得していく。しかし、先天性の難聴児で手術をする以前に音を聞いた経験がないA子のような場合には、初めて人工内耳のスイッチを入れても、すぐに音を認識できるようになるわけではない。そのため、聞こえを調整し、言語音を聞き取り、ことばとして理解するための（リ）ハビリテーションが必要になる。

　人工内耳の（リ）ハビリテーションでは、音を聞くということから言語音を認識し、理解する過程を築き上げることである。リスニングには、聞こえる音から言語音を聞き取り、意味を捉えるまでのプロセスがあり、第一言語ではこの処理が自動的に行われる。生まれたときから第一言語のインプットに触れていれば、努力することなしにその処理が自動的に行われるようになり、第一言語のリスニングを訓練する母語話者はいない。言語音を努力しないで聞き取れるということは、勉強をして

いても近くにいる家族の会話が聞こえたり、聞くつもりがなくても他人のうわさ話が聞こえたり、電話で話していても、電話の向こうのテレビの音が聞こえたりするなど、言語情報に伴って多種多様な情報を得ることができることを意味する。しかし、人工内耳装用児には、一瞬にして消えてしまう音から言語音を捉え、意味的な処理をするという聞こえのメカニズムを構築するまで、さらには、話せるようになるまで、意識的な介入が必要である。そして装用児は、言語処理過程を無意識的に行えるようになっても、早口で話されることは聞き取れない、ふと耳にすることができないなどの限界があり、言語入力や処理の速度は健聴児と同じになるわけではない。

　リスニングをして会話が成立するためには、聞き手であると同時に話し手になる必要もある。この事実は、言語の自動的な処理は、スピーキングにおいても求められるということである。そこで、話しことばの処理がどのように行われているのか、Levelt（1993）のモデル（図4）を用いて述べる[11]。

　Levelt（1993）は、人が発話をするときに、図4で示すような処理が無意識に、自動的に行われると述べている。話し手は同時に聞き手でもあるため、図の左部分は、言語をコード化（encoding）する話し手としてのプロセスを表し、右部分は、自分や他者の発話を解析（decoding）するプロセスを表している。このモデルを用いて、話しことばの処理のメカニズムを図4の上部の概念化装置から反時計回りに説明すると次のようになる。

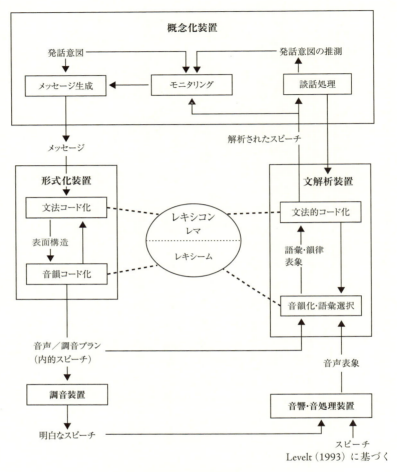

**図4** 言語の処理過程

　概念化装置（conceptualizer）では、何を意図して話すか伝達意図を決め、メッセージを生成する。例えば、子どもが「おなかがすいたから、早く夕食を作ってほしい」という意図をして母親に伝える場合を考えてみる。「夕ごはんを食べたい」ということを母親に伝えるとき、「夕飯は何時？」「ご飯はまだ？」と聞くか「おなかがすいた！」と言うか、言い表し方はさまざまある。この概念化装置では、まだ言語化はされていない

が、発話の意図をどのよう伝えるか考える。形式化装置（formulator）では、メッセージを言語化するための心的辞書であるレキシコン（lexicon）にアクセスする。辞書には、「夕食」「晩ご飯」「ご飯」「晩飯」などさまざまな語が記憶されている。形式化装置の文法コード化（grammatical encoding）からは、レキシコンのレマ（lemmas）情報にアクセスする。レマ情報には、名詞・形容詞、主語、述語などの統語情報や意味情報が含まれるため、メッセージを能動文にするか、受身文にするかなどを決定することができる。音韻コード化（phonological encoding）では、レキシコンのレキシーム（lexemes）情報に含まれる形態・音韻情報にアクセスする。ここでは、どう調音するかと同時に、どこを強く言うか、イントネーションはどうするかなどのを選択するため、「おなかがすいた！」と大声で叫ぶか、小さな声で「おなかがすいた……」と呟くか、など音韻的特徴をプランし、最後に調音装置で、実際に発音する。

　話し手は同時に自分自身の聞き手でもあるため、自分の言おうとしていることを自己モニタリングすることができる。これは、図4の左下部の音声／調音プラン（phonetic/articulatory plan）や明白なスピーチ（overt speech）から伸びている矢印が示している。「えっと……」などのためらいや言い間違いは、文解析装置（parser）で再びレキシコンにアクセスし、語彙情報を検索し直す。そして、概念化装置でモニタリングし、言い直し（repair）する。また図右部分の聞き手としてのプロセスでは、発話を理解するために、談話的処理から解析処理がトップダウンとボトムアップの双方向からなされる。Levelt（1993）は、このようなすべてのプロセスが瞬間的に行われるのは、それぞれの部門での処理が自動的に行われるからであると述べている。

　聴覚障害児が他者とキャッチボールのように会話をするためには、言語の認知的な処理が自動的に行われる必要がある。言語使用の自動性については、knowing what に当たる宣言的知識（declarative knowledge）と knowing how に当たる手続き的知識（procedural knowledge）によって説明される[12]。迫田（2010）が指摘しているように、言語形式を習得するためには、繰り返し（リハーサル）が重要であり、繰り返しは、短期記憶（一次的な記憶）を長期記憶（永久的な記憶）に送りこみ、さらに宣言的知識を手続き的知識に変え、「わかる」から「できる」への自動化のプロセスを生み出す。第

二言語習得では、DeKeyser（1998）が、英語では「三人称単数現在形の動詞には－sがつくと知っていること」が宣言的知識で、その知識を考えることなく実際に使えることが手続き的知識だと説明している。

　（リ）ハビリテーションには、マッピングと呼ばれる言語聴覚士による人工内耳の電極に適切な電流を割り振るための調整と、聴覚活用と発話のための指導がある。また、専門家の指導に加え、母親の音声言語による日常生活の中での相互交流が必要である。装用児が人の声や日常の音を知覚し、音声言語によってコミュニケーションをとる楽しさを覚えるまでは、専門家の適切な言語指導と養育者による家庭での実践が欠かせない。そのため、人工内耳の（リ）ハビリテーションは、母子間でどのようなことばのやりとりを行っていくのか、適切な指導を受ける場でもある。病院や（リ）ハビリテーション施設での指導は、時間的に限られているが、中野（1991）が紹介しているように、聾学校の乳幼児クラス[13]や幼稚部、病院内言語聴覚室、民間クリニック、難聴児通園施設などで実践され、成果も認められている。早期教育は、言語発達の遅れを軽減するためにも重要であり、病院と家庭、教育関係者との連携によって、子どもの言語発達に合わせた言語指導が行われる。また人工内耳の（リ）ハビリテーションは、機器の管理と個人の発達や聞こえに合わせたプログラムが必要であるため、Proops（2006）が述べているように、家庭、医師、言語聴覚士や聾教育関係者等によるチームで行われる。Tyszkiewicz & Stokes（2006）は、特に言語を獲得する前の聴覚障害児の場合、機器の管理の他に言語やコミュニケーションスキルの発達のために、大人の介入が必要であると述べている。

　適切な（リ）ハビリテーションを受けた装用児は、音声言語による日常の会話が可能になるが、騒音下、遠距離からの聞き取り度が落ちるため、健聴児のように、何となくそのことばを聞いたことがある、という経験や、自分が何かをしていて、周りにいる人の会話を「ふと耳にする」、「小耳に挟む」（overhear）ことができない。

　人工内耳装用児は、健聴児よりも言語発達のスタートが遅れるが、発達の過程は健聴児とほとんど同じ順序である。しかし、人工内耳でも十分に音が聞き取れないため、健聴児と異なる言語習得の側面も見られる。そこで次節では、装用児A子の言語習得について見ていく。

## 3.2 A子の言語習得

本節では、A子の言語習得過程や獲得が遅れる構文について述べる。最初に3.2.1で健聴児の言語発達を概観する。3.2.2では、A子のプロフィールとA子が育った言語環境について述べ、3.2.3ではA子の言語発達を概観する。

### 3.2.1 健聴児の言語発達

本項では、A子の言語発達と健聴の言語発達を比較するために、健聴児の言語発達を大久保（1975, 1984）に基づき概観する。

A子は2歳で先天性最重度難聴と診断されたが、2歳3か月で左耳の人工内耳手術を受けるまで、音を聞くという経験が全くなかった。その後、左耳の電極の挿入が不十分であることが判明したため、言語音が聞き取れていないことが明らかになり、3歳7か月で右耳に新たに人工内耳の手術を受けた。以後、左耳と右耳の両耳装用となり、言語音を聞き取ることが可能になった。

大久保（1975, 1984）は1歳前後から6歳までの健聴幼児の言語発達をⅠ乳児期・Ⅱ幼児前期・Ⅲ幼児後期の三つに大きく分け、さらに①〜⑩のように細かく10期に分けている。

表4　幼児の言語発達

|  | 年　齢 | 名　称 |
|---|---|---|
| Ⅰ乳児期 | 0歳<br>1〜4か月<br>5・6か月<br>7〜9か月 | ①ことばの準備期<br>　(a)　第1期<br>　(b)　第2期<br>　(c)　第3期 |
| Ⅱ幼児前期・<br>日常生活語の獲得期 | 1歳前後<br>1歳半前後<br>2歳前後<br>2歳半前後<br>3歳前後<br>3〜4歳 | ②一語文の時期<br>③二語文の発生<br>④第一期語獲得期<br>⑤多語文・従属文の発生<br>⑥文章構成期<br>⑦一応の完成期 |
| Ⅲ幼児後期 | 4歳代<br>5歳代 | ⑧おしゃべりの時期<br>⑨第二期語獲得期<br>⑩就学前期 |

大久保（1984）に基づく

大久保（1975, 1984）によると、表4のⅠ乳児期は、誕生から1歳までの

時期で、日本語の母音や子音がいくつか発声できるようになり、大人のしぐさやことばもいくらか理解できるようになる時期である。以下①ことばの準備期から⑩就学前期までは、大久保（1975, 1984）が述べていることを要約したものである。

①ことばの準備期の（a）第1期では、起きている時間が長くなり、3か月頃から「アーアー」「アーオー」などの喃語が出始める。（b）第2期では、調音器官の発達により、母音だけでなく両唇音の「バ」「マ」を発するようになり、喃語を盛んに話すようになる。（c）第3期では、大人のことばを理解することができるようになり、「バイバイ」など身振りで応答するようになる。早い子どもは10か月ぐらいになると意味の通じる最初のことばである初語を発する。

表4のⅡ乳児前期・日常生活語の獲得期の②一語文の時期（1歳前後）では、「ブーブー（自動車の意味）」と発して「おもちゃの自動車をとって」を意味するなど、文の機能を持つ一語を発するようになる。またジャーゴン（jargon）を発し、大人のような長い「お話」をするようになる。指さし行動で、親に要求し、トラックに「ガーガー」といって命名するようになる。「サ」の音が発音できず、「カサ」が「カチャ」になったりする。

③二語文の発生（1歳半前後）では「ブーブー　ナイ」で「おもちゃの自動車がここにない」を意味するなど、語が連結するようになる。二語文は1歳8、9か月から多くなりその頃には、三語文・四語文も出てくるようになる。

④第一期語獲得期（2歳前後）では、「コレ　ナニ？」など物の名前を知りたがるようになる。また、終助詞の「ね」「よ」「の」などが使えたり、係助詞「は」「も」などが使えたりするようになり、「ココニ　ノッタヨ」などが話せるようになる。また、「テイル」「チャウ」などの補助動詞、「イコウ（行こう）」「イワナイ（言わない）」のように動詞が活用でき、過去のこと、自分の意志、否定、願望などの表現ができるようになる。

表4の⑤多語文・従属文の発生（2歳半前後）では、量を表す副詞「モット」や状態を表す「オンナジ」などのことばが使えるようになる。「どうして」という質問も増えるようになり、「ドウシテカ（買）ッタノ？」「ドウシテナイテンノ？」などを言うようになる。また「〜だから〜だ」という理由を意味する接続助詞「から」を使い、「マタ　ケンカスルカラ

イヤナノ（また喧嘩するから嫌なの）」などが言えるようになるが、構文能力は不十分である。

⑥文章構成期（3歳前後）では、「それで」「だから」などを使い、文と文を結合するようになる。一度に発話する文の数が増え、親への一方的な要求だけでなく、自分の体験を相手に伝えられるようになり、親との対話、コミュニケーション能力が発達する。

⑦一応の完成期（3～4歳）では、自分の気持ち、要求、質問などができるようになり、母語習得が一応完成する。音声の面では、サ行音、ラ行音の不十分さが残る場合もあるが、ほとんど他者に伝わるようになる。しかし、「アカイノハナ（花）」など不要の「の」を入れる、可能を表す「られる」を規則的に入れ、「イケラレル（行けられる）」というような誤りも見られる。

表4のⅢ幼児後期は、4歳前後から小学校入学前までの時期で、多くの子どもは幼稚園などで集団生活を送るようになり、おしゃべりが長くなり、文字への関心も高まる。

⑧おしゃべりの時期（4歳代）では、幼稚園などの集団生活で、自分のことは自分でするなど、自己の行動を調整できるようになる。この時期は内言の発達が十分でなく、独り言も多く、何でも口に出して言うことが多い。文字に対する興味も出てくるようになり、自分の名前を文字で知るようになる。

⑨第二期語獲得期（5歳代）では、頭の中で考えることができるようになり、内言が発達する。「もの」と離れた抽象語が使えるようになり、ことばによることばの説明ができるようになる。

⑩就学前期では、「～テ～テ～テ」と接続詞「て」で文をつなぎ、一文を長く話す。接続助詞や接続詞、幼稚な語彙を使用することもある。また自分の左右について言えても、相手の立場からの左右は言えないという自己中心的思考が見られる。概念的思考が芽生え、「～ってどういうもの？」という質問に対し、「～するときに使うもの」のように答えられるようになるが、概念的思考への発達は、小学校段階へと続く。

以上、大久保（1975, 1984）に基づき、健聴児の言語発達を小学校就学前まで概観した。次項では、A子のプロフィールと言語環境について述べる。

第3章　人工内耳装用児の言語習得

### 3.2.2　A子のプロフィールと言語環境

　本項では、研究の対象となったA子のプロフィールとA子が育ってきた言語環境について述べる。また、A子の妹であるK子は、2歳3か月で人工内耳を装用し、A子と同じ言語環境で育った。A子の言語観察記録にも登場するため、K子の言語評価の結果も示した。

　筆者は二人の装用児である次女A子と三女K子を聴覚障害児教育における方法論の一つであるオーディトリー・バーバル・アプローチ（auditory verbal approach）の理念に基づいて育ててきた。オーディトリー・バーバル・アプローチは、聴覚障害児の社会的自立を目指すために、聴覚を最大限に生かして話しことばを獲得する方法であり、そのために聴覚障害児とその家族を支援する（Estabrooks, 1994）。

　A子、K子は、話しことばを理解するようになるまで、ホームサイン（家庭内で通じるジェスチャー）を使い、「寝る」「トイレ」「ダメ」「食べる」「飲む」「寒い」などの簡単なジェスチャーを用いていたが、指文字や手話は使用しなかった。ホームサインは、話しことばが通じるようになると、自然に使用しなくなった。

　本研究で対象とした人工内耳装用児、A子のプロフィールは、2011年8月の時点で以下の通りである。

〈A子〉
2000年4月生まれ
通常学級在籍5年生（11歳4か月）女児、両側最重度感音性難聴
平均聴力レベル：右110dB、左110dB
人工内耳装用閾値[14]：右32.5dB、左33.8dB
人工内耳装用年数：左9年1か月、右7年9か月
コード化法[15]：ACE
使用電極数：左15、右19
教研式全国標準読書力診断検査（3年生3月実施）：55（読書学年4年1学期）
WISC-Ⅲ（3年生8月実施）：IQ = 102（言語性=82　動作性=124）
絵画語彙発達検査（PVT-R）（5年生8月実施）：生活年齢11歳4か月
　　　　　　　　　　　　　　　　　　　　　　　語彙年齢8歳5か月

抽象語理解検査（SCTAW）（5年生8月実施）：32課題中正答数26（文字－
指さし）
語彙流暢検査（WFT）（5年生8月実施）：37（6課題）
質問―応答関係検査（5年生8月実施）：6歳代（279/303）

　A子は2歳で先天性最重度難聴と診断された。2歳3か月に左耳の人工内耳手術を受けた。その後、左耳の電極の挿入が不十分であることが判明し、3歳7か月で右耳に新たに人工内耳の手術を受けた。以後左耳、右耳の両耳装用となった。2歳3か月以降、一貫してT病院耳鼻咽喉科言語療法室にて週1回1時間の言語（リ）ハビリテーションを受けた。手話、指文字の使用はなく、幼稚園に通い、通常学級で学んでいる。

　また、本研究では、A子の妹である人工内耳装用児K子が筆者やA子との会話や学習に参加することがあった。K子のプロフィールは、2011年8月の時点で次の通りである。

〈K子〉
2001年12月生まれ
通常学級在籍4年生（9歳8か月）女児、両側最重度感音性難聴
平均聴力レベル：右98.8dB、左110dB
人工内耳装用閾値：左28.8dB
人工内耳装用年数：左7年7か月
コード化法：ACE
使用電極数：10
教研式全国標準読書力診断検査（2年生3月実施）：53（読書学年3年1学期）
WISC-Ⅲ（2年生8月実施）：IQ＝119（言語性＝110　動作性＝125）
絵画語彙発達検査（PVT-R）（4年生8月実施）：生活年齢9歳7か月
　　　　　　　　　　　　　　　　　　　　　　語彙年齢9歳5か月
抽象語理解検査（SCTAW）（4年生8月実施）：32課題中正答数21（文字－
指さし）
語彙流暢検査（WFT）（4年生8月実施）：49（6課題）
質問―応答関係検査（4年生8月実施）：6歳超（286/303）

K子が生後3か月の時点で、姉のA子が先天性聴覚障害と診断されたため、K子も難聴を疑われ、生後4か月で先天性聴覚障害が発見された。2歳3か月に人工内耳の手術を受けるまで、両耳に補聴器を装用していた。手術後、T病院耳鼻咽喉科言語療法室にて週1回1時間の言語（リ）ハビリテーションを受けた。手話、指文字の使用はなく、幼稚園に通い、通常学級に通学している。

　A子は先天性の難聴であるため、母親の胎内にいたときから2歳過ぎまで音を聞いた経験がない。2歳3か月で人工内耳を装用して初めて音を知覚したときに、音声言語獲得の準備ができたと言えるだろう。
　次項では、A子の言語発達について詳しく見ていく。

### 3.2.3　A子の言語発達
　本項では、A子の言語発達の（1）人工内耳装用前、（2）片耳装用後、（3）両耳装用後について述べる。A子の言語発達の過程は、（リ）ハビリテーションのビデオ記録、ホームビデオ、A子の言語発達を観察した記録（巻末資料1）に基づいている。（3）では、A子が音声言語を知覚することができるようになった二度目の手術を耳の0歳とみなした「耳年齢」を用い、（　）には実年齢を表記する。また（1-15）などの表記は、巻末資料の該当する番号を表し、巻末資料1のNo.15を意味する。
　A子は2歳3か月から左耳に人工内耳を装用した。この時点で初めて音声を聞くことができるようになり、健聴児に比べて言語獲得の開始が2年以上遅れたことになる。しかし、A子は、手術後の1年間、音に対する「気づき」と母音の発声が増えた他には、言語発達に変化がほとんど見られなかった。結局、手術から約1年後に蝸牛に電極が十分に挿入されていないことが判明し、装用後1年間は、音の知覚はできたが、言語音を聞き取れていなかったことが明らかになった。音声言語を獲得するために、左耳の再手術が検討されたが、最初の手術と同医師による手術ではないこと、一度手術をした蝸牛に違う電極を再挿入するリスクから、左耳はそれまで通り同じ人工内耳を装用しながら、右耳に新たに電極を埋め込み、2台目の人工内耳を装用することになった。3歳7か月に右耳に再手術してからは両耳装用となり、言語音を聞き取ることが可能

になった。

　以下の図5で、A子の誕生から現在までの聞こえと人工内耳の装用状態を(1)人工内耳装用前、(2)片耳装用後、(3)両耳装用後として表した。年齢はA子の実年齢である。

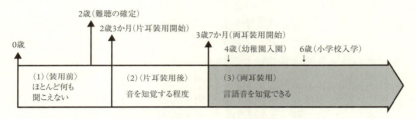

図5　A子の聞こえと人工内耳装用状態

### (1) 人工内耳装用前

　A子は2000年4月にデンマークで出生し、1歳11か月までデンマークで過ごした。両親はA子が2歳で先天性最重度難聴と診断されるまで、難聴に気づかなかったため、ホームサインや手話を使うことなく、音声の日本語で話しかけていた。A子よりも2歳8か月歳上の健聴の姉と一緒に遊ぶことが多かったが、デンマークの日本人が少ない環境で生活していたため、家族以外の日本語を話す大人や子どもと接する時間は、非常に少ない環境であったと言える。出生後、訪問看護師の定期的な検診を受ける中で、簡単な聴力検査が行われたときには、音に対する反応が鈍かった。健康状態や検査が正確に行われていないことが考えられ、数か月間A子の様子が観察された。生後6か月を過ぎても音に対する反応が悪かったため、初めて難聴が疑われ、ホームドクターから専門医の受診を勧められた（星野2007）。

　デンマークで専門医を受診する場合、病院から日時を指定されるまで待たなければならない。そのため、難聴が疑われてもすぐに耳鼻科に行くことができず、最初に受診したのは、生後1歳過ぎてからだった。A子が受診のたびに激しく泣いたため、検査を行うことができず、結局、1歳2か月のとき、中耳に液体が溜まる「滲出性中耳炎」が難聴の原因で

あると診断された。滲出性中耳炎は、鼓膜にチューブを挿入する必要があるということで、手術を受けることになったが、病院側から指定された手術の日程は、A子が1歳半の頃だった。しかし、手術をした後も音に対して反応しなかったため、総合病院で聴力検査をした。そのときにもA子が太鼓やラッパの音に反応せず、精密検査を勧められたが、デンマークの医療システムは日本と異なり、すぐに検査を行うことができなかった。その頃、難聴は早期発見が重要であることを知り、日本に一時帰国し、大学病院耳鼻科の外来を受診した。耳鼻科で聴力検査を受け、先天性の最重度感音性難聴だと診断されたときには、A子は既に2歳になっていた。

　難聴と診断される以前、A子が不快なときに発声する声の質は、健聴児と変わらなかった。また、目が合うと声を出すことがあったが、笑い声を立てることは少なかった。A子にも母音からなる喃語は観察されたが、その後、発声は少なくなっていった。子どもと養育者とのコミュニケーションは、子どもへの丁寧なことばかけによって展開されていく。筆者は健聴のY子が生後2か月のとき、クーイングを盛んにするので、「そうなの」「そうだね」と応答していたら、筆者が話し終わるとまた声を出し、まるでおしゃべりをしているように思った経験がある。しっかりと目を合わせ、一対一でやりとりをするこのような形式は、Y子が話せないにもかかわらず、まるで会話をしているようだった。しかし、難聴児A子との間では、このようなやりとりをすることはなかった。

　筆者は、A子の姉の長女Y子が健聴であることや、A子の出産時に異常がなかったことから、A子が難聴であることに気づかず、聞こえる子どもと同じように接していた。そのため、A子に対してジェスチャーやホームサイン（家庭内で通じる身振り）を使用していたわけではなかった[16]。A子は健聴の姉Y子と共によく遊び、視覚には障害がなく、目が合うと笑うこともあり、普通のおとなしい子どもだと思っていた。しかし、自分の要求が通らないときには、異常なほど激しく泣くことがあった。例えば、A子の次のようなエピソードがある。

　A子が1歳半頃のある夜の出来事である。父親がA子を抱き、寝かせつけるため、寝室のベッドに連れて行こうとするとA子が泣いた。ベッドに近づくとさらに激しく泣き、父親はA子をなだめたが、泣き止まな

かった。A子があまりにも激しく泣くので、両親はどこか痛いところがあるのではないかと疑った。A子が泣き続けるので、両親は途方に暮れた。しばらくA子を抱いてあやしていると、A子がベッドに近づいたときに激しく泣き、寝室のドアに近づくと泣き止むことに気がついた。両親は、何か理由があるのだろうと推測した。一階の部屋に行きたいのかと思い、A子を一階のリビングに連れて行くと、テレビの前でおとなしくなった。両親はA子が好きなビデオを見たいのではないかと察し、A子にお気に入りのビデオを見せたら、機嫌がよくなった。A子は寝るのが嫌で、ビデオが見たかったのである。両親にはA子の泣き方が異常なほど激しかったことと、A子の意図していることが何も理解できず、長い時間、困り果てたことが強く印象に残っている。

　このときのA子は、自分の気持ちや意思を表現する言語という手段がなく、激しく泣くことで表している。当時のA子は、聞こえる子どもだと思われていたため、周囲の大人がジェスチャーを使ってコミュニケーションをとっていたわけでもなかった。A子は意思の伝達方法を何も知らず、泣くことで自分の意思を伝えていたのだろう。
　A子のように言語を持たず、感情がコントロールできない様子は、ヘレン・ケラーにも見られる。聴覚と視覚に障害を持つヘレン・ケラーは、井戸の水が手から流れ落ちるときに、サリバン先生がw-a-t-e-rと綴り、すべての物に名前があるということを知った。サリバン（1995）によると、それ以前のヘレン・ケラーは、物には名前があることをまだ知らなかったが、この井戸での出来事が、物とことばを結びつけ、最初の言語を習得する上での大きな鍵となっていることがわかる。このとき以降、ヘレン・ケラー自身が語っているように、それまでとは違う物の見方をするようになり、次々とことばを覚えていった（ケラー 2004）。そして名前を知るたびに、新たな考えが浮かび、学びたいという欲求が起こり、それまでは怒りから投げつけていた人形に対しても、後悔や悲しみ、愛情という感情を感じるようになったという。ヘレン・ケラーの例からもわかるように、物には名前があるということを知ることは、ことばを学ぶ上で大きな意味を持つ。ことばは、感情を豊かにするだけでなく、目に見える物を理解することから、抽象的なことばの理解まで、知識を得

るためには必要である。そして、その知識がまた新たな疑問を起こさせ、思考や内的な感情の表現につながっていく。このような言語の持つ働きは、人工内耳を装用する前のＡ子には全くなかったと言えるだろう。

　音声を知覚できなかった2歳までのＡ子は、指さしをすることがなかった。上記で述べたエピソードでは、Ａ子はビデオが見たくて激しく泣いた。しかし、そのときに、ビデオがある部屋の方向を指さすことはなかった。指さしをしていれば、親たちはＡ子がどこに行きたいか、何をしたいのか、推測することができただろう。

　2歳までのＡ子の遊ぶ様子からは、他者を含まない「自分」と「もの」との二項関係が強く、ほとんど声を発していない。母と子が一緒に遊ぶときでも、母子間で「はい、どうぞ」「ちょうだいね」のようなことばのやりとりが伴わないと、遊びは長く続かない。聞こえない頃のＡ子は、積み木で遊んでいるところに筆者が「何をしているの？」と声をかけ、Ａ子の積み木遊びに加わろうと働きかけても、見向きもせず、積み木で遊び続けた。聞こえないＡ子にとっては、母親が突然現れ、自分が遊んでいる積み木に手を出し、遊びの邪魔をするようにしか映らなかったのかもしれない。この頃のＡ子は、大人が一緒に遊ぼうと試みても、まるで無視するように一人で遊ぶことが多かった。

　人工内耳を装用する前のＡ子は、毎日、次に自分の身に何が起きるのか、これからどうなるのか、という予測ができず、すべてのことが突然、身に降りかかってくる日々だったと想像できる。例えば、Ａ子を病院に連れて行くにも、「今日は、鼻水が出るから病院に行こうね」という筆者の説明は聞こえない。Ａ子にはジェスチャーも使用していなかったため、Ａ子の身になって考えると、おもちゃで遊んでいたら、突然、上着を着せられて、車に乗せられて、着いた所は、大嫌いな病院だった、ということになるだろう。発達の過程でコミュニケーションの道具として機能する言語は、他者との理解を共有し、知識や記憶を整理するために利用される。Ａ子の人工内耳を装用する以前の状態は、このような言語機能がなかった状態だったと言える。

　そのようなＡ子が人工内耳を装用して音が聞こえるようになると、表情が豊かになり、笑うことも多くなった。また、ことばが理解でき、言

語の表出が多くなると、家族はA子が意外にも明るい性格だということに気づいた。このように音が聞こえ、話しことばを理解できるようになったことで、A子の様子は大きく変化した。

### （2）人工内耳片耳装用後
　この片耳装用期間は、人工内耳の電極が十分に挿入されていなかったため、音を聞くことはできたが、言語音を識別できなかった期間である。
　2歳3か月で人工内耳を左耳に装用すると、週に一回の（リ）ハビリテーションが行われた。（リ）ハビリテーションでは、マップの調整（個人に合わせた聞こえのプログラムの調整）と言語指導が行われた。人工内耳を装用する以前のA子は、不快なときの声や泣き声以外、ほとんど声を出さないおとなしい子どもだったが、人工内耳を装用すると聴力検査の音に反応するようになり、母音の発声も増えていった。
　A子のコミュニケーションは、人工内耳を装用したことによって、少しずつ変化していった。人工内耳を装用する前のA子は、積み木で遊ぶときも自分と物のつながりが強く、筆者が一緒に遊ぼうとしても、コミュニケーションをとることが難しかった。人工内耳を装用して6か月後の（リ）ハビリテーションのビデオ記録では、まだことばを交わしてコミュニケーションをすることはできないが、話されていることを理解し、やりとりが成立している様子が観察できる。A子がおままごとの道具を使って一人で遊んでいるとき、となりに大人が座っていてもA子からおもちゃを差し出して、声を出すことはほとんどない。しかし、大人がA子の前にブタのぬいぐるみを見せ「ブーブーブー」と言って差し出すと、おもちゃのりんごをブタにあげたり、大人が「牛乳ちょうだい？」と言ってコップを差し出すと、コップにおもちゃの牛乳を注ぐまねをしたりしている。このとき、A子に発声はないが、大人とおもちゃを使ってやりとりする様子が観察できる。また、驚いたときや棚にあるおもちゃが自分でとれないときには、指さしをして「あー」という発声をしている。
　（リ）ハビリテーションの初期の頃、実物、ジェスチャー、写真、絵など視覚的なものを使ってことばを教えることは容易だった。例えば、目の前の水を飲む入れ物を指さして「コップ」と教えたり、寒い朝に肩を

すくめて「寒いね」と状況とことばを結びつけたりするのである。しかし、「今、ここ」にある物や事以外について言及することは、言語がなくては難しい。A子に時間や条件が関係する複雑な状況を伝えることは、簡単ではなかった。例えば、「公園に行こうね」と言って、砂場遊びの道具を見せて車に乗せたが、車中での話の流れから、途中でショッピング・センターに寄ることに決まった。このような場合、A子は公園に行くつもりだったのに、着いた所は、違う場所だった、という状況に置かれる。また「これからMちゃんの家に借りた本を返しに行くけど、今日はMちゃんと遊べないよ。その後、Yちゃんを5時までにSちゃんの家まで迎えにいかないといけないから」というような条件を含んだ複雑な内容は理解できなかったため、Mちゃんの家に着いたら、Mちゃんと遊べると思って駄々をこねた。「今日は、時間がないから遊べないんだよ」という内容さえ、伝わらないのである。

　左耳の人工内耳を装用後、A子は装用前よりも音に反応するようになったが、発声や発話が少なく、(リ)ハビリテーションの担当者から言語発達の遅れを指摘された。耳鼻咽喉科での検査の結果、人工内耳の電極の挿入が不十分であり、子音音域が聞こえていないことが推測され、その状態のままでは、音声言語が十分に獲得されないことが予想された。左耳の再手術は、最初の手術と違う医師が担当することや一度挿入した電極を抜き、再び同じ場所に新しい電極を挿入するにはリスクがあるという理由で、A子が3歳7か月のときに、反対側の右耳にも人工内耳の手術を受けた。

　A子の右耳の電極の挿入は適切に行われ、両耳装用後は言語発達が急速に進んだ。音声知覚が改善され、言語音の子音が聞き取れるようになり、音の連続から単語を切り取り、ことばとして認識できるようになっていった。

### (3) 両耳装用後

　前述したように、A子は3歳7か月のときに、左耳の人工内耳を残して、右耳に再度手術を行った。両耳装用後は、聞き取りが改善され、発話が増え、言語発達が急速に進んだ。A子の(リ)ハビリテーションは就学前まで、週に一度のペースで続いた。

(リ)ハビリテーションは、ぬいぐるみを使ったおままごとや、おもちゃで遊びながら音とことばを結びつけるような遊び、絵本の読み聞かせなどだった。A子が耳年齢5か月（4歳）の頃、語彙の数は、「パパ」「ばーば」などの名詞中心の表出語[17]が約10語と理解語が約140語だった。そして、A子の言語発達は二度目の手術をして約1年後から急速に発達するようになる。

　A子が初語を発するようになった耳年齢1歳頃（4歳7か月頃）から、言語インプットとして文字を使用し、新しい語彙やA子が言いたいことを推測して、完全な文章にして見せるようにした。例えば、テレビでドラえもんを見ていて、どらみちゃんが登場したときには、「どらみちゃん」「どらえもんのいもうと」と書いた。また、チョコレートを指さしたときには「チョコレートが食べたいの？」と言ってA子が食べたそうにしたときには、「ちょこれーとがたべたい」とひらがなで書いて示した。

　耳年齢1歳1か月（4歳8か月）頃、A子の語彙が急速に増え始めた。幼稚園年中の冬休み頃のことで、祖母の呼び方が「ばーば」から「おばあちゃん」に変わっている（1-1）。A子は耳年齢1歳頃から表出できる語彙が増加すると共に、一語文を話している。またこの頃から「氷鬼」という遊びで使う「とけた！」（仲間にタッチされて自由になるときに言うことば）や、「あけましておめでとう」（1-2）など、幼稚園で覚えたことばや新しく覚えた挨拶などをしきりに使うようになっている。

　一語文の時期と同じ耳年齢1歳1か月（4歳8か月）頃に二語文も発している。おもちゃのレモンを持って、「ママ、エモン（ママのレモンという意味）」と所有の意味を表すことや、妹の写真を見ながら「K、みみ（Kちゃんは補聴器をつけているという意味）」と状況を描写する二語文を発するようになっている。

　また耳年齢1歳1か月（4歳8か月）頃、自分にされた質問は理解できるが、質問に対してことばで答えることができず、ジェスチャーで答えている様子が観察される。例えば、A子に「Yちゃんはどこ？」と質問すると「あっこ（がっこう）」と言いながら、肩に手を当て、ランドセルのベルトのジェスチャーをしながら答えている。言語で表出できない場合は、ジェスチャーのみで答えた。例えば、「おばあちゃんはどうしているんだっけ？」という質問に対して、「おばあちゃんは今、病気だよ」とい

う内容を伝えるために、手をおでこに当てて熱が出ているかどうか確かめるジェスチャーをしている。いずれの例からも、話しかけられている内容を理解し、言語とジェスチャーを使いながら他者とコミュニケーションがとれるようになったことが観察される。

　A子が他者とコミュニケーションするようになると、ことばによって何かをイメージしていることがわかる。A子の表象機能 (representation) が獲得されていることは、耳年齢1歳1か月（4歳8か月）に観察されている。A子が洋服に着替えないで遊んでいるとき、祖母が「A子ちゃん、早く着替えないからお母さんが怒っているよ」(1-2)と伝えると、A子は両手で頭に角を作って見せた。母親が怒っているイメージを思い浮かべ、怒っている母親を角という動作のシンボルで意味したのである。A子が健聴児ならば「お母さんはこわいね」というような発話をしていただろう。このようなA子の行動から、表象機能が形成されていて、文レベルでの内容を理解し、ジェスチャーによって表出できるが、それに対応する日本語が獲得されていないことがわかる。

　また、空を飛んでいる飛行機を指して「Kせんせい！」(1-24)と叫んだことがあった。この発話の数日前、筆者はK先生が飛行機に乗ってアメリカに行ったことを地球儀を用いてA子に説明していた。そのため、A子は飛行機という対象からK先生を思い出し、「Kせんせい！」と言ったのだと思われる。このとき筆者は、「K先生はあの飛行機に乗っているかな？」、「K先生は飛行機に乗ってアメリカに行ったんだよね」などA子が言いたかったと思われる内容を代弁した。これは一種の会話の原型となるやりとりである。母親が健聴の子どものクーイングや喃語に対して、たとえ言っている意味がわからなくても、「そうだね」とあいづちをうち、「今日は、いい天気でよかったね」と答え、会話の原型を作る。A子が聞こえなかった人工内耳装用前には、コミュニケーションが成立せず、このようなやりとりはできなかった。

　耳年齢1歳2か月（4歳9か月）頃には、「A、ようちえん、いった」「ぱぱ、かいしゃ、いった」(1-6)などの三語文を発するようになっている。さらにこの時期からことばを「かたまり」（チャンク）として覚えることがあり、暑いときでも、寒いときでも、ドアを閉めてほしいときは、「さむいからしめて」(1-9)と言う様子が観察された。また筆者が頻繁に発す

る「ちょっとまってね」(1-20) や幼稚園バスを待っている間によく使っていた「バス、こないねえ」(1-23) などの表現が自発的にA子から発せられ、耳から覚えたことばを筆者が使う場面で同じように発話している様子が観察された。家庭で話されることばだけでなく、幼稚園で「桃太郎」の中のセリフに出てくる「えい、えい、おー！」(1-15) などのことばも覚えてくるようになり、妹のK子とおもちゃの刀を持ち、桃太郎ごっこの遊びをしながらよく言っていた。発話も多くなり、一度覚えたことばを何度も使う傾向があり、例えば「〜みたい」ということばを覚えるとお菓子を見て「めろんぱんみたい」(1-14) と言ったり、板チョコレートの四角い模様を見て、「まくらみたい」(1-14) と言ったり、一度覚えた単語を頻繁に使ってみる様子も観察されている。また、この頃、意味のないことばを楽しそうに話す様子が観察される。これは、何を言っているかわからないが、文章のような長い文で、ジャーゴンだと思われる。

耳年齢1歳2か月（4歳9か月）から1歳5か月（5歳）の頃は、まだ思ったことを日本語で十分に表現することができていない。例えば、たこ焼きの写真を見て「AとYとKとMちゃんと、みーんな」(1-5) と言った。これはMちゃんの家に遊びに行ったときに、A子と妹のK子と姉のY子とY子の友達のM子と4人で一緒にたこ焼きを食べたことを思い出したからである。A子と同年齢の健聴児ならば、「Mちゃんちで、AとYとKとみんなでたこ焼きを一緒に食べたね。お母さんがいないから、みんなでMちゃんのうちでお留守番してたんだよね……」など、その日のことについて話しただろう。また、「はっぱ、たべちゃ、だめ」(1-22) は、「葉は食べてはいけないもの」という意味で、「はな、ない、すけーと」(1-18) は、「鼻水が出ないからスケートに行きたい」という意味だった。

耳年齢1歳9か月（5歳4か月）頃、（リ）ハビリテーションでラ行の音が出せるように指導された。ラ行の発音には「森のくまさん」の歌を歌い「ラララララララー」と歌って練習した (1-54)。A子の発話が多くなると、コミュニケーションが重視されるため、言語形式や意味の誤用を直すことが中心になり、発音やアクセントは、主に意味の違いによる誤解を生むときだけ直していた。しかし、（リ）ハビリテーションでは、歌や遊びを通して50音すべてが発音できるように指導された。

同じ頃、発話の不明瞭さも観察されている。A子は、発話が増えて、

他者とコミュニケーションを積極的にとるようになってきた。しかし、話しことばによるコミュニケーションの中で、子音がきれいに発音できず、相手から発音が不明瞭だと指摘された。祖母の誕生日のケーキを親戚と一緒に食べる場面で、7歳のいとこF子に話しかけているが、F子は、「Aちゃん、なに言ってるか、わからないよ！」とA子に答えている。そのとき、健聴の姉Y子は、日頃からA子の発音を聞き慣れているので、「A子は今、これはおばあちゃんのケーキで、これはF子ちゃんのね、と言ったんだよ」と伝え、その場のコミュニケーションを助けた。このように、耳年齢21か月頃になっても、A子の発話を聞き慣れた家族以外の他者は理解できず、音声言語だけでコミュニケーションをとることが難しいこともあった。子音の不明瞭さは、A子が9歳のときに聾学校で行った発音明瞭度検査（単音を聞いて同じ音を発音する）の結果でも、A子が「す」を「しゅ」、「さ」を「しゃ」、「つ」を「ちゅ」と発音していることが指摘されている。

　A子の発声、発音の発達が遅い理由は、生後2年間は、ほとんど音が聞こえなかった状態だったからであると思われる。A子が9歳10か月で行った発音明瞭度検査で、A子が正確に発音できた音が84％だったのに対して、K子（8歳2か月）は91％正確に発音している。これはK子が生後4か月から補聴器を装用して聴覚活用をしてきたからだと思われる。

　A子が話しことばでコミュニケーションができるようになって大きく変わったことは、柔軟に物事を考えられるようになったことである。人工内耳を装用する前のA子は激しい偏食だった。筆者が「これはおいしいよ」「これを食べると病気が治るよ」と言っても、嫌いなものは決して食べなかった。「おいしいから一口食べてごらん」と言われたことが理解できるようになると、今まで口にしなかったものを食べるようになり、次第に偏食がなくなっていった。また、「これが終わったらおやつにしよう」「今日は寒いからアイスクリームは買わないよ」「食べたら公園に行こうね」などが理解できるようになると、A子の聞き分けがよくなったと感じた。人工内耳を装用する前のように、原因や理由がわからず、床の上に大の字になって泣き続けるような行動はなくなっていった。

　A子の言語発達は、健聴児よりも遅れて開始されたが、母音の発声、子音＋母音（CV）構造の発声、表出よりも理解が先行すること、語彙の

急増、二語文、三語文と習得が進む順序は、健聴児と同じである。しかし、健聴児の発達が一歩一歩進んでいくのに比べて、A子の習得の段階は、一つ一つの段階が短期間に次々とやってくる。A子の耳年齢2歳までの発達を健聴児と比べると図6のようになる。健聴児の発達は、0〜2歳までのことばの発達が詳しく述べられているボワソン＝バルディ（2008: 228）の「0歳から2歳までのコトバの発達の主要段階」に基づいている[18]。

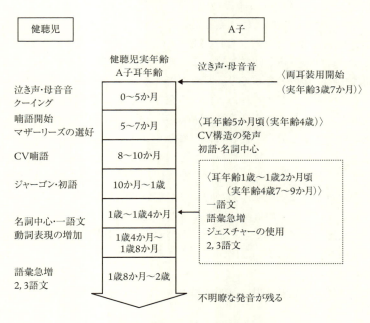

図6　健聴児とA子の言語発達過程

図6は左側が健聴児の言語発達を実年齢で表し、右側はA子の言語発達の過程を耳年齢で表している。耳年齢は、言語音が完全に聞こえるようになった両耳装用開始の3歳7か月の時点を0か月とした。図6の右側を示すA子の言語発達過程を見ると、CV構造の発声の後に初語、一語文、語彙の急増、2語文3語文に至る発達の順番は、健聴児と同じである。しかし、耳年齢1歳～1歳2か月頃に、これらが急速に発達していることがわかる。A子が耳年齢1歳1か月頃に二語文を発しているのは、健聴児が1歳8か月で二語文を発するのに比べて早い。健聴児は、これらの段階が生まれてから約2年間かけて発達するのに対し、A子の場合、耳年齢5か月から1歳2か月まで約9か月間で発達している。

　A子は、身体的な成長は、健聴児と同じだったが、ただ聞くことだけができなかった。発声器官は成長していたが、それを使うことがなく、健聴児のように音声を知覚しながら、発声器官を調整するクーイングの期間は見られない。そして母音が発声できるようになると、すぐに「ババ」や「ママ」など子音＋母音構造の発声に発達し、並行して語彙も急速に習得している。A子の言語発達は、手術後の言語（リ）ハビリテーションで聴覚活用と発声を促されようになり、健聴児のような緩やかな発達ではなく、急速に発達していったと言える。そのためA子の言語習得過程では、発話内容に発音の正確さが追いついていない時期や言いたいことを音声言語で表現する力が追いつかない時期がある。

　このように、A子の言語発達を見ると、健聴児と同じプロセスをたどるが、発達のスピードが速く、一つ一つの段階段階をたどる健聴児の発達と異なり、いくつかの段階が重なるように発達していく時期があることがわかる。

　次節では、聴覚障害児の言語習得の中で、獲得が遅れる構文について述べる。

### 3.3　聴覚障害児にとって獲得が遅れる構文

　2.2で述べたように、多くの聴覚障害児は言語発達が遅れ、そのために健聴児よりも学力が低いとされている。本節では、聴覚障害児にとって獲得が遅れる構文のうち、特に授受表現について、A子の話しことばと書きことばの誤用を見ていく。また、聴覚障害児にとって獲得が遅れる

構文は、日本語学習者にも同じように困難であるとされるため、意図的な学習の必要性について述べる。

脇中 (2009) は、聴覚障害児の日本語の問題として、語彙量の少なさ、助詞の理解、やりもらい文、受身文、使役文、比喩文の理解、語用の問題など、多くのつまずきがあると述べている。また4.3で詳しく述べるが、我妻 (1981, 1998) や星野 (2010b, 2011) は、聴覚障害児の受身文や授受構文の習得の遅れを指摘している。

A子の発話では、2.3.2でも述べたように、授受表現の間違いが観察される。以下はA子が3年生の1月（耳年齢：6歳2か月）のときの発話である。

A：1年生のときね　Mちゃんがランドセル間違えた
　　そしたらアイスがもらってきた
　　　　　　　　　　　　　3年生1月（耳年齢：6歳2か月）

この発話が意味するところは、Mちゃんが自分のランドセルとA子のランドセルを間違えて持って帰ってしまったので、A子がMちゃんの家に届けに行ったら、お礼にアイスクリームをもらった、ということである。この場合、「もらう」を使うなら「（私はMちゃんに）アイス<u>を</u>もらった」と言うべきである。

A子の発話で最後に授受表現の間違いが観察されているのは、4年生の12月（耳年齢：7歳1か月）である。A子は「N先生が自分たち生徒にアメをくれた」という話しをしているときに「N先生がアメをあげた」と言っている。

A：N先生がアメをあげたんだ。いろんな行事の終わりにアメをあげるんだって
M：N先生がアメを？
A：もらう
M：私はN先生にアメを…
A：あげるじゃないだろ…もらう？
M：N先生が私にアメを

　　　　　A：くれる

4年生12月（耳年齢：7歳1か月）

　A子の授受表現の間違いは、話しことばだけではなく、書きことばにも観察される。以下は、A子が小学校2年生1学期（耳年齢：4歳5か月）に席がえについて書いた日記である。日記を読んだ担任の教師に、授受動詞を使った言い方に直されている。（　）は担任が赤字で補った語である。A子は席がえをして一番前の席になったことを自動詞「する」を使って「前にしてよかった」と表現しているが、実際は、聞こえにくいために前にしてほしいと事前に担任の先生にお願いしている。

2008年4月14日
〈せきが一番まえにしたぞ！〉
　きょうからせきを一ばんまえにして（もらえて）よかったなー。先生のはなしがよくきこえるぞ！　先生のはなしがきこえてよかったです。となりは、NちゃんとLちゃんです。うしろはOくんです。

2年生4月（耳年齢：4歳5か月）

　また、以下の作文はA子が2年生2学期（耳年齢：4歳10か月）に書いた日記である。担任の教師がコメントを書いている。

2008年9月24日
〈クラブ〉
　今日、クラブがありました。わたしは、グループがたりなかったので、泣きました。Nちゃんは、どっかで、くちを（a）ぶっかったので、わたしは、たぶん、口を（b）ぐちゅぐちゅぺっしにいったのかな？と思いました。私は、Nちゃんのグループに入りました。Nちゃんのほうがやさしいので、Nちゃんのグループに（c）入りました。

2年生9月（耳年齢：4歳10か月）

〈先生のコメント〉
　Aちゃんがなきたいくらいの気持ちになったのは、わかるけど（Aちゃんがクラブをやすんだときのれんしゅうで、グループわけしてあったんだよ）そういうときは、なかないで、お話しできるといいね。「いれてもらいました」の方がいいよね。

　A子の作文では、(a) 他動詞「ぶつけた」とするべきところを「ぶっかった」という話しことばの自動詞で書いている。(b) では、「うがい」ということばを知らず、「ぐちゅぐちゅぺっ」としている。また (c) では、文法的な誤りはないが、「グループに入りました」と書いていて、自分から入ったのではなく、入れてもらったという恩恵を受けた表現が使われていないため、この状況を知っている教師は、コメントのように「入れてもらいました」の方が適切だと指摘している。このように、装用児の日本語には、文法、語彙だけでなく、場面に応じた適切な使用においても誤用が見られる。

　A子の書いた作文で、最後に授受表現の誤用が観察されるのは、4年生6月の10歳（耳年齢：6歳7か月）の作文である。「私ができる小さな親切」という題名で、自分がした親切について書いている。下線部 (d) からわかるように鉛筆やノートを貸してあげる、という意味で「借りてもらったり」と書いている。ここでは「貸す・借りる」という動詞と「あげる・もらう」が結合したときに正しく使用できていない。しかし、全く授受表現が使えないわけではなく、(e) のように「言ってくれる」と使えている部分もある。

　　七つめは、誰かに鉛筆やノートを (d) 借りてもらったり、せきをゆずったりしていますので、みんなは、「ありがとう。」とたくさんの人が言って (e) くれます。
　　　　　　　　　　　　　　　　　　4年生6月（耳年齢：6歳7か月）

　藤吉（2012）は、健聴児の授受構文の習得は、授与文（あげる文）が5歳以前、受文（もらう文）が6歳8か月であると報告している。A子に最後に観察された話しことばの授受表現の受文（もらう文）の誤用が10歳7か

第3章　人工内耳装用児の言語習得　　　　　　　　　　　　　79

月、書きことばの誤用が10歳2か月であることから、授受構文は健聴児と比べて遅く獲得されていることがわかる。

　日本語の授受表現は、次章で述べるように、単なる物の移動の方向を表すだけでなく、話者のウチとソトの感覚によって、他者への親疎の情を表す。特に「くれる」は他者への感謝の気持ちを表すため、日本語でのコミュニケーションに欠かせない構文である。授受表現を統語的に正しく、語用的に適格に使用することは、健聴者の社会で人間関係を円滑に築くために必要である。

　小学校の通常学級では、作文に文法的な誤用があった場合、教師が誤用を赤字で訂正する。しかし、子どもの書く姿勢を尊重するために、誤用を直さない場合もある。通常学級の小学校国語科の文法指導について、塚田（2009）は、専門的な文法用語はできるだけ使用せず、作文や読みの学習を通して文法意識が洗練されるよう工夫をするべきであり、文法意識は具体的な文章の修正や推敲作業を通して高められると述べている。このような小学校の国語科での指導では、装用児の日本語に誤用が観察されても、特定の文法項目について指導が行われることはない。しかし、聴覚障害児にとって獲得が遅れる構文の学習には、意図的な学習が必要であり、我妻（1981: 18）は「特別なてだて」が必要であると述べている。また、河野（2008b）は、聴覚障害児の言語指導には、国語教育とは区別した言語教育の必要性があると主張している。本研究の背景にも、通常学級に通う装用児A子が授受表現を正しく使用できるようになるためには、通常学級の国語教育だけでは不十分であり、意識的な学習が必要であるという考えがある。

　次章では、第二言語として日本語を学ぶ学習者や聴覚障害児にとって、なぜ授受表現が難しいのか、日本語の授受表現について述べる。

注　[1]　手話には聾者の第一言語である日本手話（伝統的手話）、日本語の音声に対応した日本語対応手話（同時法的手話）、それらの中間的手話がある（四日市2006: 32）。
　　[2]　現代思想編集部編『ろう文化』（青土社、2000）を参照。
　　[3]　2008年4月から東京都の認可を得て、学校法人明晴学園が日本手話を第一言語とする聾児のための教育を始めた。
　　[4]　親が聾者で子どもが健聴児というコーダ（coda: children of deaf adults）の場合も親子間の言語が異なる。コーダは手話を親から学び、話しことばを親以外の大人から学ぶことになる。プレストン（2003）は、コーダの手話と音声日本語のバイリンガルの実態を報告している。
　　[5]　人工内耳友の会ACITAによる2010年10月31日現在の統計（http://www.normanet.ne.jp/~acita/info/index.html、2011年1月19日）。
　　[6]　閾値とは聞き取ることのできる最も小さい音である。
　　[7]　K子の裸耳聴力（2011年測定）、補聴器装用時（2003年測定）、人工内耳装用時（2011年測定）、および健聴である筆者の聴力（2002年測定）の検査結果を示した。
　　[8]　Spencer（2002: 229）参照。
　　[9]　調査全体としての回答者は、聴覚障害児の保護者270名である。
　　[10]　CI2004成人用単語・文章の聞き取り検査を騒音下（S/N + 10dB）で行った。
　　[11]　図・日本語訳は門田（2003）を参照した。
　　[12]　宣言的知識と手続き的知識という用語は、Anderson（1983, 1985）のスキル習得理論で用いられる用語であり、言語習得では明示的知識（explicit knowledge）と暗示的知識（implicit knowledge）という用語が使われる場合もある。宣言的知識、手続き的知識は、必ずしも明示的知識、暗示的知識に対応するとは限らないが、同義に扱われることが多い（小柳2004）。
　　[13]　早期教育の必要性から、0～3歳までは、文部科学省の管轄ではないが、教育相談と称し言語指導などのクラスが設置されている場合がある。
　　[14]　人工内耳を装用して感知できる最も弱い音の音圧レベル。最小可聴閾値。
　　[15]　音声処理の方法。
　　[16]　ホームサインは、先天性の難聴と診断されてから使用し、音声言語によってコミュニケーションがとれるようになってからは、次第に使用が少なくなっていった。
　　[17]　「ばいばい」の「ば」など完全に発音できない語を含む。
　　[18]　ボワソン＝バルディ（2008: 228-229）の言語発達表は、大久保（1975, 1984）よりも2歳までの言語発達が月齢ごとに詳細に記述してあるので健聴児の言語発達の指標とした。

# 第4章
# 日本語の授受表現とその習得

本章では、聴覚障害児にとって獲得が遅れる日本語の授受表現について述べる。最初に4.1で日本語の授受表現が表す授受の方向、話者の視点、待遇意識について見ていく。4.2では、健聴児の授受表現の習得について先行研究を概観する。4.3では、聴覚障害児の授受表現の習得について先行研究を概観し、4.4で聴覚障害児の授受表現に関する先行研究の問題点について述べる。

## 4.1　日本語の授受表現

　日本語の授受表現は、AさんとBさんの間の物の移動、つまり、「与える」や「受け取る」を「あげる」「くれる」「もらう」で表し、利益・恩恵の授受を「～てあげる」「～てくれる」「～てもらう」を使って表す。日本語と英語を比較すると、英語では、授受動詞はgiveとreceiveの二つの語で表すのに対して、日本語は「あげる」「くれる」「もらう」の三つの語で表す。日本語では、receiveに当たる語が「もらう」であり、giveに対応する動詞が「あげる」と「くれる」の二語である。つまり、英語などの他の言語にない「くれる」があることが日本語の特徴だと言える。「くれる」は、話者に視点を置き、「話者以外の者から話者／ウチの者への授与と感謝の気持ち」を意味する。したがって、「くれる」の正しい語用のためには、授受の方向、話者の視点（ウチとソトの感覚）、感謝の気持ちについての理解が必要であり、「くれる」を正しく使用しなければ、日本語らしい表現ができないということになる。本節では日本語の授受表現について、4.1.1で授受の方向、4.1.2で話者の視点、4.1.3で待遇意識について述べる。

### 4.1.1 授受の方向

　本項では、主に授受動詞が意味する授与の方向と統語的制約について、最初に「あげる」と「くれる」、次に「もらう」と「くれる」についてとりあげる。

　「あげる」と「くれる」は、英語のgiveに当たる。以下の例文 (a) では、私／私の妹（話者かウチの人）が授与者であり、桜ちゃん（ソトの人）が受益者になり、モノの移動は、私／私の妹→桜ちゃんになる。(a)′のように受益者が私や私の妹のようなウチの人になることはなく、(a)′は非文である。(b) は桜ちゃん（ソトの人）が授与者で、私／私の妹（話者かウチの人）が受益者になり、「くれる」を使って桜ちゃん→私／私の妹を表す。このように授与者（モノの移動の出発点）が自分、つまり話者である場合に「あげる」を使い、自分が受益者である場合は、「くれる」を使う。

　また (c) のように第三者同士の物のやりとりには、「あげる」が使われる。しかし、(d) のように話者にとって受益者が家族や親しい友人などのウチの者と感じる場合は、「くれる」が使われる。(d) では、話者にとって「知らないおばあさん」はソトの者であり、「桜ちゃん」は友達というウチの者ということになる（*は非文であることを示す）。

(a)　私／私の妹は　桜ちゃんに　お菓子を　あげた。
(a)′*桜ちゃんが　私／私の妹に　お菓子を　あげた。
(b)　桜ちゃんが　私／私の妹に　お菓子を　くれた。
(c)　桜ちゃんが　遼ちゃんに　お菓子を　あげた。
(d)　知らないおばあさんが　桜ちゃんに　お菓子を　くれた。

　次に「くれる」と「もらう」について見ると、「くれる」と「もらう」は、以下の例 (b)′と (e) のように、両方とも桜ちゃん→私のようにモノが移動する。しかし、「もらう」は (f) のように話者を授与者として非主語の位置に置くことはできない。

(b)′桜ちゃんが　私に　お菓子を　くれた。
(e)　私は　桜ちゃんに　お菓子を　もらった。
(e)′私は　桜ちゃんから　お菓子を　もらった。

(f)＊桜ちゃんが　私に　お菓子を　もらった。

　また上記の例（e）・（e）′のように、「もらう」は、(e)「私は桜ちゃんにお菓子をもらった。」のように格助詞「に」でも、(e)′「私は桜ちゃんからお菓子をもらった。」のように奪格の「から」でも表せる。その違いについて牧野（1996）は、「から」がソトの心理、「に」がウチの心理を表すことによって説明されると述べている。そして以下の（g）のように、たとえ自分がS校に対して愛校心を持っていたとしても、大学という組織にはウチとしての心理が働かないために「から」が使われ、(h)のように「に」は使われないと説明している。また山下（1986）は、「〜にもらう」と「〜からもらう」について、人と人の関係には「に」が用いられ、人間関係が薄れる市役所や学校、会社などの組織化された対象には「から」が用いられると述べている。

(g)　私はS大学から奨学金をもらっている。
(h)＊私はS大学に奨学金をもらった。

　上述したように、日本語の授受表現は、物の移動を表すだけでなく、話者のウチとソトの感覚によって動詞が使い分けられる。そこで、次節では、日本語の話者の視点について述べる。

### 4.1.2　話者の視点

　日本語の授受表現の特徴の一つとして、話者の視点を表す「くれる」があることがあげられる。本項では、授受表現における話者の視点について述べる。

　視点は、物事の認識の仕方に関係する。物事を捉える捉え方、つまり人の認識の仕方には大きく分けて二つある。地面を見るときに、鳥が空から見下ろすように距離を置いてみる鳥瞰的な方法と、虫が地面を這うように対象に密接して見る虫瞰的な方法である（神島1961）[1]。日本人は対象と自分との距離が密接で、それは日本の文化にも表れている。池上（2006a）は、西欧の絵画は、描き手が対象を描くために自らの視点を定めて描く遠近法を用いるのに対し、日本の合戦や都市を描いた屏風図など

は、遠くのものを描くときでも、描き手が対象の近くに寄り「臨場的」に描かれ「非遠近法的」であることを指摘している。また、庭園を例にとっても、西欧の庭は、幾何学的な整然とした庭であるのに対して、日本の庭園は、見る人が庭の中を歩きながら景色を楽しめるような回遊式をとり、見る人と見られるものが融合する「体験的」な形であるという。認知言語学では、このような事態把握（construal）の仕方を「主観的把握（subjective construal）」と「客観的把握（objective construal）」と呼んでいる（池上 2006a, 2006b, 2011）。

　このように日本人は物事を全体的に捉えるのではなく、事態の中に入って内側の立場から捉える傾向があり、そのような捉え方が言語表現に反映されていることは、多くの研究者によって指摘されている（Tokunaga, 1986, 1991; 池上 2006a, 2006b, 2011; 金谷 2004; 久野 1978; 牧野 1996; 森田 1995, 1998, 2002, 2006; 山下 1986）。特に事態を内側から捉える日本の文化的な背景が表れる一つの言語形式として、授受表現がある。授受表現は話し手が視点を自分側の「ウチの関係」か、そうでない「ソトの関係」によってことばを使い分ける言語表現の典型だと考えられている（Tokunaga, 1991; 徳永 2004, 2006; 森田 1995, 2002）。

　一般的に日本語では、動作主である主語に視点が置かれる（久野 1978）。通常「あげる」「もらう」は動作主である主語に話者の視点があるが、「くれる」には主語に話者の視点がない。徳永（2004）は、日本語の動詞は話者の視点が主語に固定され、話者が受け手になる場合、話者の位置を明確にするために「くれる」を付加する必要があると述べている。久野（1978）は、話者の心理的な近さを「共感（empathy）」と呼び、Tokunaga（1986）は「情意直示（affective deixis）」と呼んでいる。視点について、下記の例文で見てみると、(a) と (e) では、主語である私＝話者に視点がある。(b) では話者＝私に視点があるが、主語ではないため、「くれる」が必要となる。

(a) 私／私の妹は　桜ちゃんに　お菓子を　あげた。
(e) 私は　桜ちゃんに　お菓子を　もらった。
(b) 桜ちゃんが　私／私の妹に　お菓子を　くれた。

視点は、話者が表される事柄の誰に親近感を持っているかで決まる。久野（1978）は共感と呼び、カメラ・アングルに例え、話者がどの位置から事柄を捉えているかを説明している。下記の例（c）では、話者A子が中立的な立場から事柄を表している。（d）では、話者が共感を抱ける人は、知らないおばあさんではなく、友達の桜ちゃんであり、話者の視点は桜ちゃんにある。

　（c）　桜ちゃんが　遼ちゃんに　お菓子を　あげた。
　（d）　知らないおばあさんが　桜ちゃんに　お菓子を　くれた。

　このように、日本語では主語である話者に視点が固定される中で、話者の視点が主語にない特別な場合に「くれる」を使用しなくてはならない。視点に一貫性がないと物語を語るときに不自然に感じる。例えば、A子は4年生のときに「浦島太郎」の話を次のように書いているが、最後まで読むと、不自然に感じるところがある。

　　うらしまたろうは、弱いカメを見つけて、海に<u>にがしてあげました</u>。次の日に、つりをやっていると、大きなカメがいました。大きなカメは、きのうの事のお礼を言って、りゆぐじょう*へつれて行って<u>あげました</u>。　　　　　　　　　　（*正しくは「りゅうぐうじょう」）

　上記の例では、A子は最初に「浦島太郎の視点」から描写し、「（浦島太郎はカメを）にがしてあげました」と書いているが、次に「（カメは浦島太郎を）竜宮城へ連れて行ってあげました」と「カメの視点」から描写している。それぞれの文は統語的には正しいが、A子の視点が浦島太郎に統一されていれば、「連れて行ってくれました」となり、より自然な日本語になるだろう。つまり、違和感のない自然な文は、話者の視点によって「あげる」「くれる」「もらう」を使い分け、語用的に適格であるかどうかを判断しなければならない。

　話者の視点は、誰をウチの者として捉えるかによって変わってくる。日本の社会に根付くウチとソトの概念について、中根（1967）は人類学的立場で分析している。中根は、日本社会の社会構造では、他家に嫁いだ

家族よりも、よそから入ってきた妻や嫁、婿養子の方が「家の者」として重要になると述べ、「イエ（家）」という集団内の人間関係が、他の人間関係に優先されて認識されると論じている。授受表現の例をあげると、英語で He read me a book. を「彼は私に本を読んだ」と訳すと不自然さを感じ、「彼は本を読んでくれた」の方が自然に感じる。日本語では、事態を当事者への関わりと合わせて捉え言語化する傾向を好むからであり、このように日本語の自己中心的な視点や主観的な把握には、誰を親しいウチの者とするか、そうではないソトの者とするかという意識が働いている（Tokunaga, 1986, 1991; 徳永 2004, 2006）。例えば、算数の苦手なA子と得意なB子が一緒に勉強しているとき、B子がA子に「算数の問題がわからなかったら教えるね」とは言わずに「算数の問題がわからなかったら教えてあげるね」と言う。また「あげる」の視点について、森田（2002）は、話者の視点が第三者を描写するときにも表れ、「私」中心の視点が働くと述べている。例えば、A子が第三者のHとSちゃんの物のやりとりや恩恵の授受を捉えるときに「HちゃんがSちゃんに算数を教えてもらった」と表現したときには、Hちゃんを自分の視点で捉え、恩恵の授受を自分のことのように表現する。これは、第三者の事柄を傍観的に捉えず、自分をHという人物に合わせ、その立場から関係を捉えるからである。

　また山下（1986）が述べているように、家族や親しい仲間はウチ、あまり親しくない人、知らない人はソトという区別が働くため、子どもが自分の母親のことを友達に言うとき、「うちのお母さんは……」という言い方をする。これは、あなたのお母さん（ソトの人）ではなく、私の（ウチの）お母さん、という意識が表れるからである。

　このようなウチとソトの感覚は、話者の捉え方によりさまざまであり、ウチとソトの概念は「ここからがソトの者、ここまでがウチの者」とはっきりと区別できるものではなく話者が感覚的に捉えているものである。この感覚は、誰かに教えられるものではなく、他者が話していることを聞きながら、こういうときはこう使うのか、と学んでいくものである。装用児は、健聴児のようにことばを聞きながら自然にこの感覚を身につけていくことが難しいと考えられ、意識的な学習によって補う必要があるだろう。

本項では、日本語の授受表現における話者の視点について述べてきたが、次項では「くれる」が持つもう一つの特徴である他者への待遇意識について述べる。

### 4.1.3　待遇意識

　授受動詞の使い分けには、4.1.1で述べた授受の方向、4.1.2で述べた話者の視点の他に、他者への待遇意識が関係する。人間関係をどのように捉えてどのような言語を使用するかは「待遇表現」や「敬意表現」[2]と呼ばれ、人間関係によって言語形式が変わる。日本語では、敬語という言語形式に表れるが、待遇表現は言語形式だけでなく、ことばを場面や対人関係に合わせてどのように使い分けるか、ということも含まれる。徳永（2009a, 2009b）が述べているように、ことばを使って円滑にコミュニケーションをとろうとする対人関係への配慮は、多くの言語で共通するものであり、待遇表現は日本語だけでなく、「ポライトネス」として世界中で研究されている。

　日本語では話者の微妙な心理が授受表現によって表される。例えば、「もらう」と「くれる」では同じようにモノの移動を表すが、山下（1986）は、「もらう」と「くれる」の違いについて、下記の（i）（j）の例を用いて次のように説明している[3]。山下によると「もらう」は受益者の積極的な姿勢を表していて、補助動詞「〜てもらう」になると、その意味がいっそう強くなる。（i）は「〜てくれる」には授与者の自発的な厚意に対する感謝の気持ちが込められていて、話者は義理を感じている。それに対して（j）の「〜てもらう」には、自分から積極的に働きかけた結果、それを手に入れるという印象が強い。（j）のように「〜てもらう」は、本来なら自分で解決すべき問題を人に頼んで手伝ってもらったという負い目に思う気持ちがある。相手に犠牲を強いてしまい、厚意に感謝する必要を感じている、というような気持ちが表れている。

（i）おばさんが、見合い写真を送ってくれたよ。
（j）おばさんに、見合い写真を送ってもらったよ。

　また、徳永（2006: 12）が述べているように、恩恵を与えるという意味

の「あげる」は使い方によっては、語用的に「恩着せがましく失礼な表現」と捉えられる場合がある。例えば、「手伝いますね」と言った場合と「お手伝いしてあげますね」では「してあげる」を用いた場合の方が、恩着せがましい感じがする。

「くれる」に関しては、「先生が宿題を教えました」には客観的な事実しか表していないが、「先生が宿題を教えてくれました」では、話者の先生に対する感謝の気持ちが表れる。「くれる」「～てくれる」の使用は、相手の厚意に対する感謝の気持ちを表すことばであり、状況に応じて使い分けることが、円滑なコミュニケーションをするために重要である。徳永（2009b）は、受益者である話者が「くれる」を使うことは、授与者に対して「ねぎらい」の気持ちや「感謝」の気持ちを表明し、「学生みんなで手伝ってくれて、こんなに早くできました」と言う場合のように、「賞賛」を公にすることにもなり、ポライトネスに叶った言語表現だと述べている。

健聴児は、話しことばを聞きながら、このような「あげる」「くれる」「もらう」の微妙な使い分けを自然に学ぶことができる。例えば、A子の姉で健聴のY子は、筆者がガソリンスタンドの店員に対等なことば遣い（いわゆるタメ口）を使っていたら、「どうしてこのお店の人にはタメ語を使うの？」と質問してきた。Y子は、筆者が日頃、店員に丁寧なことば遣いで接していることを思い出し、筆者のタメ口が多少無礼に感じてこのような疑問を持ったのだろう。筆者はY子に指摘されて、初めて店員にタメ口を使っていることに気づいたが、「この店員は、とても若いからタメ口でもよい」という心理が無意識に働いたのだと思われる。

このような他者への待遇意識は、話者の心理状態によって使い分けられる。授受動詞は、他者への配慮が現れる重要な動詞であり、授受動詞を的確に使うことは、他者と円滑なコミュニケーションを築くためにも重要である。その中でも「くれる」は、話者の感謝を表す重要な動詞である。人工内耳装用児は、話しことばでの一対一の会話には問題がなくても、人工内耳の性能による言語入力の限界から、耳から入るさまざまなことばの微妙なニュアンスや使用、適格な語用の経験を積んでいくことが難しい。しかし、音声日本語を使い、日本社会の中で健聴者とともに生活していくためには、日本語を統語的だけでなく語用的にも正しく

使用することが必要である。円滑な人間関係を構築していくためにも、授受動詞「くれる」の習得は重要である。

上述してきたように、「くれる」の習得が重要でありながら、現在、聴覚障害児の言語力の評価方法の一つとして使われている失語症構文検査では、「あげる」「もらう」の使用について評価する問題文はあるが、「くれる」に関する設問がない。「くれる」は話者の心理や相手に対する感謝を表す表現として重要な日本語の形式であり、装用児が習得するべき重要な言語形式であると考える。

授受動詞は敬語表現にもつながり、「あげる」は「さしあげる」、「くれる」は「くださる」、「もらう」は「いただく」に相当し、人間関係を考慮した言語表現には欠かせない。本研究で敬語表現としての授受動詞はとりあげないが、装用児が社会でさまざまな立場の人とコミュニケーションを円滑に行うためには、授受表現を的確に使い、さらに敬語として習得する必要がある。授受表現は、装用児が自然に内的な感覚として身につけるべき重要なものである。

次節では、授受表現がどのように習得されるのか、健聴児を対象にした先行研究を概観する。

## 4.2　健聴児の授受表現の習得

日本語の授受表現は、物や恩恵の授受の方向、視点や待遇表現が関わる構文である。本節では、健聴児がどのように授受表現を習得するのか、先行研究を概観する。

大久保（1984）は、1歳～3歳後半の健聴児の自然発話をもとに、補助動詞「て形式」の語形変化を調査したところ、授受表現の初出年齢は、「～てもらう」＞「～てあげる」≫「～てくれる」の順だったことを報告している。「～てあげる」では、現在形「テツダッテアゲル」が2歳11か月、過去形「ムイテアゲタノ」は2歳6か月、否定形「カシテアゲナイ」は2歳9か月で、いずれも2歳後半には発話が観察されている。また、大久保は「～てくれる」は「～てあげる」との誤用が多く、現在形「テツダッテクレル」は「手伝ってあげる」（2歳11か月）の意味で誤用であり、過去形も誤用で「イレテクレタ」（3歳1か月）、否定形は正用で「ヨンデクレナイノ？」（3歳5か月）、命令形「カメラトッテクレ」（3歳1か月）

という報告をしている。「〜てあげる」は「〜てくれる」との誤用が多く、母親が「たーちゃんが押してくれたのね」に対して「ウン　ベビーカー　オシテクレタノ」（3歳3か月）と「くれる」をそのまま使い、「あげる」に変換しない誤用が多いと述べている。また、これは親が「手伝ってくれる？」「入れてくれる？」と子どもに聞くことが多いせいか、子どもの「モッテキテクレル？」のような疑問形には、誤用がないと述べている。さらに「てもらう」に関しては、終止形・現在「シテモラウ」（3歳1か月）、過去形「アケテモラッタノ」（2歳4か月）で、誤用は観察されていないと報告している。

　大久保（1984）は、「て形式」でない動詞の初出は、「あげる」2歳、「もらう」2歳2か月、「くれる」3歳5か月で、あげる＞もらう＞＞くれるの順になり、「て形式」の順序〜てもらう（2歳4か月）〉〜てあげる（2歳6か月）＞＞〜てくれる（2歳11か月）と異なる順序で初出すると述べている。

　大久保（1984）の調査は、健聴幼児の自然な会話での調査だったが、天野（1977）は4〜6歳児の健聴児の授受表現の習得についてテスト式で調査を行っている[4]。その方法は、次のようなものである。まず最初に、文の内容と同じ絵を子どもに見せる。絵の下には当該の文に含まれている単語（文節）の数だけマス目が描かれ、マス目にはそれに対応した単語を示す絵がマスに描かれていて、単語とその順序を規定している。一番右の動詞に対応した部分は（　　）で空白になっているので、そこに適切な動詞を入れる。幼児は左からマスに積み木を入れ、当該の単語を発音しながら、絵の内容にあった文を作ることを要求される。天野は、このような方法で文を作ることができるのか、空白の動詞の部分にどういう動詞を使って文を作るのか、当該の動詞を使うことができるのかについてテストした。なお、文の作成に必要な格関係の情報は与えられていなかった。

　調査の結果、「〜は〜に〜をあげる」（花子はお母さんにお花をあげた）の構文の平均正反応率は4〜5歳クラスで75.7％、5〜6歳クラスで90.24％だったのに対し、「〜は〜に〜をくれる」（花子は僕（私に）自動車（人形）をくれた）の構文の平均正反応率は、4〜5歳クラスで44.7％、5〜6歳クラスで63.4％であり、幼稚園期の幼児には、「あげる」に対する「くれる」の対立が十分に習得されていないことが示唆された。また、「〜は〜

から（に）〜をもらう」（お母さんは花子から（に）花をもらった）の構文の平均正反応率は、4〜5歳クラスで43.6％、5〜6歳クラスで68.3％で、「あげる」よりも「もらう」の構文を作ることが困難であったことが報告された。誤反応の典型的な例は、「もらう」の代わりに「あげる」「やる」の動詞を使い、意味が全く反対になるもので、モノが与えられる側の立場から構文を作り出すことができなかったと報告している。天野（1977）の考察では、誤反応の第一の原因は、「AはBにCをもらった」と「AはBにCをあげた」という構文では、動詞「もらう」と「あげる」が異なるだけで、「AはBにCを」という順序は全く同じであるため、統語・意味的区別がついていないことにあるとしている[5]。第二の原因は、授受表現は同じ事柄についてモノを与える側の立場（授与者）と与えられる立場（受益者）の二つから表現するために、異なった二つの文形式をとるという認識が十分でないことにあると述べている。天野は、これは一つの立場、特にモノを与える側の立場からの表現形式だけで、その関係を表そうとする傾向が強いことに関連すると考察している。天野は、子どもはモノを与えられる立場、あるいは第三者の立場に立って、その立場から文を作ることが困難であり、これは子どもの発達的特質に起因していると述べている。さらに、「もらう」文の作成の困難さは、発達につれて減少し、「もらう」文の平均正反応率は5歳前半で約40％だったのが、6歳後半では約80％になると述べ、就学前には完成しないと結論づけている。

　また天野（1977）は、「あげる」から「もらう」と「もらう」から「あげる」への変換課題を行っている。「あげる」から「もらう」への変換課題は、絵を見て、例えば「お母さんは太郎にリンゴをむいてあげた」という文を「太郎はお母さんにリンゴをむいてもらった」に変換する課題で、4〜5歳クラスで平均正反応率64.0％、5〜6歳クラスで84.0％だった。反対に「もらう」から「あげる」に変換する課題では、4〜5歳クラスで平均正反応率56.5％、5〜6歳クラスで71.3％だった。天野は、「あげる」文を「もらう」文に変換する課題よりも、「もらう」文を「あげる」文に変換する課題の方が困難であったのは、正反応率の低かった問題文の構文に起因していると述べている。正反応率が低かった構文とは、「花子は太郎に自転車に乗せてもらった」を「太郎は花子を自転車に

乗せてあげた」に変換する問題で、「ハ」格、「ニ」格、「ニ」格の文が「ハ」格、「ヲ」格、「ニ」格の文に変換される問題である。この問題は、変換しても「ハ」格、「ニ」格、「ヲ」格が変わらない問題、例えば「花子<u>は</u>お母さん<u>に</u>肩<u>を</u>たたいてあげた」を「お母さん<u>は</u>花子<u>に</u>肩<u>を</u>たたいてもらった」のような問題よりも難しくなる。天野は、同じ意味内容で立場が異なる文に変換する課題は、単純に文を作る問題よりも知的操作が要求され、同じ意味内容を異なった立場から表現する授受表現の習得は、幼児の概念発達と関係があると述べている。

以上に述べた先行研究から、「あげる」構文は「もらう」構文よりも早く習得されるが、6歳でも完全に習得されるわけではないことが明らかである。

次に、授受表現の理解には「が」や「を」の格助詞の理解も関係するため、次に子どもの文理解と格助詞について先行研究を概観してみる。

子どもがどのように文を理解するかという文理解の過程には、意味方略、語順方略、助詞方略がある。Bever（1970）は、人が言語を理解するときのいくつかの方略をあげている。例えば、意味方略（Semantic strategies）では、人（man）、クッキー（cookie）、食べる（eat）という語がどんな順で並んでいても、「人がクッキーを食べる（The man eats the cookie）」という自然な意味解釈をする。語順方略（Lexical ordering strategy）というのは、英語を母語とする場合、名詞、動詞、名詞が並んでいた場合、動作主（actor）、行為（action）、対象（object）と理解する。岩立（2005b）は、子どもの言語発達では、意味方略→語順方略の順で現れ、日本語を母語とする子どもはさらに、格助詞の「が」や「を」によって文を理解する助詞方略が加わると述べている。岩立（1980, 2005b）は、子どもの助詞方略は3歳後半から始まり、語順方略は4歳前後に始まると述べている。また、子どもは2歳頃から格助詞を使うようになるが、使っていることと正しく使うことは別であるとし、助詞だけで文を正しく理解できるようになることは遅くなると指摘している。

鈴木（2007）は、岩立（1980）の格助詞獲得が「4歳前後」という年齢を「4歳以降のいつ頃か」明らかにするために、幼児の単一項文（他動詞の項が文中に一つしか現れない文）の理解を年少児だけでなく、年中児（平均5歳1か月）と年長児（平均5歳11か月）も対象に実験した。実験は、「コア

ラが押しました」という主語文と「コアラを押しました」という目的語文を聞き、同じ内容の動画を選ぶというものである。その結果、主語文、目的語文ともに年中児で、主語文が80％、目的語文が60％であったのに対し、年長児では主語文、目的語文ともに90％以上の正解が認められた。また年中、年長ともに主語文の理解が目的語文の理解よりも上回っていた。

　鈴木（2007）は、主語文の理解が目的語文よりも上回ることに対し、格助詞の言語運用では、知覚における動作主の優位性が文理解に影響を及ぼし、「動作主バイアス」（p.64）が働くとしている[6]。さらに次の実験では、年少と年中を対象に「動作主バイアス」が働かないようにした場合の文理解を調査した。その方法とは、理解文を与える前に文脈情報を口頭と動画で与えることである。つまり、「コアラを押しました」では、押されるコアラしか文に登場しないが、「誰が」コアラを押すかという情報を文脈文として最初に与えるという方法である。文脈文として「山にライオンがいました」を口頭と動画で与えてから主語文「すると、コアラが押しましたよ」と聞かせる。目的語文の理解を見るときは、文脈文「山にコアラがいました。」を与えてから「すると、ライオンを押しました」（目的語文）を聞かせる。このような方法を用いると、もし格助詞の知識が欠如していれば、先行文脈の影響を受けることはないし、文脈が補われれば、動作主バイアスが適用されることもなく、文が解釈されるというのである。

　このような実験の結果、年少、年中ともに先行文脈を与えると、目的語文の理解は、先行文脈を与えなかったときの正解率が年少で4割、年中で6割だったのが、年少で6割、年中で8割に上がった。鈴木（2007）は、格助詞の「が」「を」の文法知識は、年中の5歳半頃でもまだ発達途中であると結論づけている。

　鈴木（2007）は子どもの文理解に関して、格助詞に関する文法知識が獲得されていないこと、また格助詞の知識はあっても「動作主バイアス」によって正しく言語運用に反映できないことの二つをあげた。これに対し、水本（2007a, 2007b, 2009）は幼児の文理解は、作動記憶容量が関係すると主張している。

　作動記憶は、ワーキングメモリとも呼ばれ、パソコンの内蔵メモリや

脳の作業場、もしくはメモ帳のような働きをすると例えられる（苧阪 2002）。言語は話しことばも書きことばも、時系列に得る情報を覚えておきながら、読みや発話などの次の行為を行わなければならない。そのため、作動記憶は言語の理解には欠かせない。話しことばも書きことばも言語は時系列に知覚されるため、先に入ってきた情報を覚えておかないと全体の内容が理解できないからである。人と話すときには相手の話を聞き、その内容を覚えておきながら発話しなければならない。水本（2009）も述べているように、作動記憶容量が大きければ、多くの情報を正確に保持することができる。

水本（2009）は、4歳4か月から6歳5か月の89名の保育園児を対象に、幼児の作動記憶容量と言語理解の関係を調べた。作業記憶容量を調べるためには、リスニングスパンテストを用いた。言語理解の関係は主語文①「ウサギさんが追いかけているよ」と目的語文②「ウサギさんを追いかけているよ」などの文を使った。水本（2009）は格助詞に基づく文理解が作動記憶容量と関係するかどうか、遅延処理と即時処理という処理の仕方を想定している。遅延処理では、格助詞が何を意味するかは、述語の入力によって決まるため、述語の入力まで格助詞の音声情報を保持していなければならない。そのために作動記憶容量が大きいほど情報が正確に保持され、処理が正確に早く行えるというものである。即時処理では、①「ウサギさんが追いかけているよ」を聞いたときに、格助詞が入力された時点で処理が開始される。②「ウサギさんを追いかけているよ」では、空主語が存在すると処理し、「ウサギさんを（〜が）追いかけているよ」という複雑な情報を保持しなくてはならない。つまり、「延処理でも即時処理でも作動記憶容量は大きいほど情報が正しく保持され正しく文が理解されるというものである。

水本（2009）は、リスニングスパンテストの結果を高スパン群、中スパン群、低スパン群に分け、主語文、目的語文の理解を確かめたところ、高スパン群は主語文、目的語文の誤答率が低かったの対し、中スパン群、低スパン群は、目的語文の誤答率が高いという偏った結果を得たと報告している。そして、作動記憶容量が多いほど、格助詞に基づき文を正しく理解できると結論づけている。また、初頭の名詞を「が」格で標示する傾向は、鈴木（2007）のいう「動作主バイアス」というよりも「が」格

に対する優先性ではないかと考察している。つまり、作動記憶容量が少ない子どもは、正確に保持できなかった格助詞の情報を、初頭の名詞は「が」格名詞として処理し、保持できなかった情報を復元するというのである。これを「格配列バイアス」（p.17）と呼び、幼児が格助詞に関する文法的知識を有しているからこそできるものであり、格助詞の誤りは大人の成人にも見られることから、格助詞の誤用を直ちに文法知識の有無に結びつけることはできないと指摘している[7]。

授受表現では、「授与者が＋くれる」「授与者に＋もらう」のように格助詞と授受動詞を正しく組み合わせて使用しなければならない。そのためには、助詞の理解という次元だけではなく、授受動詞「くれる」が他者への感謝を表すという、語彙が持つ深い意味を理解しなければ、統語的には正しく使用できても、語用的には不適格な使用となる可能性が高い。

以上、健聴児の授受表現の習得や文理解に関する先行研究を見てきたが、次節では、聴覚障害児の授受表現の習得について見ていく。

## 4.3 聴覚障害児の授受表現の習得

3.3で述べたように、聴覚障害児の習得が遅れる構文の一つに授受表現がある。本節では、聴覚障害児の授受表現の習得について先行研究を概観する。

我妻・菅原・今井（1980）は、聾学校の小学部4年生から高等部3年生まで75名の聴覚障害児の受身、「やり・もらい文」の理解力をテストし、健聴児と比較した。その結果、聴覚障害児は、中・高等部が小学部の正答率よりも高かったが、小・中・高等部とも普通小学校の1～3年生と同レベルの正答率であったこと、健聴児と比較すると解答の仕方に偏りがあったこと、「もらい文」は「やり文」よりも理解が難しかったことを報告している。

我妻・菅原・今井（1980）が行ったテストは4種類あり、動詞の穴埋め問題、助詞の穴埋め問題、文選択問題（例文と同じ文を四つの文から選択する：例「AがBにCを買ってもらう」を読み「BがAにCを買う」を選択する）、絵文結合問題（絵と同じ意味の文を四つの中から選ぶ）だった。我妻らは誤反応の型を分類し、聴覚障害児の助詞穴埋め問題の誤反応には、次の①・②

のように「に」を入れるべきところに「が」を入れる共通な傾向が見られたと述べている。

　①花子さん（が）　お姉さんは　本を買ってもらった。
　②おばあちゃんは　太郎君（が）　肩をたたいてもらった。

　聴覚障害児では①の誤反応は、全反応中の52％、②は39％であり、健聴児は誤反応に特別な傾向は見られなかったと報告されている。また聴覚障害児には、絵文結合問題でも、健聴児には見られない「行為者＋が」「被行為者＋に」の選択肢を選ぶ傾向が見られ、「もらい文」に対して小学部35％、中学部で33％、高等部で52％がこの型の誤反応だったと述べられている。我妻・菅原・今井（1980）は、語順の影響を考え「〜が〜に」文と「〜に〜が」文をほぼ同じ頻度で作成していて、語順による正答率の差が出ないようにしている。それでも「やり文」が「もらい文」より正答率が高かったことから、聴覚障害児が「〜が」を行為の出発点、「〜に」を行為の到達点と解釈している傾向があると考察している[8]。

　さらに聴覚障害児の文理解が低かったという結果から、我妻（1981）は、小学部6年生の2名に、約1年間、1週間に1時間程度の言語指導を行った。指導方法には、動作法（やり・もらいを動作で練習させる）、構造図法（動作や物の方向性を図で示す）、絵カード法（絵カードを文内容が一致するようにマッチングする練習）、文字法（文の書きかえや穴埋めなど文字だけで指導する）の四つがあった。我妻は、この指導方法のうち、動作法や構造図法は、「やり・もらい文」の理解を促す上で有効であったが、絵カード法や文字法を使って理解させることは困難だったと述べている。また、週に1回の指導では、理解の定着が難しく、低学年から指導や文型を繰り返し経験させる必要性があると考察している。

　我妻（1981）は、我妻・菅原・今井（1980）のテスト結果と1年間の指導経験を通して、聴覚障害児のもらい文理解の処理過程を表5によって説明している。表5が示すように、最初にAで文が短期記憶に理解される。次にBでAのレベルにおける「が」「に」「を」が、それぞれ「太郎」に目標、「花子」に動作主、「本」に対象をという属性を与え、操作上から姿を消す。「が」「に」「を」の機能は、「てもらう」という部分によっ

て決められる。Cは、長期記憶の中にある方略で、動作主－目標－対象－動作、つまり、誰が－何に－何を－どうするという順序で理解する枠組みを作り、DでCの方略に従ってBの各要素が配列され、文の命題ができあがる、というわけである。

**表5** 聴覚障害児の「もらい文」の理解過程

| A: | 太郎が<br>↓ | 花子に<br>↓ | 本を<br>↓ | かしてもらう<br>↓ |
|---|---|---|---|---|
| B: | 太郎<br>∥<br>（目標） | 花子<br>∥<br>（動作主） | 本<br>∥<br>（対象） | かす　てもらう<br>∥<br>（動作） |
| C: | （動作主）<br>∥ | （目標）<br>∥ | （対象）<br>∥ | （動作）<br>∥ |
| D: | 花子が | 太郎に | 本を | かす |

我妻（1981）に基づく

　我妻（1981）は、この文処理の過程と指導結果を解釈すると、動作法、構造図法は、短期記憶に貯蔵されるべき文の要素がカードや絵によって確保され、記憶の負荷が軽減されるため、Bの操作が容易になると述べている。そして聴覚障害児は、動作主格、目標格、対象格、動作動詞で構成される文を理解する場合、「が＋名詞句」が動作主、「に＋名詞句」という解釈が定着してしまい、Bの操作が困難になっていると推察している。

　我妻（1981）は上記の表5を用いて、聴覚障害児の「もらい文」の理解の処理過程を考察しているが、動詞句の構造について見ると、次のようになる。表5のA「太郎が花子に本を貸してもらう」という文は、Dの「花子が太郎に本を貸す」と同じように「花子→本→太郎」という本の移動を表す。動詞の「貸す」が意味することは、「花子→本→太郎」であるが、「貸してもらう（貸す＋もらう）」は、「太郎←［花子が太郎に本を貸すこと］」になる。つまり、「太郎が花子に本を貸してもらう」では、本や行為の移動を矢印で示すと、「太郎←［花子→本→太郎］」という構造になる。したがって、「貸してもらう」は、「花子が太郎に本を貸す」という行為の中で本の移動があり、さらにその行為自体が太郎へ移動すると

いう二つの移動の方向を含む構造になる。この二つの方向性が原因となり、「もらい文」の理解は難しくなると言える（徳永 p.c.2012）。

また小田島・都築・草薙（1983）は、聾学校の小学部4年生から中学部3年生までの193人を対象に我妻（1981）の作成したテストを行い、文の視点の理解と「やり・もらい文」の理解の関係を調査した。その結果、聴覚障害児の「やり・もらい文」の理解は、中学部3年になっても平均正答率は90%に達せず、どの学年においても、「もらい文」の平均正答率は、「やり文」の正答率よりも15〜20%低いことが示された。小田島らは、聴覚障害児の「やり・もらい文」の理解が劣るのは、これらの構文が「人間間の行為の方向性や、話者の立つ側などが絡み合って複雑な表現であるために、ある一方からしか物事を述べられないという、心理的特性を持つ障害児にとっては、困難が伴うもの」(p.13)であるからだと述べている。

視点に関する理解度・適格な語用に関する調査は、健聴児を対象とした鈴木（1981a, 1981b, 1982）の調査がある。鈴木（1981a）は、小学1年生、3年生、6年生を対象に、絵の中の人物へ視点を移行できるか調査したところ、1年生と3年生は、自分の視点で絵の中の事態を捉えることが多く、6年生は、絵の種類や文型に影響を受けず、主語の指示する人物の視点をとることができたと報告している。また鈴木（1981b）は、小学2年生、6年生を対象に絵と文を照合する課題を行い、どのように事態を把握しているか調査した。その結果、2年生には差が見られたが、6年生は、文の主語の視点に立って表現した文を正しい表現だと判断できることが明らかになった。さらに鈴木（1982）では、4年生と6年生を対象に、絵の中の人物に視点を移行させ、左右を弁別する課題を行った。その結果、単文や同側指示の複文（母文の主語と埋め込み文の主語が絵の中で同じ側にいる文）では、4年生、6年生ともに絵の観察者としての視点ではなく、絵の人物の視点から事態を見ることができた。しかし、異側複文（母文の主語と埋め込み文の主語が絵の中で対立した位置にいる文）では、文や絵の条件によって学年差が見られることが報告された。

鈴木（1981a, 1981b, 1982）の作成した課題を用いて、小田島・都築・草薙（1983）は、聴覚障害児の視点について3種類の課題を行った。課題1は、絵内の人物に被験者を位置づけ「次郎から見て、木の右に立ってい

る女の子は誰ですか？」という問題、課題2は、絵の中に登場する人物に被験者自身を位置づけさせて、「行く」と「来る」を判断させる問題である。例えば、犬が猫を太郎の方へ向かって追いかけている絵を見せて、「太郎君は、ねこがにげて（くる／いく）と思った」を判定させる問題である。また課題3は、図7のP-1、P-2のように、絵内の人物に被験者を位置づけ、正誤を判定させる問題である。

小田島・都築・草薙（1983）の課題3の問題は、図7の例で示すようなP-1、P-2の絵とa. b. c. d.のような直接話法の文である。絵には次郎と太郎が向かい合い、猫と犬の様子を眺めている。そしてそれぞれの絵には、絵を描写する二つの文が記載されている。P-1、P-2の例文は、次郎と太郎の2人が絵の中の登場人物で、しかも同一場面で対立する視点を有している。調査では、話者である次郎が太郎の経験内容を描写するときに、自分の視点から事態を描くのか、それとも太郎に視点を移行させて事態を描くのかを調べた。被験者には、文章が絵の内容を正しくわかりやすく伝えていると思ったら（○）、正しくわかりやすく伝えていなかったら（×）、どちらとも決められないときは（△）で判断してもらった。P-1、P-2のような直接話法の文は、地の文（会話以外の文）と会話文で構成されている。これらの文では、地文の主語と会話文の話者は「次郎」であるが、会話文の中の動詞「見る」の行為者は「太郎」である。そのため、被験者は、被験者自身の視点から話者（次郎）に視点を移行し、さらに会話文の主語（太郎）に視点を移行させなければ、P-1のa、P-2のdという正答を得られない。

課題3の調査の結果、聴覚障害児の平均正答率は70％前後であり、これは健聴児の小学2年生に相当することが報告された。

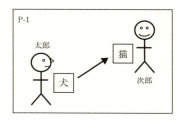

a. (　) 次郎くんが言いました。「太郎くんは、ねこが
　　　にげていくのを見ています。」
b. (　) 次郎くんが言いました。「太郎くんは、ねこが
　　　にげてくるのを見ています。」

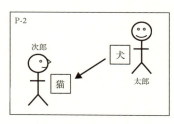

c. (　) 次郎くんが言いました。「太郎くんは、ねこが
　　　にげてくるのを見ています。」
d. (　) 次郎くんが言いました。「太郎くんは、ねこが
　　　にげていくのを見ています。」

小田島・都築・草薙（1983）に基づく

**図7　視点の問題例**

　課題1、課題2については、鈴木（1982）の健聴児の結果と比較すると、課題1では、聴覚障害児の中学3年生が健聴児の小学6年生レベルであった。また課題2では、聴覚障害児の中学3年生が90％以上の平均正答率であるのに対し、健聴児では小学6年生で平均正答率が90％以上を超えていた。これらの結果から、小田島・都築・草薙（1983）は、聴覚障害児の視点の把握は、健聴児と比べて完成が遅いと述べている。また、小学部、中学部ともに視点に関する課題の成績が高い群は、「やり・もらい文」の理解課題でも成績が高く、「視点」の理解が授受表現の理解に影響していると述べている。

　小田島・都築・草薙（1983）は、聴覚障害児は、視点を移行させる理解途中で混乱してしまうことが考えられ、視点を理解させる必要があると述べている。また「やり文」の成績が「もらい文」よりも優れているのは、文の構造性に起因すると指摘している。つまり、「太郎は花子に本をあげる」のような「やり（あげる）文」は、主語と授受の出点が一致しているため、読み手が主語だけに着目すれば理解できる。それに対し、「花子は太郎に本をもらう」のような「もらい文」では、主語は授受の到達点で、非主語が授受の出発点であるため、主語と非主語の両方に注目し、

行為の方向性を把握しないと文を十分に理解できないというのである。鈴木（1981）によると、健聴児は、P-1、P-2の文を読み進めるときに、視点を話者である次郎から会話文の主語である太郎に移行させ、太郎の視点から猫の動きを眺めることができるという。

　平成19年度から23年度まで行われた感覚器障害戦略研究「聴覚障害児の療育等により言語能力等の発達を確保する手法の研究」は638人の聴覚障害児（4～12歳）を対象として構文の獲得年齢と順序を調査している。この調査では、藤吉（2012）が以下の五つの構文について、聴覚障害児と健聴児の構文の獲得年齢を比較している[9]。

　正語順文…主語、目的語、動詞の順にならぶ文
　　　　　例：お母さんが男の子を押している
　授受構文…狭義には「あげる」「もらう」文
　　　　　広義には「貸す」「借りる」など、やりとり関係に応じて使用される動詞が変わる文
　　　　　例：女の子がお父さんにプレゼントをあげる
　受身文……動作の作用の対象を主語として、「れる」「られる」で表現される文
　　　　　例：お父さんが女の子に帽子を取られている
　逆語順文…目的語、主語、動詞の順にならぶ文
　　　　　例：お母さんを男の子が叩いている
　関係節文…主語や目的語を修飾する文節がある文
　　　　　主語を修飾する文（SS）
　　　　　例：男の子に押されているお母さんが猫を抱いている
　　　　　対象語を修飾する文（OS）
　　　　　例：お母さんが猫を抱いている男の子を押している

　藤吉（2012）は上記5種類の構文の獲得を健聴児と聴覚障害児で比較している。図8は左側が健聴児群、右側は聴覚障害児群を示している。

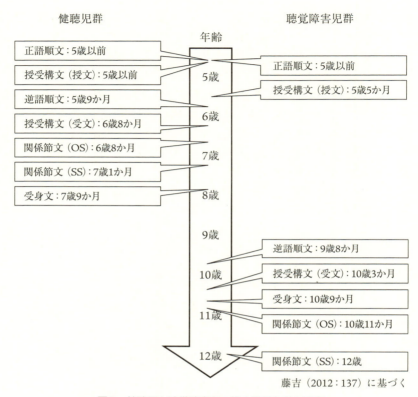

**図8** 健聴児と聴覚障害児の構文獲得年齢と順序

　図8が示すように、左側の健聴児群は正語順文と授受構文の授文は5歳以前、逆語順文5歳9か月、受文6歳8か月、関係節文の対象語修飾文（OS）6歳8か月、主語修飾文（SS）7歳1か月、受身文7歳9か月で獲得している。また図の右側の聴覚障害児群は、正語順文5歳以前、授受構文の授文5歳5か月、逆語順文9歳8か月、授受構文の受文10歳3か月、受身文10歳9か月、関係節文の対象語修飾文（OS）10歳11か月、主語修飾文（SS）12歳で獲得している。藤吉（2012）は、この結果から、聴覚障害児は逆語順文、授受構文の受文、受身文、関係節文の獲得が大きく遅れ、授受構文の授文の獲得から逆語順文の獲得まで約4年間の空白が見られることを指摘している。また、小学校低学年から中学年の間に構文の

獲得につまずく児童の存在と、十分な構文理解力を持たないまま学習を受けている児童が多いことが示唆されると述べている。

以上の先行研究から、聴覚障害児は「やり文」(授文)よりも「もらい文」(受文)の理解が困難であり、授受構文の習得は健聴児よりも遅れることが明らかになった。しかし、これらの先行研究の授受構文には「くれる」が含まれていない。また聴覚障害児に対する構文指導にも「くれる」が含まれていない(井上・田口・藤吉・大森2012)。次節では、聴覚障害児に対する言語評価や指導に「くれる」が含まれないことの問題について述べる。

## 4.4 先行研究・言語指導方法の問題点

本節では、4.3 で概観した聴覚障害児の授受表現の先行研究と聴覚障害児に対する言語指導方法について、問題点を明らかにする。

問題点は三つである。第一に、人工内耳装用児だけを対象にした構文獲得に関する研究が少ないこと、第二に、聴覚障害児の授受表現の構文獲得に関する研究に「くれる」が含まれていないこと、第三に、授受表現の構文獲得の遅れが指摘されているにもかかわらず、具体的な言語学習方法が示されていないことである。

第一に、日本で装用児のみを対象とした研究が少ない理由は、人工内耳の手術が小児に対して始まった1990年代当初は、小児に対する手術が慎重であり、装用児が少なかったためである(伊藤2011)。1998年に人工内耳の小児適応規準が2歳に定められたことにより、小児の症例数が増加し、早期装用児を対象とした言語習得研究は増えた。しかし、これらの研究は主に、聴覚活用や構音の獲得に関するものである。人工内耳装用児を対象とした最も大規模で新しい報告は、2012年に報告された感覚器障害戦略研究「聴覚障害児の療育等により言語能力等の発達を確保する手法の研究」の横断的研究である。対象者638人ののうち、人工内耳装用児は285人であり、装用児の言語弁別能(短音節の聞き取り)やさまざまな言語発達検査を行っている(岩崎・西尾2012)。しかし、特定の言語形式に焦点を当て、装用児の言語発達を縦断的に研究したものは、筆者の知る限りまだない。

第二に、聴覚障害児を対象とした文理解に関する先行研究では、「や

り・もらい文」として「あげる」「もらう」は扱われているが、「くれる」が含まれていない（我妻・菅原・今井 1980; 我妻 1981; 小田島・都築・草薙 1983; 松山・伊藤 2006; 冷水 1988; 藤吉 2012）。また、上記にあげた聴覚障害児を対象とした感覚器障害戦略研究「聴覚障害児の療育等により言語能力等の発達を確保する手法の研究」で扱われている言語検査は、総合的な言語発達、語彙の発達、統語（構文）の発達言語発達に影響する能力などの検査によって構成されているが、その中に含まれる授受表現の中に「あげる」「もらう」はあっても、「くれる」が含まれていない。4.1でも述べたように、日本語の「くれる」は授受の方向だけでなく、話者が感謝の気持ちを表すために使われる動詞である。「くれる」が適格に使えることは、日本の社会の中で、また健聴者社会の中で他者と円滑なコミュニケーションを築くために不可欠である。「くれる」の習得は人工内耳を装用して音声言語を母語とする装用児にとって重要であり、装用児の「くれる」の使用が統語的に正しく、さらに語用的に適格に使用できるかを評価する必要がある。

　第三に、聴覚障害児教育では、読み書き力や学力の低さが指摘されているにもかかわらず、長い間その問題が克服されていない（Allen, 1986; Marschark & Harris, 1996; Traxler, 2000; Karchmer & Mitchell, 2003; Paul, 2003; Wauters,van Bon, & Tellings, 2006; 澤 2004; 菅原・今井・菅井 1976; 長南・澤 2007; 四日市 2006）。

　聴覚障害児に対する言語指導方法は、教授法に基づく考え方と、コミュニケーション手段に基づく考え方の2種類によって大別されている。教授法に基づいて区別すると、「構成法的アプローチ」と「自然法的アプローチ」と呼ばれる二つの考え方がある（斎藤 1996; 松沢 1970; 四日市 2006）[10]。四日市（2006）は、構成法について次のように説明している。

> まず、教材としての日本語を分析し、要素的なもの、単純なものから難しいものへと順に指導を進め、要素の組み合わせによって、徐々に複雑な文や文章の習得を図るものである。具体的で単純な意味を持つ単語や日常生活で多く使われることばを題材とし、主語や目的語となる名詞、行為を表す動詞、状態を表す形容詞等に着目させ、次に、これらの単語を単独で、あるいは文法規則にのっとって配列するこによ

りさまざまな意味が表現できることを学習していく。　　　(p.29)

　しかし、四日市 (2006) は、構成法的アプローチに基づいた意味や感情を伴わないパターン練習では、生きた言語の習得が難しく、基本的な文献を自由に応用することが難しいと指摘している。
　一方、自然法的アプローチとは、四日市 (2006) によると、構成法的アプローチで生きた言語が習得できなかったことを背景とし、健聴児が言語を習得していく過程と同様に、さまざまな状況で子どもの心に応じた言語表現を引き出すような方法である。しかし、四日市は、個人差が大きく、聾学校の少子化傾向によって十分な生きたコミュニケーションの確保が難しい現状では、多くの聾学校で取り入れられている方法であるにもかかわらず、常に大きな成果を生み出す方法だとは言えないと述べ、自然法的アプローチの難しさを指摘している。四日市は、これらの指導方法の特性を考慮し、子どもの状態や学習の目的、指導体制等に合わせて使用することが重要だと述べている。
　また我妻 (2003) は、聴覚障害児の言語指導を計画するにあたり、次の四つの指導方法をあげている。

①要素法………言語の音素、音節、文字、指文字などの言語の形態的要素を教える
②全体法………言語を意味の単位で教える
③文法的方法…品詞分類や文の中での文法的機能を教え、規則に従って文を組み立てていく仕組みを教える
④自然法………自然な場面でのコミュニケーションを通して言語を教える

　我妻 (2003) によると、①要素法は、発音の指導や聞き取り指導で、「カ」行の発音ができるようになったら「カエル」と発音させ、単語や文の練習につなげる方法である。②全体法は、意味の伴わない言語的要素を教える要素法に対するもので、意味の単位で教える方法である。③文法的方法は、例えば人差し指が「誰が」を意味し、中指は「何を」、薬指は「どうした」を意味するという約束に基づき、指を手がかりに文を作

らせる指導方法で、④は健聴児が学ぶように話しことばの言語活動を基礎とし、読み書きは後に教え、コミュニケーションを通して言語を教える方法である。

また聴覚障害児のコミュニケーション手段は多様である。鳥越（2002）は、コミュニケーション・モードに基づいて、言語指導法を①聴覚・口話法、②トータル・コミュニケーション、③手話法の三つに区別している。

①の聴覚・口話法は、補聴器や人工内耳を装用して残存聴力を生かす方法で、言語音を識別する聴能訓練（音の有無の検出から弁別などの聴覚学習）[11]や視覚的な手がかりなども利用しながら発音を誘導する発話訓練がある。鳥越（2002）は、補聴機器の装用効果、言語環境などの個人差が言語発達に影響すると述べている。

②のトータル・コミュニケーションは、可能なあらゆる方法（読話、発語、文字、手話など）でコミュニケーションを重視する方法である。

また③の手話法は、バイリンガル・アプローチとも言われ、第一言語として手話を習得させ、第二言語として音声言語を習得させる方法である。

四日市（2006）、我妻（2003）、鳥越（2002）が述べているこれらの言語指導方法は、聾学校での指導や、人工内耳装用児よりも聴覚活用が十分にできず、話しことばを聞き取りにくい聴覚障害児が主な対象になっている[12]。本研究は、一対一で話しことばを使ってコミュニケーションがとれる人工内耳装用児が対象であり、通常学級に在籍していて、特別な言語指導を受ける機会が少ない人工内耳装用児が家庭でも行うことができる方法を実践する。

そのための方法として、言語習得理論の認知的アプローチによる情報処理モデルに基づき、フォーカス・オン・フォームを用いた。これは、言語インプットの少ない装用児の「気づき」を促すために、意識的な学習を必要とする日本語学習者の指導方法を参考にしたものである。フォーカス・オン・フォームの指導方法を用いた理由は、5.6で述べる徳永（p.c.2009）の助詞の習得のために行った「意識高揚タスク（consciousness-raising task）」が効果的であったからである。また、A子は学習に認知能力を十分に発揮することができるため、認知的に働きかける方法をとるこ

とが可能であり、「気づき」を促すフォーカス・オン・フォームが有効だと考えたからである。そこで、次章では、言語習得の認知的アプローチについて述べる。

注　[1]　鳥瞰的、虫験的な認識の仕方が日本語に表れていることを金谷（2004）は、神の視点、虫の視点、森田（1998）は鳥の視点、へびの視点という用語を用いて説明している。
　　[2]　敬意表現という用語は、敬語やことば遣いのあり方として、2000年12月に国語審議会で使われ、「コミュニケーションにおいて、相互尊重の精神に基づき、相手や場面に配慮して使い分けていることば遣いを意味する。それらは話し手が相手の人格や立場を尊重し、敬語や敬語以外のさまざまな表現から適切なものを自己表現から選択するものである」と定義され、言語形式によらない、相手・場面を配慮する表現も含めている（井出2006: 143）。
　　[3]　山下（1986）では、授与者を意味する語として「行為者」という語が用いられている。
　　[4]　調査の対象は東京・京都・和歌山の幼稚園の4～6歳児（延べ37園550名）であり、地域差も調査している。また授受動詞の「やる」と「あげる」を区別して調査している。
　　[5]　天野（1977）では統語ではなく、統辞という語が用いられている。
　　[6]　鈴木（2007）は、幼児の動作主の優位性についての研究としてRobertson & Suci（1980）やCorrigan & Odya-Weis（1985）をあげている。
　　[7]　大人の発話に見られる格助詞の誤りの例として伊藤（2005: 137-138）から「年が（を）取るにつれて」「電話が（を）いただいています」という例をあげている。
　　[8]　聴覚障害児は、受身文のテストでも「行為者＋が」「被行為者＋に」型の誤反応が多かったと報告されている。
　　[9]　検査は失語症構文検査、日本語理解テスト（J.COSS）、質問応答関係検査が行われた。
　　[10]　松沢（1970）は、自然法的アプローチを「一般的方法」、構成法的アプローチを「特殊的方法」と呼び、この二つの方法によって聴覚障害児の言語が発達すると述べている。
　　[11]　斎藤（1996: 59）を参照。
　　[12]　鳥越（2002）は人工内耳の埋め込み後の訓練の必要性について言及している。

# 第5章
# 言語習得の認知的アプローチ

　言語習得の認知的アプローチは、人間の持つ認知力に注目して言語習得のプロセスを明らかにしようとするものである。認知とは、「人および動物が対象や環境世界について知るようになること、あるいはその過程。知覚だけでなく、記憶・推論・問題解決・想像・学習なども含めた広い過程をさす」と定義される（板倉2002: 11）。子どもの認知力は、年齢と共に発達していく。本研究の対象児である装用児A子は、認知的な障害を持たない聴覚障害児であり、日常的に話しことばを使い、書きことばを使って通常学級の教科学習を行うだけの日本語の力を持つ。佐野（2011: 118）が「認知的アプローチは、母語がある程度発達し、考える力もついた年齢の学習者には最適なアプローチである」と述べていることからも、認知力を生かした言語習得のアプローチが、A子の授受表現の学習方法に適していると考える。

　2.3で述べたように、人工内耳装用児にとって、日本語の話しことばの習得は、第一言語習得でありながら第二言語習得の側面がある。言語音が聞き取りにくい人工内耳装用児にとっては、手術後の（リ）ハビリテーションで大人の意識的な介入が必要不可欠である。健聴児のように自然にことばを聞いているだけでは、言語の習得はできないからである。本研究の対象児Aが授受表現の習得のために実践した方法は、第二言語習得理論の認知的アプローチに基づいている。特に、A子が日本語を習得するときの「気づき」に注目し、第二言語習得理論の認知的アプローチに基づいて、意味中心のコミュニカティブな授業の中で文法習得を促すフォーカス・オン・フォーム（Long, 1991）を用いている。

　本章では、5.1で第一言語習得の理論を概観し、第二言語習得で用いら

れる情報処理モデルについて説明する。その情報処理モデルに基づき、5.2では言語習得におけるインプットの役割、5.3では学習者とのインタラクション、5.4ではアウトプットの役割について述べる。また5.5では、フォーカス・オン・フォームと学習者の「気づき」について述べ、5.6ではA子の言語習得課程で観察された「気づき」について見ていく。最後に、5.7で言語習得の認知的アプローチに基づいたフォーカス・オン・フォームやインタラクションにおけるフィードバックが聴覚障害児の言語習得を促進することを報告した先行研究について概観する。

## 5.1　言語習得の情報処理モデル

　母語習得理論には、言語習得能力は、生まれながらに持っている生得的な能力（Nature）か、外的な環境によるもの（Nurture）かという議論があり、Nature vs. Nurture として議論されている（Mitchell & Myles, 2004; Tokuhama-Espinosa, 2001; 小柳2004）。言語習得理論の分類の仕方は研究者によってさまざまであるが、本節では、行動主義的（behabiorism）、生得論的（innatism）、相互作用論的（interactionism）の三つのアプローチについて概観する（Lightbown & Spada, 2006; 小柳2004; 秦野2001）[1]。

　行動主義アプローチはSkinner（1957）に代表され、人間の行動は外からの刺激に対して反応し、その反応が繰り返されることにより習慣が形成されるという考えである。この理論では、子どもは大人のことばを模倣し、繰り返しによって強化され、さらに正しく言うことで報酬を受けるというプロセスを通して、ことばを獲得していくと主張する。

　Skinnerの理論のもとになっているオペラント条件付けは、母親がミルクをあげながら、「ミルクよ」ということばを聞かせると、子どもは模倣して、「ミルク」と言えるようになる。しかし、正しく言えなければ、罰としてミルクが与えられない。そして「ミルク」と言うことで再びミルクを報酬として得ることができ、ことばの形式と機能の結びつきが強化される。

　Chomsky（1965）に代表される生得的アプローチは、子どもには生まれながらにして「言語獲得装置」（LAD: Language Acquisition Device）が備わっているため、言語を獲得できる能力を持っているという理論である。LADは、すべての言語に共通の原理（principles）と各言語によって設定が

異なるパラメーター（parameters）からなっている。そして周囲の大人は、パラメーターを設定するための言語インプットを与える役目を持っているが、言語に普遍的な規則は、人間に遺伝的に組み込まれているものだと説明される。Chomskyは、LADの存在によって、子どもが文法的でない不完全な大人のことばを聞いても、生後数年で複雑な文法を獲得できることを説明している[2]。生得的立場では、言語能力はモジュール性を持っていると考えられている。言語のモジュール性とは、言語能力は他の認知的能力から独立していて、さらに語彙、文法、意味などのいくつかのモジュールに分かれると考えるものである（小林・佐々木2008; 綿巻2002）。

相互作用論的アプローチは、秦野（2001）が述べているように、言語獲得には、社会的、言語的、成熟的・生物学的、認知的な要因など多くの要因が相互依存的に作用し、子どもの内的メカニズムと外的環境が相互に作用することによってことばが獲得されると考える[3]。相互作用論的アプローチには、Piagetなどに代表される認知発達を重要視する認知的アプローチ（cognitivist）と、TomaselloやBrunerなどに代表される言語環境を重視した社会的相互作用アプローチ（social interactionist）がある。

認知的アプローチを代表するPiagetは、子どもの言語能力は認知的に発達した能力の一つだとし、大人とのコミュニケーションによる外的要因と認知的成熟度の内面的要因により言語が発達すると考える（ピアジェ1968）。Piagetは認知の発達と共に言語が発達すると考え、子どもの発達段階における表象機能（目の前にないものを思い起こしたり、その物を他の物やことばで表すこと）が成熟すると言語が出現すると考える（波多野1993; ピアジェ1968）。

またTomasello（2003）の用法基盤モデル（usage-based model）は、ことばは、一般的な認知能力に支えられた学習によって獲得されるという考えに基づいていて、子どもの言語発達に欠かせない指さしや視線などの意図理解（intention reading）やパターン発見（pattern-finding）などを重視している。

社会的相互作用アプローチの立場をとるBruner（1983）は、ことばを話す以前の乳幼児を人の声や人の顔、身振りなどに反応できる社会的な存在だと位置づけ、言語発達には大人との相互作用や話しかけが重要な役

割を果たすと主張している。そのため、養育者や母親が子どもと一緒に遊んだり、絵本の読み聞かせをしたりするときの話しかけが言語発達を促進すると考える。Brunerは、大人が子どもの言語習得を促す支援システムを「言語獲得援助システム（LASS：Language Acquisition Support System）」と呼んでいる。Brunerは、子どもの言語発達はChomskyが主張する言語獲得装置（LAD）と言語獲得援助システム（LASS）が相互に働くことによって進んでいくと述べている。

　第二言語習得理論では、第一言語習得理論と同じように、人の生得的な能力を強調する立場と社会的相互作用などの環境を重視する理論がある（Lightbown & Spada, 2006; 小柳 2004）。しかし、門田（2010）は、母語であれ、第二言語であれ、言語を運用するには、同じ言語処理システムが同じように駆使されると述べている。本研究では、言語習得を認知的能力に基づく情報処理の一つとみなし、言語習得の相互作用論的アプローチを重視する。そのため、装用児の指導方法を考える上で、子どもへの話しかけや子どもの認知能力を考慮した方法を試みている。

　認知の働きによる情報処理のプロセスは、新しい情報の中から必要な情報を取り入れ、頭の中で分析、統合し、その情報の意味を理解していくと考えられている（別府2008）。第二言語習得研究では、Gass（1997）が言語のインプットからアウトプットまでの認知的処理を次のようなモデル[4]を用いて説明している。Gass（1997）、Gass & Selinker（2001）に基づいて作成された小柳（2004: 144）の図を用いると、次のように説明することができる（図の「↓」は筆者による加筆）[5]。

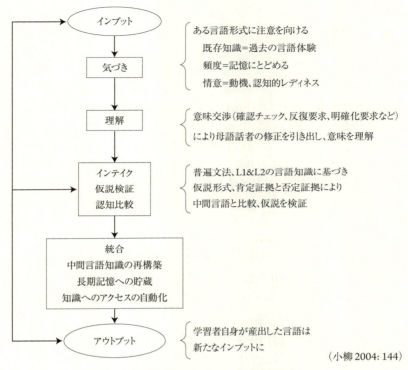

図9　第二言語習得のメカニズム

　図9が示すように、言語習得には目標言語の「インプット」が不可欠である。目標言語がインプットされ、学習者が言語形式に注意を向けたときに「気づき」が起きる[6]。Schmidt (1990) は、言語形式に注意 (attention) を向けることが言語習得を促し、「気づき」がインプットをインテイクに変える必要で十分な条件であるとしている。「気づき」は、インプットされた情報の音、語彙、文法などの言語項目に起こる (Schmidt, 1990, 2001)。Gass (1997) は、さまざまな要因が関連しながら学習者に「気づき」が起きると述べている。例えば、「気づき」が起きるのは、新しく観察したインプットが既に知っている知識と異なるときや学習者が言語体験と既存の文法知識と結びつけたときなどである。また新しい語を頻

繁にインプットしたときにも「気づき」は起きるが、頻度が少なくても、ほとんど理解できる内容に一つだけわからない語があった場合にもその語への「気づき」が起こりやすいという。さらに、学習者の動機や話者との社会的距離など、学習者の心理的状況によっても「気づき」は左右される。ただし、学習者の認知的レディネスとも関係するため、複雑な文法形式に気づくためには、事前にそれよりも簡単な文法を理解している必要がある。

次に、学習者に「気づき」が起こると言語の意味が理解され、形式や機能との結びつきにより「理解」に至る。理解は、言語の音韻、形態素、統語、談話、語用など、さまざまな側面で起こる。Van Patten（2007）は、この理解の過程で形式と意味が適切に結びつけられなければ、言語の習得は起こらないと述べ、理解の段階で何が起きているかによって言語の習得に役立つか否かが決定されるとした。

そして「インテイク」では、学習者がフィードバックで得た情報から中間言語と目標言語を比較し、仮説の検証を行う。仮説の検証をして学習者の中に取り込まれる段階が「統合」である。統合では、学習者が持っている中間言語（interlanguage）が再構築される。中間言語とは、Selinker（1972）の用語で、学習者の母語でも目標言語でもない学習者独自の言語体系の総称である。McLaughlin（1990）は、中間言語の知識を再構築（restructuring）し、その言語知識を長期記憶に貯蔵すると自動化（automatization）が進み、言語知識を素早く流暢に使うことができるようになると述べている。最後の「アウトプット」は、Gass（1997）が述べているように、習得プロセスの一部ではないが、学習者が表出することによって、対話者からフィードバックを得ることができる。また、アウトプットは学習者を意味的処理から統語的処理へと移行させる（Swain, 1985, 1995; Swain & Lapkin, 1995）。アウトプットの役割については、5.4で述べる。

図9の認知プロセスを用いて、装用児の音声習得を考えると、アウトプット→インプットという流れとアウトプット→インテイクという矢印の流れは、自分の発話が再び装用児自身のインプットになる、あるいはインテイクにつながるという意味で重要である。重度・最重度難聴児は、他者の発話が聞き取れないだけでなく、自分の声も十分に聞こえな

い。自分のアウトプットした発音が聞こえないとインプットにつながらないため、微妙な調整を伴う正しく明瞭な発音ができるようにならない。人工内耳装用児は、会話音域を聞き取ることによってより多くのインプットを得るだけでなく、健聴児のように、自分の発音をモニタリングしながら、発音を習得していくことが可能である。したがって、このアウトプットがインプットやインテイクになるという流れは、装用児の言語習得のプロセスには重要であると考える。

　健聴児のように自然に音声日本語を習得できない装用児は、人工内耳の手術後に、大人の意図的な介入が必要になる。手術直後の（リ）ハビリテーションで、音を聞いて発話したり、音声と物の名前の結びつき、音と場面の意味の結びつきを学んだりすることで、話しことばによる他者とのコミュニケーションが可能になる。しかし、3.3で述べたように、A子の話しことばや書きことばには、授受表現の誤用が見られる。日本語の授受表現を統語的、語用的に正しく習得するためには、継続的な指導や学習が必要である。しかし、2.4で述べたように、通級指導や（リ）ハビリテーションで構文獲得の指導を受ける機会は、ほとんどないに等しい。

　白畑・若林・村野井（2010）が述べているように、第二言語習得の指導は、学習者が取り入れる「インプット」、学習者が行う「インタラクション」、学習者が産出する「アウトプット」の三つに、さまざまな質や量で働きかける。そして、この三つに働きかける効果的な指導があれば、学習者は中間言語を再構築することができると述べている。この第二言語習得のための指導の役割は、同様に装用児の言語学習にも効果があると考えられる。その理由は、2.3で述べたように、第二言語学習者と人工内耳装用児は、インプットが少ないという言語環境や誤用などで類似する点が多いからである。人工内耳装用児が言語を習得する過程、つまり、装用児の頭の中で言語情報がどのような過程をたどっているかを知ることは難しい。しかし、話しことばでコミュニケーションが可能な装用児には、周囲の場面に即した言語インプットを多量に与え、アウトプットの機会を多く作ることによって言語習得のプロセスに介入し、健聴児に比べて遅れた言語発達を加速させることが可能だろう。A子の言語習得でも「気づき」が効果的であったことについては5.6で述べるが、人工

内耳装用児の言語習得のプロセスにおいて、どの段階でどのように介入するかという問題は、第二言語習得における指導と共通すると考える。

本節では、言語習得の情報処理モデルを概観した。次節では、言語習得プロセスの最初の段階であるインプットの役割について、装用児A子の具体例を見ながら述べていく。

### 5.2 インプットの役割

言語習得におけるインプットとは、言語を習得するために耳や目から入ってくる言語データである。どんな言語を習得するにも、言語のインプットがなければ、その言語を習得することはできない。

第二言語習得研究では、Krashen（1982,1985）が理解可能なインプット（comprehensible input）は不可欠であるとし、インプット仮説（Input hypothesis）を提唱している。Krashen（1982, 1985）によると、理解可能なインプットとは、学習者の現在のレベルを「i」として、それに理解できない語彙や文法項目が少しだけ含まれている「＋1」のレベル、つまり、「i+1」と呼ばれるインプットのことである[7]。インプット仮説では、「理解可能なインプット」のみが言語習得を促し、文法の学習やアウトプットは、直接習得には関係しないと主張し、意識的に学習して身につけた言語知識と自然に身についた言語知識を区別した。しかし、クラッシェンの理論は、「i+1」の「i」をどのように決定するのか、学習者の習得のプロセスが明確にされていないこと、練習を行うことで学習した知識が習得した知識に変わることもあると考えられることから、批判を受けている（Ellis, 1990; Pienemann, 2003）。

脇中（2009）は、自身が聴覚障害者である経験も踏まえ、音声が耳から入りにくい聴覚障害児に、視覚的な指導方法をとりあげている。現在の人工内耳の機器の性能には限界があり、騒音下や複数の人が同時に話す環境での聞き取りが難しく、健聴児と全く同じような聞こえのレベルを得ることは難しい。このため、人工内耳装用児にも文字による日本語のインプットが重要である。人工内耳装用児にとって、聴覚によるインプットは難しくても、読書やテレビの字幕等による視覚的なインプットには制限がない。例えば、子どもたちが好んで読むほとんどのコミック本には、漢字にルビがふってある。漢字の読み方を学ぶことができると共

M：そう　具が梅干しとか　　　　　　　　　　（巻末資料2-45）
〈明確化要求〉
A：お化けの本借りたくないな
M：心霊写真の方がもっと怖いよ
A：<u>何それ　心霊写真って</u>
M：幽霊が映ってる写真だよ　　　　　　　　　（巻末資料2-46）


〈理解チェック〉
M：くれるのときは　パパが
A：が
M：うん　わかった？　　　　　　　（学習活動ステップ1の自由会話から）

　意味交渉などのインタラクションは、第二言語習得において重要な働きをすると考えられている（Long, 1996; Gass, 1997, 2003）。装用児の言語習得においても、装用児の発音が不明瞭であり、意味が理解できずに、コミュニケーションが進まない場合は、相互交渉的なやりとりが重要となる。装用児に「今、何て言ったの？」「もう一度言って？」とアウトプットを促す一方で、装用児自らも聞こえなかった場合や、意味がわからなかった場合には、意味交渉が必要になる。

　特に、学校の授業で先生の話を聞くような場合ではなく、グループ・ディスカッションなど、相手の意見を聞き、自分の意見を述べるような話し合いの場合では、インタラクションの重要性が高まる。家庭では、静かな環境で大人が意識的にはっきり、ゆっくりと話すことが可能であり、対話を通してインプットを得ることが可能である。しかし、家庭外、特に通常学級では、早口や小さな話し声は、インプットされにくい。装用児が受身的に聞いているだけか聞こえていない状態では、インタラクションがとりにくい状況が起こりうる。また、インタラクションでは、情報のやりとりだけでなく、人としての考え方や価値観、感情などのやりとりも行うことができる。

　本節では、インタラクションについて述べた。インタラクションでは、インプットの理解を深めると同時に自らのアウトプットも必要になる。そこで次節では、アウトプットの役割について述べる。

## 5.4 アウトプットの役割

5.2で言語習得では、理解可能なインプットが不可欠であるというKrashen（1982, 1985）のインプット仮説について述べた。それに対して、Swain（1985）は、アウトプット仮説（Output Hypothesis）を提唱し、理解可能なインプットは必要であるが、理解可能なアウトプット（comprehensible output）も重要であると主張した。Swain（1985）は、カナダで英語を母語とする子どもが、第二言語のフランス語で算数や理科などの授業を受けるイマージョン・プログラムにおいて、長期間、豊富なインプットを得ていても、文法を正確に使用できないことを報告している。Swain（1993, 1995, 1998, 2005）は、第二言語習得におけるアウトプットには、次のような働きがあると述べている。それは1）流暢さを促進すること（enhancement of fluency）、2）自分が言いたいことや書きたいことが表現できないことに気づき、文法的な問題を意識すること（noticing / triggering function）、3）自分の言語が正しいかどうかを判断し、修正するなどの仮説検証をすること（hypothesis-testing function）、4）自分の言うこと書くことを振り返り、言語の意味、形式、機能の関係を理解する機会を作るメタ言語機能（metalinguistic function）である。インプットでは、学習者がインプットの意味内容を理解しようとするため意味的処理が中心となるが、アウトプットでは、学習者が文法的規則に注意を向けるため統語的処理が中心になる（Swain & Lapkin, 1995）。

第二言語習得のアウトプットでも、インタラクションやインプットと同じように、学習者に「気づき」が起こる。アウトプットの活動で起こる「気づき」には、学習者が言いたいことが言えないと気づく「穴に気づく（noticing the hole）」（Doughty & Williams, 1998）と学習者自身の言語体系と目標とする言語の違いに気づく「ギャップに気づく（noticing the gap）」（Swain, 1998）が含まれる。

人工内耳装用児の言語習得では、音声言語でコミュニケーションがスムーズにとれるようになるため、一見、健聴児のように言語習得していると思われがちである。しかし、日常会話や日記・作文などの書きことばでは、ところどころに不自然な日本語や誤用が見つかる。周囲の大人は、装用児が会話や書きことばでアウトプットして初めて、正しい日本

語が使えていないことがわかるのである。また、第6章の授受表現の学習活動で詳しく述べるが、装用児自身が言いたいことが言えないことに気づくこともあれば、間違った日本語を使っていることに気づかないこともある。このようなことからも、アウトプット活動は、装用児にとっても、また教師や親たちにとっても、語彙の少なさ、文法習得の不完全さ、言語学習の必要性などを認識するために重要であると考える。

これまで、学習者の言語習得過程に基づき、インプット、インタラクション、アウトプットの役割について見てきた。そしてこれらの活動では、学習者にさまざまな、「気づき」が起きることを述べた。そこで、次節では、学習活動の「気づき」が重要であると考える言語指導方法のフォーカス・オン・フォームについて述べる。

## 5.5 フォーカス・オン・フォームと「気づき」

第二言語習得研究では、学習者の「気づき」を重要視する指導原理・学習原理としてフォーカス・オン・フォーム（focus on form）がある。フォーカス・オン・フォームは、Long（1991）が提唱した第二言語の指導の考え方で、形式を重視するフォーカス・オン・フォーム<u>ズ</u>（focus on forms）や意味を重視するフォーカス・オン・ミーニング（focus on meaning）と区別され、第二言語習得研究の歴史で伝統的教授法からコミュニカティブ教授法へ移行してきた流れの中で、第三のアプローチとして注目を浴びている（Long & Robinson, 1998; 和泉 2009, 2011）。

フォーカス・オン・フォームズには、文法を指導し、読解を中心とした文法訳読法（grammar translation）や反復練習によって自動的な習慣を形成するオーディオリンガル法（audiolingual method）があり、フォーカス・オン・ミーニングには、ナチュラル・アプローチ（natural approach）やイマージョン（immersion）が含まれる。フォーカス・オン・フォームは、これらの形式重視とコミュニケーション重視の教授法の中間に位置づけられている（Long & Robinson, 1998）。和泉（2009: 145）はフォーカス・オン・フォームについて、狭義には「コンテクストの中で学習者の注意を言語形式に向けさせること」（教師が用いるテクニックも含む）であり、「広義にはそれを可能にするための教え方全体、つまり意味中心でありつつも言語形式にも注意を払う言語教育のアプローチ」を意味すると述べてい

る。したがって、和泉 (2009) が述べているように、フォーカス・オン・フォームは文法の説明や音声規則など説明を否定するのではなく、意味のある言語活動の中で学習者の注意が言語形式にも向くように教師が学習者の「気づき」を促し、コミュニケーション能力と文法の両方の獲得を目指すアプローチであると言える。

　和泉 (2011) は、フォーカス・オン・フォームによる「気づき」が言語習得における学習者の認知プロセスにおいてどのような役割を果たしているか、図10を用いて説明している[8]。

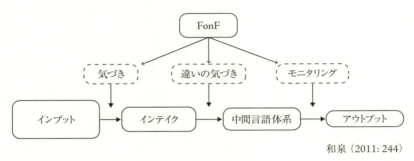

和泉 (2011: 244)

**図10**　第二言語習得の過程とフォーカス・オン・フォームの役割

　図10は、言語習得は目標言語のインプットから始まり、インテイク、学習者の言語体系の構築、そしてアウトプットという流れで起こることを示している。和泉 (2009) が述べているように、インプットからアウトプットになるに従い、次第にボックスが小さくなっている。これは、インプットをすべてインテイクにできないこと、中間言語に内在化するものは、さらに少なくなり、アウトプットの量は、中間言語の知識よりも少なくなることを示している。この過程で、フォーカス・オン・フォームが学習者の「気づき」を促す。

　5.1で述べたように、「気づき」が起きるのは、学習者が言語形式に注意を向けたときである。まず、フォーカス・オン・フォームを用いて学習者が気づきにくい形式や新しい言語形式に焦点を当てることで、学習の「気づき」を促す。次に、「違いの気づき」では、学習者にインテイクされた言語形式に焦点を当て、学習者が持っている言語体系とインプッ

トされた言語形式が異なること（gap）に気づくことを促す。さらに、5.4 で述べたように学習がアウトプットするとき、「モニタリング」しながら、自分の発話を自分でチェックし、言いたいことが言えないこと（hole）に気づく。このように学習者が第二言語を習得する過程で、フォーカス・オン・フォームは、3種類の「気づき」を促す。この学習者の「気づき」を重視する認知的アプローチは、日本語を第二言語として習得する学習においても重要であると考えられている（小柳 2001）。

第二言語教育では、インプット、インタラクション、アウトプットにフォーカス・オン・フォームを取り入れたさまざまな指導・活動が行われている（和泉 2009; 白畑・若林・村野井 2010; 村野井 2006）。表6は、フォーカス・オン・フォームを取り入れた指導法である[9]。

表6　フォーカス・オン・フォームを取り入れた指導方法

| 名　称 | 概　略 | 効　果 |
| --- | --- | --- |
| インプット洪水<br>（input flood） | 目標言語形式を含むインプットを第一次言語資料として大量に学習者に与える | 効果、特に遅延効果は限られている |
| インプット補強<br>（input enhancement） | 目標言語形式を視覚的に目立たせて、学習者の注意を言語形式に向けさせようとする | 目標言語形式の知覚的卓越性（perceptual saliency）を高める |
| インタラクション<br>（interaction） | 文法的な誤りに対して相互交流的フィードバック（明確化要求、リキャストなど）を与える | 中間言語規則の修正を促す |
| アウトプット補強<br>（output enhancement） | 目標文法項目を含んだアウトプットを産出するよう促す | 誤りに対する気づき、仮説検証、統語処理を促す |

白畑・若林・村野井（2010: 135）

表6が示すようにインプット洪水（input flood）は、インプットの中で目標言語形式を多用し、学習者に「気づき」が起こるようにする方法である。また、インプット補強（input enhancement）[10]は、会話で目標言語形式をゆっくり言うこと、イントネーションやポーズの使い方を工夫し言語形式を強調する方法、リーディング活動で文字を太文字や下線によって強調する方法などがある。インタラクションには、「何て言ったの？」というような明確化要求（clarification request）を行うこと、学習者の誤用を上

昇イントネーションで繰り返すリキャスト（recast）などがある。アウトプット補強は、学習者にもう一度アウトプットを促し、学習者の注意を意味よりも言語形式に向けることである（本研究の学習活動で用いたフィードバックの種類については6.1で述べる）。

明確化要求やリキャストは、学習者が間違ったアウトプットをした場合に、教師が行うフィードバック（corrective feedback）の一種である。Loewen & Nabei（2007）は、修正フィードバックを教師が正しい形式を与える方法（provide）と教師が正しい形式を学習者から引き出す方法（prompt）の二つに分類し、教師が与える修正フィードバックには、明示的訂正（explicit correction）、リキャスト（recast）があり、学習者を促す方法には、メタ言語的フィードバック（metalinguistic feedback）、引き出し（elicitation）、繰り返し（repetition）、明確化要求（clarification request）があると分類している。また、フォーカス・オン・フォームで学習者の注意を引く方法は、明示的な方法と暗示的な方法に分類されている（Doughty & Williams, 1998; 村野井2006; 和泉2009）。明示的な方法には、意識高揚（consciousness-rasing：文法問題について学習者に話し合わせる）、簡潔な文法説明、ディクトグロス（dictogloss：メモをとりながら文章を聞き、元の文章を復元する）、インプット処理指導（processing instruction：目標言語項目が含まれた多数の文を意味ある形で配列し、与える）などがある。また暗示的な手法には、インプット洪水、インプット補強、リキャスト、アウトプット補強、インタラクションをあげている[11]。

以上に述べたフォーカス・オン・フォームを取り入れた指導方法は、第二言語習得で学習者の認知プロセスに「気づき」として働きかけるものとされている（和泉2009; 村野井2006）。第二言語学習者の習得のプロセスで「気づき」が起きるのと同じように、A子の言語習得でも「気づき」が起きていることが観察される。次節では、A子の言語習得の「気づき」とその重要性について述べる。

## 5.6　A子の言語習得における「気づき」

通常学級に通う装用児は、聴覚障害の特性に合わせた特別な授業を受けることなく、健聴児と同じ教育課程で学習する。しかし、3.3で述べたように、A子が書いた日記や作文を読むと、日本語の誤用が見られる。

例えば、健聴児の作文には見られない「アイスがもらってきた」のような授受表現である[12]。装用児の日本語の遅れに対して、特別な学習が必要であると思われたが、効果的な言語指導の方法や教材はほとんど示されていないのが現状だった。

　特に、A子が低学年のときに目立ったのは、助詞の誤用だった。Verbist（2010）は、人工内耳装用児の言語習得では、形態素の習得が健聴児よりも遅れると述べている。日本語の助詞は、会話で大きく発話されず、省略されやすい。助詞自体は、文法的な機能を持つ重要な品詞であるにもかかわらず、語彙のような意味を持たないため、聴覚障害にとって習得が遅れやすいと思われる。

　A子の助詞の誤用を直すためのよい方法が見つからなかったとき、徳永（p.c.2009）によって言語習得における学習者の「気づき」が重要であることを知り、助詞の意識化を図るため意識高揚タスク（consciousness-raising task）を試みた。徳永の意識高揚タスクとは、国語の教科書の文章における助詞を隠して文章を読みながら、隠された部分にどんな助詞が入るかを答えさせるものである。A子が助詞を答えた後には、隠された部分を見せて、正しい助詞を確認した。また、助詞の意味など文法的な説明は一切行わなかった。

　この方法は、助詞のように音声的に知覚しにくいことに加え、会話で省略されることが多い助詞の存在に気づかせるためには効果的であった。図11は、意識高揚タスクを行う前と後のA子の作文における誤用の総数の推移を表したものである。A子が助詞の存在に気づくことによって、助詞に注意を払うようになり、誤用が減ったことが示されている。図11は、A子の作文における助詞の総数のうち、誤用数の割合を示している。

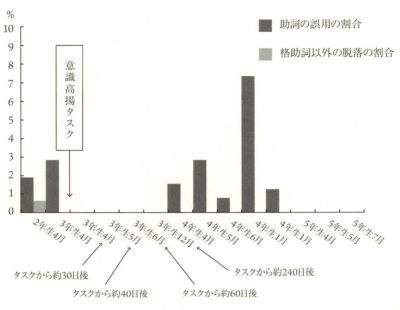

**図11** 意識高揚タスクの効果

　図11が示すように、2年生4月に助詞の誤用1.9％（3/163）、3年生4月初めに2.9％（3/103）だったのが、その直後の3年生4月末に行った意識高揚タスク以後、約30日後、40日後、60日後、240日後には0％であり、格助詞以外の誤用がなくなっている。その後、学年が新しくなり、4年生になると再び助詞の誤用が多くなり、4年生4月に1.5％（1/65）、5月に2.8％（3/108）、6月に0.7％（1/134）、3学期の1月には7.4％（8/108）と1.2％（1/83）になっているが、5年生になると、4月、5月、7月の作文で助詞の誤用はなくなった。また図11が示すように、A子の作文に格助詞以外の脱落を見ると、意識高揚タスク以前の2年生2月の作文では、脱落が見られるが、意識高揚タスク以降は、格助詞以外の脱落はなくなっている。

　A子に行った意識高揚タスクから、A子は「文中に助詞がある」、「助詞は必要な語である」ということを認識したと考えられる。意識高揚タスク以前の格助詞以外の脱落を見ると「練習のときも上手だったので、

本番の日（も）上手だったみたいです」（2年生4月の作文）の（ ）に示した係助詞「も」が脱落している。これは、本来「も」があると理解した上での脱落ではなく、そこに助詞があるということに気づいていないために「も」を使えなかったことを示している。意識高揚タスクでは、A子に文章中の隠された助詞の部分に、どんな助詞が入るかを答えさせてから隠された部分を見せ、使われている助詞を確認した。この方法の効果は、A子に助詞があるということを認識させたことである。また、助詞の存在に気づいたことで、助詞の使用を意識化させ、「これを使えばいいのかな？」のように、どのような助詞を使うべきか、考えさせる効果もあったと考えられる。

　A子の会話や作文の助詞の誤用に関しては、意識高揚タスクを行う以前からも、コミュニケーションが損なわれない程度に直していた。例えば朝の着替えをしているA子（9歳半：3年生2学期）が「ママが呼ばれるから、遅くなっちゃうんだよ」と言ったときに「ママが呼ばれる？」（太字は強調した発音）というように聞き返す、などである。誤用の訂正や「気づき」を促すためのフィードバックを与えるだけでは、間違いはなくならなかった。しかし、意識高揚タスクを行った結果、作文の誤用が一時的になくなったことから、意識高揚タスクの効果があったと言えるだろう。また意識高揚タスク以降も、日常会話で間違ったときに訂正することを続けた。そのため、意識的に助詞の存在や使用を確認する段階から、日常で無意識に正しく使えるような段階までになり、5年生頃には、話しことばでも書きことばでも助詞の誤用が自然になくなったと思われる。

　意識高揚タスク以外でもA子の言語習得過程には、「気づき」が観察できる。意識的な介入による「気づき」ではないが、子どもの認知の発達に伴った言語に対する「気づき」である。以下は、MとA子（耳年齢：6歳7か月）、妹K子（耳年齢：6歳5か月）の三人の会話である（数字は巻末資料の番号を表す）。このようなことばへの「気づき」は、メタ言語能力（metalinguistic abilities）と呼ばれ、言語の構造と機能を意識の対象とする能力であり、年齢とともに発達すると大津（2011）は述べている。

A：おならの「お」はていねいな「お」じゃないでしょ？

M：「なら」って言わないからね
　　A：あと　おでんも「でん」っていわない
　　K：おすわりくださいの「お」はていねいでしょ？　おとしよりの
　　　「お」とか　おにくの「お」とか　　　　　　　　（巻末資料2-111）

　上述したように、意識高揚タスクの結果や日常におけることばに関する「気づき」を見ると、A子が言語を習得していく過程で「気づき」が重要であることは明らかである。このことから、第二言語習得研究におけるフォーカス・オン・フォームが「気づき」を重要視すると同様に、人工内耳装用児の言語習得でも、「気づき」を促す指導方法や母親のフィードバックが有効であると考えられる。

　健聴児は、生まれたときから周りで大人が話す言語インプットを多量に取り込み、言語的経験を積み重ねることにより、人間関係や状況に合わせて日本語を感覚的に使いこなすようになる。しかし、聞こえに制限がある難聴児にとっては、「何となく耳に入る」ことや「それとなく聞こえていた」という経験をすることが難しく、日本語の微妙な違いによる言語的感覚が身につきにくい。本研究でA子の習得するべき構文としてとりあげた日本語の授受表現「あげる」「くれる」「もらう」は、物の移動方向だけでなく、話者の他者に対する感謝の情、日本社会のウチとソトの感覚などが身についていないと使い分けられない。しかし、難聴児は日本語学習者と同様、言語習得におけるインプットが少なく、健聴児のように自然に話しことばを聞くだけでは、適格な使い方を習得することが難しい。そのため、授受表現を含めた母語の習得のためには、日本語学習者と同様に何らかの意図的な指導や学習が必要であると考える。そこで言語音を聞き取れることはできても、言語インプット量が少ない人工内耳装用児のために、第二言語学習者のための言語指導方法である「気づき」を促すフォーカス・オン・フォームに注目した。

　フォーカス・オン・フォームを用いた言語学習の方法をA子のような小学生に用いた先行研究は、筆者の知る限りではまだない。そこで、次節では、大学生レベルの聴覚障害学生にフォーカス・オン・フォームを用いた先行研究を概観する。また、就学前の人工内耳装用児を対象として母親のフィードバックが装用児の言語習得にどのように影響したかと

いう先行研究を概観する。

## 5.7 聴覚障害児・学生の言語習得を促す方法に関する先行研究

5.6ではA子の言語習得でも「気づき」が重要であることを述べた。筆者の知る限り、小学生の人工内耳装用児を対象とした言語習得のために「気づき」を重視するフォーカス・オン・フォームを用いた先行研究はない。そこで、大学生レベルの聴覚障害学生にフォーカス・オン・フォームを用いたBerent, Kelly, Aldersley, Schmitz, Khalsa, Panara, & Keenan (2007) の研究を概観する。また就学前の人工内耳装用児に対する母親のフィードバックの効果を報告したDesJardin & Eisenberg (2007) の研究についても概観する。

Berentら (2007) は英語を学ぶ聴覚障害のある学習者 (deaf learner) に対して、健聴の第二言語習得に用いられるフォーカス・オン・フォームに基づいた、視覚的なフォーカス・オン・フォームが英語の習得を促すことを報告した。Berentら (2007) は、大学生レベルの聴覚障害学生 (105人) に視覚的なディクトグロスであるビジュオグロス (visuogloss) を用いて英語文法能力の向上に効果があるかを調査した。ディクトグロスとは、長い文章を聞かせて、メモをとりながら学習者同士で元の文章を再生することである。Berentら (2007) では、聴覚障害学生を①インプットのグループ、②ディクトグロス (ビジュオグロス) のグループ、③伝統的な方法のグループの3つに分け、10週間の英語の授業を行った。授業の内容は、①インプットのグループでは、(i) テクスト強化 (textual enhancement) と (ii) エッセイ・コーディングと訂正 (essay coding and revision) が用いられた。(i) テクスト強化 (textual enhancement) では、学生が読む文章中の目標文法項目が太字で表された。また (ii) エッセイ・コーディングと訂正 (essay coding and revision) とは、学生が書いた作文の目標文法の箇所が正しければ＋ [プラス]、誤用には－ [マイナス] 印を付け、生徒に返却し、誤用を訂正させるという方法である。エッセイ・コーディングの作文に付けられた正用 (＋マーク) は、文法の正用を強化する。また誤用を正しく直さない場合には、学生が誤用を訂正するための意識的な努力を促し、学習の動機付けにつなげる。②のディクトグロスのグループでは、①のインプットのグループの (i) テクスト強化、(ii) エッセイ・コーディングに加え、(iii) ディクトグロスを応用したビジュオグロスが

行われた。一般的なディクトグロスは教師が短い文章を数回読み、その後、グループで生徒がその内容を再構成するのだが、ビジュオグロスは、プロジェクターで文章を写し出し、学生が数回読んだ後に、グループで話し合い、コンピューターを使って内容を再構成するというものである。③の伝統的な方法を用いたグループでは、インプット促進やディクトグロスを行わず、文法の説明やドリルを行い、アメリカ手話（ASL：American sign language）との違いを比較しながら授業を行った。

　Berentら（2007）が10週間のコースを終えた各グループのコース開始前と終了後の作文を比較分析した結果、フォーカス・オン・フォームの手法を用いた①と②のグループでは、目標文法項目の産出が多くなり、③のグループでは変化がなかったと報告された。また、文法テストのプリテストとポストテストを比較した結果、3グループの学生がコース最初に書いた作文とコースの最後に書いた作文を比較すると、①のインプットのグループと②のディクトグロスのグループでは目標文法項目の正答率が増えた。そして①のグループでは結果が向上した学生が98％、②では78％だったが、③のグループにおいては生徒の目標文法項目の正答率には変化がなく、38％の学生しか成績が向上しなかったことが報告された。この結果をもとに、Berentら（2007）は、聴覚障害学生に英語の文法を教える上で、学習者の「気づき」を促す視覚的なフォーカス・オン・フォームの方法が有効であると結論づけている。

　Berentら（2007）の研究は、大学生レベルの聴覚障害学生を対象にしていたが、人工内耳装用児に対しては、DesJardin & Eisenberg（2007）によって、母親が装用児に物語の読み聞かせをしているときに、どのようなインタラクションが言語習得を促すかを調査した研究がある。

　DesJardin & Eisenberg（2007）は、装用児（平均年齢が4.8歳、32組の母子）の言語発達に及ぼす母親の貢献（maternal contribution）について調査し、母親の介入（involment）や自己効力感（self-efficacy）、母親の量的、質的な言語入力（linguistic input）が装用児の言語理解、言語産出に肯定的に影響することを報告している[13]。またDesJardin & Eisenbergは、母親が子どもと遊ぶときの話しかけや、物語を読み聞かせるときにどのようなテクニックを用いるか分析した。その結果、リキャストが装用児の言語理解に効果があったと述べている。一般的に、リキャスト[14]とは、大人が子ども

の発話に応えるとき、子どもの発話の意味を損なわず、発話の一部を繰り返したり、意味的・統語的な情報を付け加えて応えたりすることである。しかし、DesJardinは、子どもの発話を繰り返し、新しい言語情報を付け加えたり減らしたりするものを「拡張（expansion）」とし、質問形式になるものだけを「リキャスト」と区別している（DesJardin, Ambrose, & Eisenberg, 2009: 30）。例えば、子どもが「Doggie go（ワンワン行く）」と言ったときに母親が「Where did the doggie go?（ワンワンはどこに行ったの？）」と言うことである。また、母親の自由回答質問（open-ended question）（例えば、「Tell me more about where the bear is going.：くまさんがどこに行くかもっと教えて？」や「How do you think the bear is going to get to the moon?：どうやって熊さんが月に行くと思う？」）は、装用児の言語産出に効果があると報告された[15]。さらに、母親の言語的マッピングやラベリング、命令的発話などは、子どもの理解言語、表出言語、総語数、語彙タイプと有意に負の関係があった。言い換えると、母親がこのような低レベルの話しかけを使うと、子どもの言語力は伸びなかったと言える。DesJardin & Eisenbergは、母親の相互交流の方法によって装用児のパフォーマンスが変化し、装用児が語彙を急速に獲得すると述べ、就学前の時期は、より複雑な構文を学ぶ時期であり、母親のリキャストや自由回答質問が効果的であると結論づけている。

　さらに、DesJardin, Ambrose, & Eisenberg（2009）は、16組の装用児の母子（コミュニケーションに話しことばだけを使っている親子）を対象に三つの調査を行った。①装用児が4歳のときの言語理解・表出と7歳のときのリテラシー・スキル（聞き取り、話しことばや書きことばによる表出、音韻意識、文章理解など）、②4歳時の母親の読み聞かせの言語テクニック（表7と同様）と7歳時の音韻意識・読解力の関係、③装用児のリテラシーに関係する要因についてである。母親の言語インプットは、表7で示すように分類し、一語文レベルの発達段階にある子どもの言語をサポートするものを低レベルテクニック（lower-techniques）、子どもが語と語をつなぎ合わせ、より複雑なことばを発達させるために重要な方法であるものを高レベルテクニック（higher-level techniques）として区別している。

　調査の結果、①4歳時の言語表出力と7歳時の読み力は正の相関関係にあった。また②4歳時の母親の高レベル・テクニックの使用と7歳時の装用児の音韻意識は、正の相関関係があった。さらに③3歳時の言語表出力が平均

よりも高いと7歳児時のリテラシー・スキルが高い、という結果が報告された。

また、母親が物語を読み聞かせるときの相互交渉の仕方に注目し、MLU（Mean Length Utterance：平均発話長）、言語を引き出すための方法などの言語入力を分析したところ、子どもの発話に対して、質問の形式で言い直すリキャストや自由回答質問が子どもの語彙の読みや文理解などのリーディング・スキルを促進したと報告している。

表7　言語促進のテクニック（facilitative language techniques）

| | 種類 | 内容 | 例 |
|---|---|---|---|
| 高レベル・テクニック | パラレル・トーク（Parallel talk） | 子どもが見ている絵本に登場するものについて描写する | （子どもが月に座っている熊を見ているときに）母：熊さんは月でピクニックの準備ができているのね |
| | オープン・エンド・クエスチョン／フレーズ（Open-ended question / phrase） | 子どもが2語以上で答えられるような質問をする | 母：この絵では何がおこっているのかな？次のページではどうなると思う？ |
| | 拡張（Expansion） | 子どもの発話に新しい情報や語彙などを加えて繰り返す | 子：かえるさんがいっちゃった 母：かえるさんが水の中にジャンプしたのね |
| | リキャスト（Recast） | 子どもの発話を質問の形式で言い直す | 子：くまさんがお空にいっちゃった！母：どうしてお空にいくのかな？／くまさんが空にのぼるのね？ |
| 低レベル・テクニック | 模倣（Imitation） | 子どもの発話を繰り返す | 子：かえる 母：そうね、かえるね |
| | ラベル（Label） | 絵にラベル付けをする | 母：これは月よ |
| | クローズ・エンド・クエスチョン（Closed-ended question） | 一語で返答できるような質問をする | 母：これはくまさん？母：この本は好き？ |
| | 言語的マッピング（Linguistic mapping） | コンテクストや状況から子どもが意図するメッセージを解釈する | 子どもが本を押しやり、声を出したときに 母：おしまい |
| | 命令（Directive） | 何かするように言う | 母：おいで 母：読んでごらん 母：ページをめくって 母：これを見て |
| | コメント（Comment） | 会話を続けたり、子どもを強化するためにコメントする | 母：みてごらん 母：わあ！ |

DesJardin, Ambrose, & Eisenberg（2009）に基づく

DesJardin, Ambrose, & Eisenberg（2009）は、自生的読み書き（emergent literacy）[16]（文字がきちんと読めるようになる前から芽生えている書きことばの知

識)について、子どもの幼児期の言語能力が後の読解力につながること、幼児期の言語表出力がその後の音韻意識に関係すること、さらに幼児期の母親によるオープン・クエスチョンなどの方法が装用児の基本的なリーディング・スキルに貢献することを結論づけている。

以上で概観したBerentら（2007）の研究は、大学生レベルの聴覚障害学生を対象とし、視覚的なフォーカス・オン・フォームを用いている。A子のように日常会話を聞き取ることができる人工内耳装用児には、音声言語使用したフォーカス・オン・フォームの方法を用いることが可能だろう。またDesJardin, Ambrose, & Eisenberg（2009）の報告は、就学前の人工内耳装用児を対象としているが、本研究の対象児であるA子は小学生であることから、授受表現のような複雑な文法形式を習得する必要がある。

健聴児は、生まれたときから周囲で大人が話す言語インプットを多量に取り込むことができるため、言語的経験を積み重ね、人間関係や状況に合わせて母語話者に好まれる言い回し（fashions of speaking）というものを使いこなすようになる。例えば、日本語の場合では、「私」を言語化しない傾向があるため、「太郎が私を殴った」ではなく「太郎に殴られた」、「田中が妹に本をあげた」ではなく、「田中が妹に本をくれた」と表現する（近藤2008）。しかし、聞こえに制限がある難聴児は、このような母語話者に好まれる言い回し、つまり言語感覚は身につきにくい。難聴児は日本語学習者と同様、言語習得におけるインプットが少なく、健聴児のように話しことばを聞くだけでは、日本社会や文化に根付くウチとソトの感覚を必要とする授受表現を自然に習得することが難しい。そのため、日本語学習者と同様、何らかの意図的な指導や学習が必要である。

Goldberg & Bordman（1974）は、アメリカのギャローデット大学で学ぶ聴覚障害学生は英語の構文や概念に問題があり、ESL（English as a Second Language）の学習者の作文と類似していることを指摘し、聴覚障害学生にESLの指導法（instruction）が必要だと主張している。また、澤（2004）は、近年、人工内耳やデジタル補聴器などの普及に伴い、聴覚障害児が多様化している現状では、読み書き指導のために、これまでの長い聴覚障害児教育で実践されてきた教材や指導方法だけでなく、脳科学や心理学、言語学、さらに第二言語習得や日本語教育など、多角的な研究分野から

知見を積み重ねていく必要性があると主張している。

本研究では、小学生の人工内耳装用児A子を対象に、授受表現の問題点や習得のプロセスを明らかにしていく。装用児A子は、2.3で述べたように、言語音を聞き取れても、言語インプットが少ないことや日本語の誤用が日本語学習者と類似している。また5.6で述べたように、A子の言語習得では「気づき」が重要であることを示した。佐野（2011）は、このような認知的アプローチは、母語がある程度発達し、考える力がついた年齢の学習者には最適のアプローチだと述べている。そこで、A子の授受表現の指導では、第二言語習得理論研究に基づく言語指導・学習方法の中で、学習者の「気づき」を促し、意味と言語形式の両方を重視するフォーカス・オン・フォームを用いた。次章では、A子を対象に行った学習活動について具体的に見ていく。

注　[1]　言語獲得論は研究者によって分け方や呼び方がさまざまある。岩立・小椋（2005）は、母語習得理論を学習論、生得論、認知論、社会認知論に分けている。岩立・小椋（2005）では、Tomaselloを社会認知論に位置づけている。また小柳（2004）は、相互作用ではなく、相互交流という語を用いている。
　　[2]　刺激の貧困（poverty of stimulus）と言われる。
　　[3]　秦野（2001）は、相互作用論的アプローチに情報処理アプローチ（言語などの認知発達を脳の情報処理システムの発達と考える）をあげている。大嶋（2005）は、情報処理アプローチ（認知発達過程をコンピューターのプログラムの形で記述する）の計算論モデルとして、コネクショニストモデル、ACT-R（Adaptive Control of Thought-Rationalist）をあげている。
　　[4]　Gass（1997）の第二言語習得のモデルは、Slobin（1985）による子どもが言語を習得するときに用いることばに向ける注意（attention）、蓄積（storage）、パターンマッチング（pattern matching）、一般問題解決（general problem solving）の方略などに基づいている。
　　[5]　インプットからアウトプットまでの過程を説明した図として、小柳（2004: 144）の他に、村野井（2006: 10）、和泉（2009: 162）がある。村野井、和泉の図では、アウトプット→インテイクとアウトプット→気づきに戻る矢印は記されていない。村野井（2006）では、理解されたインプットが学習者の中間言語システムに取り込まれるプロセスを「内在化」と呼び、内在化された言語知識そのものを「インテイク」と呼んでいる。（p.14）
　　[6]　Gass（1997）はこの段階をapperception（統覚）という語を用い、attention（注意）、awareness（認識）、consciousness（意識）を含め

| | |
|---|---|
| | ている。動詞awareは、感覚的にまた思考を通してある事柄の認識に至っていること、consciousは事実・真実・状況が意識にのぼっていることを示す（小学館ランダムハウス英和大辞典1994）。 |
| [7] | 「i+1」のiはinterlanguage（中間言語）のことである（『新編英語教育指導法事典』研究社、2011: 158）。 |
| [8] | 図10は、和泉（2009: 163）に基づいている。 |
| [9] | 白畑ら（2010: 135）の表では、第二言語習得研究における主な研究もあげている。インプット補強の先行研究は、視覚的な方法による研究があげられているため、インプット補強の概略は「視覚的」となっている。 |
| [10] | Sharwood Smith（1991, 1993）は、教師がインプットを操作して学習者の意識化を促すという観点でのConsciousness raisingという語を学習者が主体的に意識化するという学習者の観点からインプット補強（input enhancement）と改めた。 |
| [11] | 村野井（2006）では、暗示的な方法に意味交渉（negotiation of meaning：インタラクションでフィードバックを返しながら意味の明確化を求める）、タスク必須（task-essential language：目標言語形式の使用が必須になるような言語活動を行う）、ガーデンパス（garden path：学習者がわざと誤りを犯すように導く）などの方法も含まれている。 |
| [12] | A子の日記と同時期に書かれた同級生の健聴児Hの日記には、日本語の文法的な間違いは観察されなかった。 |
| [13] | 装用児は聴覚口話法（auditory oral methods）、または聴覚口話法と手話を併用する装用児であり、産出には、手話を用いた場合もあった。対象児のコミュニケーション・モードは話しことばの英語（spoken English）である。 |
| [14] | 一般的なリキャストは、例えば、子どもが He need it. と言ったときに、He needs it. と正しく言い直すことである（Fey et al.,1999: 273）。DesJardin & Eisenberg（2007）、DesJardin, Ambrose, & Eisenberg（2009）は、独自にリキャストを定義している。本研究での定義は、第6章1節を参照。 |
| [15] | リキャストは直前の子どもの発話を言い直すことで、自由回答質問は、子どもの発話を使うことを前提としていない。 |
| [16] | 自生的読み書きという訳語は、高木（2004: 178）による。 |

# 第6章
# 授受表現の学習活動

3. 2で述べたように、装用児の言語習得は、健聴児と同じ過程をたどる。しかし、手術年齢や聞こえの状態、言語環境などさまざまな要因から個人差が大きく、同年齢の健聴児には見られない文法的な間違いが残るなど、健聴児にはない特徴が見られる。特に、日本語の授受動詞は、第4章で述べたように、日本語特有のウチとソトという日本文化に根差した感覚が現れる語彙である。対人関係に影響する重要な語用が求められる言語形式であるにもかかわらず、聴覚障害児にとって習得が遅れる構文であることから、A子が授受表現を適切に使用することができるように意図的な学習の必要性があった。そこで、A子の授受表現の問題と習得過程を明らかにするため、家庭で実践できる教材と学習方法を考案し、学習の進展の度合いに合わせ、学習活動ステップ1、学習活動ステップ2、学習活動ステップ3を実践した。

　これらの学習活動の目的は、A子が適格な授受動詞を自然に使用できるようになることである。日本社会ではウチとソトの概念を無視して円滑なコミュニケーションを行うことは難しく、授受動詞の適格な語用は、コミュニケーションに不可欠な待遇表現の一つである。人工内耳装用児が健聴者中心の社会生活の中で、音声言語を使用することを選択したならば、授受動詞を間違って使用するわけにはいかない。

　学習活動の方法は、第5章で述べた学習者の認知に働きかけ、インプットからアウトプットまでの過程や学習者の「気づき」を重視したフォーカス・オン・フォームの指導方法に基づくものである。学習活動では、装用児の体験や感情と言語形式を一致させるような自由会話、日本語の視点が練習できるようなリーディング、装用児の体験やこれから起こり

うる身近な題材を用いたライティングを実践した。また学習活動にステップ1からステップ3という段階を設けたのは、授受動詞の基本義が、単に物の移動方向だけでなく、話者の授与者や受益者に対する親疎の情を示すということを理解するのが難しく、徐々に習得していくものであると予測されたからである。

学習活動の目的は、A子の授受表現の習得であるが、何をもって「習得」とするか、という定義は、研究者によってさまざまある。佐々木 (2010) は、産出された言語に基づき、理解や文法性判断ができるかどうかなどのさまざまな定義がある中で、「自動性をおびた円滑な言語処理」の獲得をもって習得とすると述べている。またEllis (1994) は、一定の割合、90％を超えて正確に使えることであると述べている。

本研究では、A子が授受表現を習得できたかどうかを確認するために、筆者が確認テストを作成し、学習活動ステップ2、ステップ3の後に実施した。これは、聴覚障害児の言語を評価する標準テストがないことや定期的に言語評価を行う機会がなく、学習活動ステップ1から継続して同じ評価方法を用いることができなかったという理由による。そこでA子の授受表現の習得は、確認テストで「文法的・語用的に適格に授受表現を産出し、90％以上正答すること」と定めた。

本章では、6.1で筆者 (M) が学習中にA子に与えたフィードバックの種類について、6.2でA子の授受表現の誤用の分類について述べ、6.3ではA子が4年生時に行った学習活動ステップ1、6.4で5年生時に行った学習活動ステップ2、6.5で6年生時に行った学習活動ステップ3について述べる。

## 6.1 フィードバックの種類

本節では、学習活動ステップ1、ステップ2、ステップ3において筆者 (M) がA子の授受表現の習得を促すために用いたフィードバックの分類について述べる。フィードバックは、MがA子の誤用に気づくように、またA子から正用を導くために用いた。フィードバックの種類は、「否定」、「肯定」、「補足・確認」、「繰り返し」、「引き出し」、「聞き返し」、「メタ言語的促し」、「リキャスト」、「明示的訂正」、「正用の提示」の10種である。以下の表8にその内容と具体例を示す。

**表8** フィードバックの種類と内容

| 名　称 | 例 | 内　容 |
|---|---|---|
| 否定 | A：ママが買ってもらいました<br>M：ううん | 発話が間違っていることを示す |
| 肯定 | A：ママが買ってくれました<br>M：そう | 発話が正しいことを示す |
| 補足・確認 | A：ママが薬をつけてもらいました<br>M：ママが？／「ママが」だから？ | 授与者や受益者を補足・確認することで正しい発話を促す（上昇イントネーションや質問形式などを用いる場合もある） |
| | A：ラケットをもらった<br>M：誰にもらったの？誰がくれたの？ | |
| | A：先生が連れて行ってあげました<br>M：「私たちを」だよ／「先生が」だよ | |
| 繰り返し | A：ママが学校に連れて行ってもらいました<br>M：ママが学校に連れて行ってもらいました？ | 間違った発話を文末の上昇イントネーションを用いて繰り返す・質問を繰り返す |
| 引き出し | M：パパはKちゃんに買って？<br>A：あげました | 途中で発話を止め、正用を引き出す |
| 聞き返し | A：ママが学校に連れて行ってもらいました<br>M：え？／あれ？ | 誤用に気づかせるために聞き返す・誤用を示唆する |
| メタ言語的促し | M：もらいましたのときは？<br>A：「に」 | 文法的内容を含む質問によって、正しい形式の発話を促す |
| | M：「が」だから？<br>A：くれました | |
| リキャスト | A：ママが学校に連れて行ってもらいました<br>M：ママが学校に連れて行ってくれました | 誤りを修正して言い直す |
| 明示的訂正 | M：もらいましたのときは「に」です | 簡単な説明を行う |
| 正用の提示 | A：パパに買ってもらった<br>M：パパに買ってもらったの | 正しい言語形式を与える |

　表8が示すように、「否定」は「ううん」のように、A子の発話が正しくないことを示す。反対にA子の発話が正しいことは「そう」のように「肯定」とする。「補足・確認」では、授受動詞の授与者や受益者を確認する。例えば、A：「ママが薬をつけてもらいました」という発話に対して、「ママが？」のような「授与者＋上昇イントネーション」を用いたり、A：「ラケットをもらった」に対して「誰が？」「誰にもらったの？」

のようなや質問形式で授与者や受益者を確認する。またＡ：「先生が連れて行ってあげました」に対して、Ｍ：「「私たちを」だよ」という発話で受益者を補足し、Ｍ：「「先生が」だよ」と授与者を繰り返し再確認させることで、正用である「くれました」の発話を促す。「繰り返し」は、Ａ：「ママが学校に連れて行ってもらいました」、Ｍ：「ママが学校に連れて行ってもらいました？」のように上昇イントネーションを用い、Ａ子の発話をそのまま繰り返す。「引き出し」は、正用を導くために、「パパはＫちゃんに？」や「パパはＫちゃんに買って？」のように文の途中で発話を止め、正用を促す。「聞き返し」は、「え？」「あれ？」など意図的に聞き返し、間違いに気づかせる。「メタ言語的促し」は正用の発話を導くために「もらいましたのときは？」や助詞を強調して「「が」だから？」のように文法的な示唆をすることで正用を促す。また本研究における「リキャスト」は、Ａ：「ママが学校に連れて行ってもらいました」Ｍ：「ママが学校に連れて行ってくれました」のように誤用を訂正して言い直す。「明示的訂正」は、Ｍ：「もらいましたのときは「に」です」のように誤りを修正する。「正用の提示」は、正しい言語形式をインプットとして多く与えるために、発話の後にもう一度正用を示す（終助詞をつける場合もある）。ＭとＡ子のインタラクションでは、このようなフィードバックで、誤用に気づかせ、正用を導くようにした。

　次節では学習活動ステップ１、ステップ２、ステップ３におけるＡ子の授受表現の誤用をどのように分類したかについて述べる。

## 6.2　誤用の分類

　Ａ子の学習の目標は、日本語の授受動詞「あげる」「くれる」「もらう」の本動詞、補助動詞「〜てあげる」「〜てくれる」「〜てもらう」の正しい使用である。授受動詞の使用は、話者の視点がどこにあるかによって「ＸがＹにあげる」「ＸがＹにくれる」「ＹがＸにもらう」などの使い分けをする。そこで、Ａ子の授受表現の学習においては、どのような誤用があるかを表９で示すように分類した。補助動詞「〜てあげる」は「あげる」に、「〜てくれる」は「くれる」に、「〜てもらう」は「もらう」に含まれる。

**表9** 誤用の分類

| 記号 | 誤用 | 正用 |
|---|---|---|
| Aa | あげる | くれる |
| Ab | あげる→もらう→ | くれる |
| Ac | くれる | あげる |
| Ba | もらう | くれる |
| Bb | もらう→あげる→ | くれる |
| Bc | くれる | もらう |
| Ca | あげる | もらう |
| Cb | もらう | あげる |
| D | その他 | |

　表9に示すように誤用の種類は、Aあげる・くれるに関する誤用、Bもらう・くれるに関する誤用、Cあげる・もらうに関する誤用、Dその他の4種類である。さらに学習中のインタラクションから、A子が何度か誤用をしながら正用に至る様子が観察されるため、下位分類としてAaあげる（誤）→くれる（正）、Abあげる（誤）→もらう（誤）→くれる（正）、Acくれる（誤）→あげる（正）、Baもらう（誤）→くれる（正）、Bbもらう（誤）→あげる（誤）→くれる（正）、Bcくれる（誤）→もらう（正）、Caあげる（誤）→もらう（正）、Cbもらう（誤）→あげる（正）の8つに分類した。Dその他の誤用には、「かぶせてあげました」を「かぶさせてあげました」のような動詞の活用の誤用例を含めた。また、未習得により繰り返される誤用（error）と偶発的に産出されるミステイク（mistake）を明確に区別することは難しいため、明らかにMの指示を聞いていないで発話したときの間違いなどは、ミステイクとみなした。

　次節では、A子が4年生時に行った学習活動ステップ1について述べる。

## 6.3　学習活動ステップ1（4年生時）

　第6章の最初に述べたように、授受動詞の意味概念の把握は難しく、教えれば簡単にできるようになるというものではないことが予測され、最初にA子の授受表現における問題点を明らかにする必要があった。そのために、A子が4年生時、1学期の6月～7月の3週間にわたり、合

計15回の学習活動を行った。学習の方法は、自由会話が9回、漫画を使った学習A（話す）が4回、学習B（書く）が2回である。また学習活動では、自由会話＋漫画を使った学習A（話す）など、学習の種類を組み合わせて行った場合もあった。

6.3.1の自由会話では、A子の視点から、身近な内容やAとMが共有した体験を話し、授受表現の「あげる」「くれる」「もらう」などの動詞に問題があるかを明らかにすることを目的とした。6.3.2の漫画を使った学習A（話す）では、漫画を客観的に描写することで登場人物の視点に立ち、授受表現を使用させることがねらいである。また漫画を描写する上で、話しことばと書きことばでは違いがあることを明らかにするために、6.3.3の漫画を使った学習B（書く）では、学習A（話す）と同一の漫画を使用して、書いて漫画の描写をさせた。

### 6.3.1　ステップ1：自由会話

A子が4年生時に行った学習活動ステップ1の自由会話について、6.3.1.1で学習の方法、6.3.1.2でその結果と考察について述べる。

#### 6.3.1.1　方法

自由会話の活動は、合計9回行った。そのうちの7回は、A子と筆者（M）との一対一で行い、2回は、A子の妹の装用児K子が加わり、三人で行った。活動時間は15分間を目安としたが、A子の体調や心理的状況などを考慮して行ったため、実際には約10分から30分までの時間的な幅がある。

会話の内容は、ICレコーダーに録音した。内容は、主にその日に体験したことなど身近なことで、Mが意図的に授受表現を使用し、A子が授受表現を使えるように誘導しながら行った。例えば、M：「このゲームは誰にもらったの？」→A子：「サンタクロースにもらった」や、A子が今日あった出来事を話した後に、M：「そのお話を「くれる」を使って言ってみて？」などである。また、ドリル的な「XはYにあげる」を「YはXにもらう」のような変換の練習も取り入れた。A子が正用に至ったときには、正しい使用のモデルのインプットを多くするために、Mが正用文を繰り返した。

次に自由会話におけるＡ子の授受表現の誤用について見ていく。

#### 6.3.1.2　自由会話の結果と考察

Ａ子が4年生時に行った自由会話の活動9回のうち、授受動詞の誤用・不適格な語用総数は14だった。表10に示すように、誤用の種類は、Aaあげる（誤）→くれる（正）が2、Abあげる（誤）→もらう（誤）→くれる（正）が1、Baもらう（誤）→くれる（正）が9、Cbもらう（誤）→あげる（正）が1、Dその他が1だった。誤用数と誤用の種類を以下の表10に示す。

**表10**　会話活動における誤用数と種類

| 活動# | 誤用数 | （例）誤用の種類 |
|---|---|---|
| 1 | 7 | ④〜⑩Baもらう（誤）→くれる（正） |
| 2 | 1 | ⑪Baもらう（誤）→くれる（正） |
| 3 | 1 | ⑭Dその他 |
| 4 | 0 | |
| 5 | 1<br>1 | ③Abあげる（誤）→もらう（誤）→くれる（正）<br>⑫Baもらう（誤）→くれる（正） |
| 6 | 1 | ⑬Cbもらう（誤）→あげる（正） |
| 7 | 2 | ①②Aaあげる（誤）→くれる（正） |
| 8 | 0 | |
| 9 | 0 | |

以下に誤用例①〜⑭を具体的に見ていく。Ａ子の誤用から正用に至るまでの授受表現を下線部で示し、Ｍのフィードバックを(ア)〜(ネ)で示す。

下記の誤用①・②（活動#7）は、Aaの誤用で「くれる」とするべきところを「あげる」とした例である。①・②では、Ｍが(ア)(イ)のように受益者や授与者が誰かということを補足するとＡ子が正しく答えている。つまり、授受動詞の選択が正しくないことをＭに示唆されたことにより、「あげる」を「くれる」に修正したものである。

①Ｍ：Ｅ先生が浄化センターに私たちを連れてって？

```
  A：ん？
  M：E先生が浄化センターに私たちを連れてって？
  A：あげました
  M：㋐私たちをだよ　私たちを
  A：あー　くれました

②M：S先生が宿題のプリントを私たちに
  A：教えてあげました
  M：㋑宿題のプリントを私たちに？
  A：あ　くれました
```

　表10の誤用③（活動#5）は、Ab「くれる」とするべきところを最初に「あげる」、そして「もらう」と言って最後に「くれる」と言った例である。上記の活動#7に見られる例①②と同様、これもMによる㋒「あれ？」という「聞き返し」がヒントになり、自分の選択した動詞が正しくないことに気づき、次の動詞を選ぶという①・②と同様の方略を使用している。

　つまり、これらの例は、A子が自発的に授受動詞「くれる」を正しく選択することができない段階にあり、A子にとって「くれる」の持つ動詞の基本義「話者以外の者から話者（またはウチの者）への授与と感謝を示す」という意味概念の理解が難しいことを示している。

```
③M：ママはみんなにプリンを作ってあげました
  A：ママがお昼にうどんを作ってあげました
  M：㋒あれ？
  A：つくってもらいました
  M：㋓あれ
  A：つくってくれましただ
  M：もう一回言って
  A：ママがうどんを作ってくれました
```

　表10のBaの誤用は、下記にあげた④〜⑫「くれる」を「もらう」と

言った9例である。④～⑫の誤用は④～⑩が活動#1、⑪が活動#2、⑫が活動#5における誤用であるため、時系列に見ていくことにする。

下記に示す例、④（活動#1）では、Mが(オ)A子の答えを「ううん」と否定し、「ママが」（授与者＋が）と繰り返し「補足・確認」すると正答に至っている。一方、⑤ではMが「コーチがくれた」と言わせようとして、(カ)「コーチが」と（授与者＋が）と「引き出し」ているが「もらう」と誤答し、もう一度Mが(キ)「ううん　コーチが」とA子の発話を「否定」し、授与者を「再確認」させることで正答に至っている。④・⑤ともに「もらう」でなければ「くれる」という①・②・③と同様の消去法を用いている。

また、A子の(i)「コーチから？から？から？」という発話から、A子が「もらう」は「(授与者)にもらう」ではなく、「(授与者)からもらう」ではないかと迷っていることがわかる。つまり、このとき、A子はテニスのラケットについて、「コーチがくれた」、「コーチにもらった」、「コーチからもらった」と異なる形式で表せることを認知的に比較し、仮説の検証をしていると言えるだろう。

A子の(i)「コーチから？から？から？」という発話からは、A子が助詞の「から」は「起点（source）」を表すことを認識していることを示しているが、助詞「に」の理解が難しいことを示している。助詞「に」には「6時に起きる」「あそこに行きたい」「ここにある」「花子ちゃんにたたかれた」など、「時間に（at）」「到着場所に（goal）」「静止場所に（at）」「動作主に（agent）」の多用な意味がある。このため、「授与者に受益者がXをくれる／もらう」に使用される起点（source）や動作主（agent）を示す「に」の意味役割を理解し、A子にとって把握することが非常に難しい助詞であることを示している。

④ M：ママがチョコレートを？　買って…
　 A：もらいました
　 M：(オ)ううん　ママが
　 A：くれました！

⑤ M：じゃあ、あのラケットは誰　誰がくれたの？

```
A：テニスの？
M：㋕テニスのコーチが？
A：うん　もらいました
M：㋖ううん　コーチが
A：コーチがくれました　　(i)コーチから？から？から？
M：コーチからもらいました
A：うーん
M：コーチにもらいました　とも言うね
A：ふんふん
```

　下記の例⑥は、④と同様にA子が「授与者＝パパ」であるとわかっているにもかかわらず「もらう」と答え、Mが㋗「ううん」と「否定」すると「くれる」と答えている。「XがYに／からもらう」と「YがXにくれる」は、受益者が話者の場合、同じ意味を表しても統語上は、受益者と授与者の位置が正反対になる。「私（A子＝話者）がパパに机をもらった」と「パパが私（話者＝A子）に机をくれた」という文は、同じように机の移動がパパ→私を表すが、「私」「パパ」の位置が反対になる。A子はこの理解ができていないため、消去法の方略を用い、「もらう」ではないから「くれる」と答えていることが推測できる。

```
⑥M：じゃあ　あの机は誰が買ってくれたの？
　A：えーとね　パパかな？
　M：そう　パパが
　A：パパが
　M：買って
　A：もらいました
　M：㋗ううん
　A：くれました
　M：もらいましたのときはパパに　買ってもらいました
```

　以下の例⑦では、A子が「（つけて）くれる」と答えるべきところで、「（つけて）もらう」と答えている。Mが㋖「ママが」（授与者＋が）と「補

足・確認」しているが、A子は(ii)(iii)(iv)のように何度も「つけていない」と「動詞＋否定形」で答え、意図的に授受表現の使用を非用／回避[1]（avoidance）していることがわかる。非用／回避とは第二外国語学習者に用いられるコミュニケーション方略で、自信を持って使用できない発音、語彙、構文などの使用を避けることであり、文法的な誤りはないが、用いないことによって適切さを欠くことである[2]。つまり、A子はコミュニケーションの流れを阻害しないように「つけてません」と答えているが、正しく答えられるか自信がないため、授受動詞の使用を避けていることを示している（太字で表したところは、発話で強く発音した部分である）。

⑦M：ママが薬をつけて…
　A：て　**もらいました**
　M：(ケ)ママ**が**
　A：ママが薬を(ii)つけてませーん
　M：ママ**が**薬をつけて？
　A：え？
　M：つけないけど
　A：(iii)ませーん
　M：いませーん　つけてくれていません
　M・A：（笑い）
　A：(iv)つけてません
　M：つけてくれてません
　A：**くれて**
　M：じゃあ　つけてあげるよ

　下記のBa⑧・⑨・⑩の「くれる」とするべきところを「もらう」と答えている誤用では、Mが(サ)(ス)(セ)(チ)で、助詞「が」を強く発音している。これは言語形式を焦点化するフォーカス・オン・フォームの一つであると言える。Mが「授与者＋**が**」という発話で「補足・確認」することで、正用に至っていることがわかる。また、最後に⑧(シ)・⑨(ソ)・⑩(ツ)のように、MはA子が正しく答えた後にも正しい形式を与え、正用のインプットが多くなるようにしている。

⑧ M：…Aちゃんすご〜い算数のテスト100点とってってママが言ったときは？
　　㋙ママが？
　A：ほめて<u>もらい</u>…
　M：㋚ママが
　A：ほめて<u>くれました</u>
　M：そうだよ　㋛ママがほめてくれました

⑨（MがA子に歯磨きの仕上げをした後に）
　M：㋜ママが歯を磨いて？
　A：<u>もらいまし</u>…
　M：㋝ママがだよ
　A：あ　<u>くれました</u>
　M：そう　㋞ママが歯を磨いてくれました

⑩（MがA子に目薬を差した後に）
　M：㋟じゃママが目薬を差して？
　A：<u>もらい</u>…あっ　を？
　M：㋠ママがだよ
　A：あらら　<u>くれました</u>
　M：そう　ママが
　A：ふんふん
　M：㋡ママが　そう　目薬を差してくれました
　A：くれました

　上記の例⑧、⑨、⑩からわかるように、A子は「もらう」と誤答し、一度で正答に至らず、Mの⑧㋚、⑨㋝、⑩㋠で「ママが」と授与者と助詞を強調することによって誤用に気づき、消去法で「くれる」と正答している。つまり、A子にとっての理解は、「もらう」でなければ「くれる」で、物の移動の方向性は理解しているが、「授与者＋が〜くれる」「授与者＋に〜もらう」が定着していない。
　またMが助詞「が」を強調することで正用に至っていることから、A

150

子には、助詞がはっきりと聞き取れていないことが考えられる。自然な会話の中では、助詞は特に小さく発音される。助詞を正しく使用するためには、助詞の存在に気づかせ、「授与者＋が～くれる」「授与者＋に～もらう」などの言語形式を理解、定着させる必要があるだろう。

　下記の⑪（活動#2）では、A子が1回目の学習活動の⑤と同じように「(授与者)にもらう」を「(授与者)からもらう」と理解していることがわかる。「Oちゃん→自分」という物の移動を「Oちゃんからもらった」と言おうとしているが、Mは「くれる」を表出させたいために、(テ)「誰がくれたの？」と授与者を「確認」し、正用を促している。

　ここでは、「Oちゃんからもらった」が正用であるにもかかわらず、Mが(ト)「からもらいました？」と語尾を上げ、質問形式で聞いてしまっているため、A子を迷わせる結果になっている。またMが(ナ)で「くれました」のときの助詞をMが確かめるとA子は「が」と答えていることから、「～がくれる」という形式は理解している。このような場合、「誰にもらったの？」「誰がくれたの？」と確認し、形式を定着させることが必要である（徳永 p.c.2012）。

　⑪M：これのこと言って？　これ　これどうしたの？
　　A：買ったの？
　　M：ちがうよ　(テ)誰がくれたの？
　　A：Oちゃんから　えーと
　　M：から？　(ト)から　もらいました？
　　A：くれました？
　　M：ううん　(ナ)くれましたのときは？
　　A：が

　下記の⑫（活動#5）は、Mが(ニ)「え？」と「聞き返す」だけで、「くれました」と正用に至っている。つまり、「もらう」でなければ「くれる」という消去法を用いてはいるが、これまで述べた④～⑪のように、「ママが薬をつけて？」というMの促しや授与者を「確認」する「ママが」などがなくても、「え？」という「聞き返し」だけで自分で誤用に気づき、正用に至ることができるようになっている。

⑫ A：ママが買い物に連れて行ってもらいました
M：(ニ) え？
A：あ　ママが買い物に連れて行ってくれました

次に、活動#6におけるCbの誤用⑬は、「あげる」とするべきところを「もらう」と言った例である。⑬では(ヌ)のようにMが「パパは？　Kちゃんに？」と授与者と受益者を「再確認」している。A子は「もらう」と答えかけたところで誤用に気づき、「あげる」と自己訂正している。

これまでの誤用例①〜⑫は、自由会話の中で、すべて正答が「くれる」となる誤用だったが、「あげる」が正答になる誤用は、以下の誤用⑬だけである。つまり、A子の誤用の中には、「あげる」に関するものは少ない。また、「くれる」は誤用が多いことから、「あげる」の理解は「くれる」よりも容易であることがわかる。

⑬ A：えーと　パパはーKちゃんにー　えっと　何だっけ…
やきそばかってもらいました
M：(ヌ) パパは？　Kちゃんに？
A：あっ　もらい…やきそばをかってあげました

以下の⑭（活動#3）のD「その他」の誤用は、授受表現ではなく、本動詞「貸す」「借りる」の動詞と補助動詞「〜てあげる」「〜てもらう」「〜てくれる」と一緒になった場合の誤用である。誤用例⑤や⑪の例と同様に、A子は「もらう」の使用は、「から」を伴った「〜からもらう」という形式で覚えている。

⑭ A：その本ね　Kちゃんからもらった
M：ちがうでしょ　この本だよ　わかおかみの本　どうしたの？
A：Tたちから
M：もらいましたで言ってください
A：もらいました
M：え　もらったの？　(ネ) 返すんだから
A：(v) 借りてもらいました

M：借りてもらいました？
A：ちがう？
M：貸して　貸してもらったの　それ貸してもらいました
A：<u>借りてもらいましたじゃないの？</u>
M：TとRに貸してもらいました

　上記の例⑭では、Mが「もらいましたで言ってください」と促し、正用は、「貸してもらいました」である。しかし、A子は(v)「借りてもらいました」と答えていて、三者を含む関係の「Tが他の誰かに借りた物をA子に渡す」という意味になっている。誤用の原因は、A子が本の移動を表すのに、「Tたちから借りる」という動詞と「Tたちからもらう」という授受動詞を二重に用いていることである。このような誤用の場合、「貸すのは誰？」「借りるのは誰？」と行為者を確認することや、「貸す」と「借りる」の方向性の違いを確認してから授受表現を使用する必要がある。また「もらう」や「くれる」を使用して方向性の違いも加わると、さらに理解が難しくなる（徳永p.c.2012）。

　「貸す／借りる」は、「売る／買う」、「教える／教わる」のように、動詞自体の意味が一つの状況をどのような視点で表現するか使い分けることができる。例えばAからBに本が移動することをAからの視点で表すと「本を貸す」になるが、Bの視点で表すと「本を借りる」となる。A子は日頃から「図書館で本を借りた」や「消しゴムを貸して」と発話していて、貸借の物の移動の方向は理解していると思われる。またMが(ネ)で「返すんだから」と言うと「借りる」という動詞を使っていることから、「借りる」には、返却しなければいけないという意味があることを理解している。つまり、A子は本が自分の方向に移動することを示すのに「借りる」と「もらう」の両方を用いていることがわかる。このことはA子にとって授受動詞と同様に、話者の視点によって使い分けることが必要な「貸す／借りる」のような動詞の理解も難しいことを示している。

　以上で述べた誤用例①〜⑭は、自由会話における誤用例だった。自由会話では、A子の体験に基づくことで、話者の視点は、自分／ウチの者にあった。次項では、漫画を使った学習A（話す）で受益者が自分（A子）にならない場合の誤用について見ていく。

### 6.3.2　ステップ1：漫画を使った学習A（話す）

本項では、A子が4年生時に行った学習活動ステップ1の漫画を使った学習A（話す）について述べる。授受動詞の使用は、話者の視点がどこにあるかによって、「XがYにあげる」「XがYにくれる」「YがXにもらう」など使い分けることが必要である。4コマ漫画を使用した理由は、ストーリーの流れがわかることで、A子の視点が物語の人物のどこにあるのか、またその視点から適切な使用ができているかを確認するためである。

#### 6.3.2.1　方法

漫画を使った学習A（話す）では、4コマ漫画を見ながら空白の吹き出しにセリフを入れ、漫画を見て状況を話して描写した。活動は全部で4回行った（使用した漫画は巻末資料3を参照）。また、A子が「あげる」「もらう」「くれる」を意識しないで漫画の描写をしたときの授受表現の使用を見るために、活動の1回目（#1と記す）では、Mは正用を導くためのフィードバックを与えていない。

漫画を描写するときには、一つの状況をどの人物に視点を置くかによって「〜があげる」「〜がくれる」「〜にもらう」など異なった言い方で表現できる。そのため、一つの漫画を使って、それぞれの形式が定着するようにドリル的な練習をした。例えば、同じ漫画を見ながら「XはYにあげた」「YはXにもらった」などの変換ができるような練習である。1回の学習活動は、約20分を目安とした。

教材として使用した漫画は、二種類ある。一つは、根本進（著）『クリちゃんオレンジの本』（さ・え・ら書房、1978）の「きねんしゃしん」(p.7)、「ぼくにもたせて」(p.14)、「ぼくがみつけたよ」(p.22)、「きょうからがっこう」(p.28)、「かわいそうだね」(p.29)、「たくさんたべられるぞ」(p.35)、「おやまたかったの」(p.36)、「よわむしねえ」(p.37)、「いいことしたよ」(p.37)、『クリちゃんみどりの本』（さ・え・ら書房、1978）の「あわすれちゃった」(p.34)である。もう一種類は、日引友香子による描き下ろし漫画（巻末資料3）の2コマ漫画と4コマ漫画である。

次に漫画を使った学習A（話す）のA子の誤用の結果と考察を述べる。

### 6.3.2.2　ステップ1：漫画を使った学習A（話す）の結果と考察

A子が4年生時に行った漫画を使った話す学習4回のうち、授受動詞の誤用・不適格な語用総数は5で、表11に示すように、Acくれる（誤）→あげる（正）が1、Bcくれる（誤）→もらう（正）が3、Dその他の誤用が1である。Bcのうち1例は漫画から発展した会話の中での誤用である。

**表11**　漫画を使った学習A（話す）における誤用数と種類

| 活動# | 誤用数 | （例）誤用の種類 |
|---|---|---|
| 1 | 1 | ⑲Dその他 |
| 2 | 1<br>2 | ⑮Acくれる（誤）→あげる（正）<br>⑯⑰Bcくれる（誤）→もらう（正） |
| 3 | 0 | |
| 4 | 1 | ⑱Bcくれる（誤）→もらう（正） |

以下に誤用例⑮～⑲を詳しく見ていく。

表11の⑮・⑯の誤用は活動#2の漫画「よわむしねえ」を対象とした一連の会話に起きている。この漫画の内容は、クリちゃんが雷を怖がってお母さんの所に走り寄ってくると（一コマ目）、お母さんの方に虫が飛んできて（二コマ目）、お母さんが叫び（三コマ目）、クリちゃんがお母さんの背中にいた虫をとってあげる（四コマ目）という内容である。

下記の誤用⑮Acで、Mの意図は、クリちゃんの視点から「あげる」を使用することであるが、A子は「くれる」と誤用している。(vi)でA子がクリちゃんの視点から「クリちゃんはお母さんに」と言っているため、「（虫をとって）あげました」と続くべきである。しかし、A子は動詞「とった」を使用し、授受動詞を非用している。「とる」の動作主はクリちゃんであるため、授受動詞を使うと「クリちゃんは虫をとってあげました」となるべきであるが、Mの(ノ)「クリちゃんは虫をとって」という「引き出し」にA子は「クリちゃんは虫をとってくれました」とお母さんの視点で答えている。これはMの(ノ)「クリちゃんは虫をとって」に「お母さんに」という受益者の部分が補足されていないからだと思われる。つまり、4コマ漫画の描写の中で、特定の人物に視点を固定できず、クリちゃんからの視点になったり、お母さんからの視点になったりしてい

ることがわかる。このことから、A子は受益者が明示されないとまだ適切な授受表現ができないことがわかる。

⑮ A：(vi)クリちゃんはお母さんに
　M：え？　どういう話？　虫をどうするの？
　A：(vii)とった
　M：そう　(ノ)クリちゃんは虫をとって
　A：クリちゃんは虫を<u>とってくれました</u>
　M：えー　くれましたの時の気持ちは
　A：あ　虫を<u>とってあげました</u>

『クリちゃん〈オレンジの本〉』(根本進著 1978年
さ・え・ら書房) p.37より　©根本進

　下記の例⑯Bcくれる（誤）→もらう（正）の誤用は、⑮と同じ漫画の描写における誤用である。⑮クリちゃんの視点による「あげる」の使用（クリちゃんが虫をとってあげました）と反対に、⑯では、お母さんの視点から「もらう」（クリちゃんに虫をとってもらいました）の使用が正しい。Mは「もらう」の使用を促すため、(ハ)「お母さんはクリちゃんに虫をとって」と発話を「引き出し」ているが、A子は「くれました」と誤答している。そして、(ヒ)でMに「くれる」の使用が正しくないと「否定」されると、(viii)でA子が「あれ？」と発話している。つまり、Mのフィードバックにより、自分が持っている授受表現の知識と正用が違っていること（gap）に気づいたことを示している。

　その後、Mが視点という概念に(フ)「お母さんの気持ち」という語を用い、「お母さんの気持ちになって」と「くれる」の使用を促すと正用に至っている。つまりA子は、「くれる」の視点が「お母さん」にあることを指摘されないと「くれる」と正答できず、「くれる」の視点が受益者にあることを理解していないと言える。

⑯ M：(ハ)お母さんはクリちゃんに虫をとって
　A：<u>くれました？</u>
　M：(ヒ)ぶー　もらいましただよ

A：(ⅷ)あれ？
M：お母さんはクリちゃんに虫をとってもらいましただよ

M：おかあさんは虫をとって
A：お母さんは虫をとってもらいました
M：そうだよ　お母さんは虫をとってもらいましただよ　クリちゃ
　　んにね
A：クリちゃんに
M：虫をとって　お母さんはクリちゃんに虫をとってもらいました

M：(フ)お母さんの気持ちになって
A：はいはい
M：クリちゃんが
A：クリちゃんが
M：虫を
A：虫をとって<u>くれました</u>
M：そう　あーうれしい　ありがと　クリちゃんってことだよ
　　クリちゃんが虫をとってくれました

　上に述べた⑮・⑯の一連のインタラクションから、A子は授受動詞を正しく使うためには、「物の移動の方向」だけでなく、「話者の視点」（誰の気持ちで話すか）についても考えることが必要であると少しずつわかってきたようである。
　以下の⑰（活動#2）Bcくれる（誤）→もらう（正）の誤用例は漫画の内容とは直接関係しないが、漫画から発展した会話における誤用である。Mは(ヘ)のようにA子の発話を「否定」している。このMのフィードバックで、A子は誤用に気づき、自分で正用に至っている。この場合、最初に「誰が誰にゲームを買ったのか」、「誰の気持ちになって言うのか」という二つの点について、A子の理解を確認してから正答を引き出す発話をすることが大切である（徳永 p.c.2012）。

⑰M：私はパパにゲームを買って

第6章　授受表現の学習活動

A：くれました
　　M：㈭ぶー
　　A：あ　もらいましただ

　以下の⑱（活動#4）はBcくれる（誤）→もらう（正）の誤用例である。Mが最初に「パパがお年玉をくれた」を提示してから、㈭「もらいましたのときは？」と「メタ言語的促し」を使って正答である「パパにお年玉をもらった」が表出できるように促すと、A子は「に」と助詞だけで答えている。Mが㋮で文章で答えることを促し、正用である「パパがお年玉をくれました」を提示しているにも関わらず、「私はパパにお年玉をくれました」と誤答し、「授与者＋に〜もらう」という形式がまだ定着していないことがわかる。このような場合も、「誰がくれたの？」「誰にくれたの？」と授与者や受益者を「確認」する必要があるだろう。

　⑱M：パパがお年玉をくれました
　　　㈭もらいましたのときは？
　　A：に
　　M：㋮だから　全部言って　パパがお年玉をくれました
　　A：私はパパにお年玉をくれました
　　　　　　　　　　　　　　　　　　　　　（巻末資料3・M1）

　表11の活動#1Dその他は、下記の漫画「いいことしたよ」の誤用⑲である。この漫画は、クリちゃんが犬が暑がっているのを見て（一コマ目）、自分のかぶっている帽子を犬にかぶせてあげて（二コマ目）、お母さんに自分のしたことを報告し（三コマ目）、一緒にお母さんと犬を見に行ったら、犬が帽子をくわえていた（四コマ目）という内容の漫画である。以下の⑲の誤用は、使役＋授受動詞の形式「かぶせてあげる」が正しく作れないための誤用である。Mが㈢㈣のように「かぶせてあげました」と「正用の提示」をしても、(ix)(x)のように「あっ」と誤用に気づいてはいるが、「かぶさせて」と言い、訂正できない。つまり、自分の誤用に気づいてはいるが、正しい形式を与えられてもその形式を繰り返すことができていない。「かぶせてあげる」という形式がA子にとって新しい形式であると言える。

⑲ M：A子ちゃんの気持ちはそと　ここ　そうすると
A：クリちゃんが犬に帽子を(ⅷ)<u>かぶさせてあげました</u>
M：(ミ)かぶせてあげました
A：(ⅸ)あっ　<u>かぶさせて</u>
M：(ム)かぶせてあげました
A：(ⅹ)あっ　<u>かぶさせて</u>
M：かぶせてあげました

『クリちゃん〈オレンジの本〉』（根本進著　1978年 さ・え・ら書房）p.37より　©根本進

　上記の⑲の場合、使役を表すために、帽子を「かぶせる」（他動詞）と「かぶらせる」（他動詞「かぶる」＋助動詞「させる」）を使うことができる[3]。他動詞「かぶる」は「帽子をかぶる」のように動作が他者に及ばず、自分自身が行為の対象になるため、「かぶる」という動作を他者に働きかけるときは、他動詞「かぶせる」を用いる[4]。したがって(ⅷ)では「クリちゃんが犬に帽子をかぶせてあげました」が正用となる。

　(ⅷ)(ⅸ)(ⅹ)からわかるようにA子は他者へ働きかけを表すために「動詞＋させる」という使役形を用いている[5]。これは自動詞に対応する他動詞がない場合は、自動詞の使役形を用いることを理解していないためである。例えば、自動詞「歩く」は対応する他動詞がないため、自動詞の使役形「歩かせる」を用いる。反対に、自動詞「起きる」は対応する他動詞「起こす」があるため、自動詞の使役形を用いて「起きさせる」とは言わない。⑲の場合、A子に他動詞「かぶせる」を教えていれば、自動詞の使役形「かぶさせる」を使わなかったと思われる（徳永p.c.2012）。

　以上①〜⑲では、A子の誤用について見てきた。次に、A子の授受表現の使用の変化を二つの例をあげて詳しく見てみる。一つは、1回目の学習活動#1では授受表現を使わず、活動#4で授受表現を使うように変化した例、もう一つは、活動#1で非用し、また活動#4でも授受表現の使用をしていない例である。

### 〈授受表現が使えるようになった例〉

まず、授受表現の使用ができるようになった漫画を活動#1から#4まで順に見ていく。

最初に「ぼくにもたせて」という漫画について見る。「ぼくにもたせて」は、クリちゃんが駅でお父さんを待っているとお父さんが人混みの中から鉢植えを持って帰ってくる（一コマ目）、お父さんが鉢植えをクリちゃんに渡し（二コマ目）、クリちゃんが鉢植えを持って歩くが、重たそうに持っているので（三コマ目）、お父さんは鉢植えを持ったクリちゃんをおんぶして家に帰る（四コマ目）という内容である。

以下の1回目の活動#1では、この漫画の描写に授受表現は使われていない。

活動#1
A：ある日　駅で人がこんでいました　お父さんは出口の方に出てからクリちゃんにお花を持ってと言って　わかった　お父さん重いよーってクリちゃんは言ってお父さんはおんぶして帰りましたとさ

『クリちゃん〈オレンジの本〉』（根本進著　1978年 さ・え・ら書房）p.14より　©根本進

2回目の活動#2では、いくつかの漫画について、異なる色つきのマグネットとホワイトボードを使用した。マグネットに受益者や授与者になる人物、例えば「お父さん」「クリちゃん」などを書き、ホワイトボードに文を書きながら、説明を行った。つまり、明示的文法指導（explicit grammar teaching）を行ったことになるが、授受表現、授与者、受益者などの文法的な用語は用いていない。また「視点」という語は使用せず、「気持ち」ということばで話者の視点がどこにあるかを説明した。

以下の活動#2では、下線部（1）（2）（3）のように、クリちゃんはお父さんの花を「もってあげる」を、お父さんはクリちゃんに花を「もたせる」という使役で表し、授受表現を非用している。これは、最初に漫画の

タイトルの「ぼくにもたせて」を見たことが影響していると考えられる。タイトルがA子の表出に影響することが考えられたため、#2以降の活動では、漫画のタイトルを見せないようにした。また＿＿＿部では、「あげる」とするべきところを「もらう」と言いかけているが、Mが「あげました」と正答を書くところを見て自分の誤用に気づき、訂正している。つまり、ここでは自己訂正はできていない。この誤用は、A子が「もらう」と「あげる」の移動の方向が正しく理解できていないためだと考えられる。

活動#2
　M：「ぼくにもたせて」のところ見て　お父さんは…
　A：お父さんは…
　M：なに？
　A：お父さんはクリちゃんにお花を（1）<u>もたせました</u>
　M：お花をあげました
　A：（2）<u>もたせた</u>
　M：あげました
　A：え？　（3）<u>もたせました</u>
　M：「あげる」と「くれる」と「もらう」をやってるんだから
　A：あげました
　M：あげました　クリちゃんは
　A：クリちゃんは
　M：クリちゃんは　にすると
　A：お父さんに花をもらいました
　M：そうだよ　もらいました
　M：お父さんは（「お父さん」と書いてあるマグネットを並べる）
　A：お父さんは
　M：お花を　えーと　クリちゃんに（「お花を」と書く）
　A：クリちゃんに
　M：（「あげました」と書き始める）
　A：<u>もらいま…　あっ　あげました</u>

　M：お父さんはお花を

A：くれました
　　M：クリちゃんにくれました
　　　　お父さんはお花をクリちゃんにあげました
　　　　お父さんはお花をクリちゃんにくれました
　　　　Aの気持ちはクリちゃんにあるんだな

　以下の例では、下線部（4）（5）（6）で示すように、A子は「あげる」と「もらう」では受益者と授与者の位置が反対になることに気づいている。これは、「お父さん」と「クリちゃん」で色違いのマグネットを使ったことや文章をホワイトボードに書くことによって、文中の授与者と受益者の位置がわかったからである。つまり、視覚的な効果によるところが大きく、文法の理解に視覚的な方法を用いることが有効であることが示されている。ホワイトボードに書いて示した内容は、点線で囲んだ部分である。点線内の□の「お父さん」と「クリちゃん」はマグネットで動かすことができるようになっている。

　　M：これはわかる？　Aがやってみて　お父さんは…
　　A：お父さんはクリちゃんにお花をあげました
　　M：そうそう
　　M：じゃもらいました　やって
　　A：クリちゃんは…ん？
　　M：お父さんに（マグネットの「お父さん」を並べる）
　　A：お父さんに
　　M：お花を（ホワイトボードに「お花を」を書く）
　　A：お花を
　　M：もらいました（ホワイトボードに「もらいました」を書く）

　　　　　┌─────────────────────────────┐
　　　　　│ お父さん は　クリちゃん に　お花を　あげました │
　　　　　│ クリちゃん は　お父さん に　お花を　もらいました │
　　　　　└─────────────────────────────┘

　　A：(4)逆ですな
　　M：お父さんはクリちゃんに…だから
　　　　こういうことだよ　お父さんからクリちゃんに

```
         花
お父さん → クリちゃん
```

こういうこと　お花がクリちゃんにいくんだけど…お父さんはクリちゃんに？
A：お父さんは　クリちゃんに　お花を…
M：これと同じことなんだけど…

```
お父さんは　クリちゃんに　お花をあげました
```

クリちゃんは　になると？
A：ん？　クリちゃんは　お父さんに　で（5）反対
M：そう　反対になるの

```
クリちゃんは　お父さんに　お花をもらいました
```

こうなるの　だけど同じことなの
A：(6) 反対だね　逆ね

A：お父さんは　うんとね　クリちゃんにお花をくれました
M：そうそう　そのときAちゃんの気持ちはどこにあるかというと
A：クリちゃん
M：そうそう
A：クリちゃんにありま〜す

　以下の3回目の活動#3では、Mが「くれる」を使用したときの視点の説明をしている。A子は漫画の人物のクリちゃんに共感して下線部（7）のように「くれる」を使用することができている。また下線部（8）のようにMのフィードバック「おんぶして？」という「引き出し」によって「くれる」の正用が導かれている。

活動#3
　A：クリちゃんは
　M：ちがうよ

A：え？
M：Aちゃんがクリちゃんの気持ちになるんだ　Aちゃんほらクリちゃんの気持ちになれる？　クリちゃんになって
A：え？
M：クリちゃんの気持ちになると　もらいましたかくれましただけど？
K：ふんふん
A：お父さんに？　あ　お父さんが…ぼくに
M：そうだよ
A：(7) お花を<u>くれました</u>
M：そうです　そうです　ここは？（漫画の４コマ目を指す）
A：お父さんがぼくをしょってかえって…
M：これ何してるの？
A：おんぶしてるの
M：そうだから　おんぶ　して？
A：(8) <u>くれました</u>

　4回目の活動#4では、以下の例の下線部(9)(10)が示すように、授受表現を使用している。ただし、A子は(9)「あげる」と(10)「もらう」を使用しているが、「くれる」を使用していない。つまり漫画の内容を第三者的な立場から描写しているが、「くれる」を用いたクリちゃんの視点から描写していない。上記の例、3回目の学習活動#3では、クリちゃんの気持ちを「くれる」を使って言うことができたが、4回目の学習活動#4では、「くれる」を使用していないことから、「くれる」が使えたり、使えなかったりしていて、「くれる」の習得に時間がかかることが示されている。

　活動#4
　　A：ある日　駅に出口に行くとき　たくさんの人がこんでいましたで　お父さんはせまくて　駅に出たときにクリちゃんにこのお花 (9) <u>あげる</u>よと言ってクリちゃんは喜んでいましたでも持って帰って　行く<u>と</u>中　帰る<u>と</u>中にクリちゃんは花が重

かったので お父さんにおんぶして（10）もらって帰りました
M：そうだよ

〈授受表現が使えない例〉

次に、最初の活動#1で授受表現の使用がなく、4回目の活動#4でも授受表現を使用しなかった「記念写真」という漫画の例について見る。「記念写真」は、クリちゃんが写真屋さんが記念写真をとっているのを見て（一コマ目）、お父さんに写真をとりたいとせがむと（二コマ目）、お父さんは写真屋さんにお金を払うが（三コマ目）、写真屋さんではなく、クリちゃんが写真をとる（四コマ目）という内容である。

最初に行った活動#1では、以下のように授受表現が使われずに描写されている。

活動#1
ある日 みんなで散歩に行っていると カメラがありました
クリちゃんは写真をとりたいよ～って言って
カメラを取りに行きました
それで カメラのおじさんは
じゃ あそこにならんで と言いました
そしてクリちゃんはカメラをいじっていましたとさ

『クリちゃん〈オレンジの本〉』（根本進著 1978年 さ・え・ら書房）p.7より ©根本進

2回目の活動#2では、Mが視点について「気持ち」ということばを用いて説明している。(11)ではMがお父さんとお母さんの視点で描写するように指示しているがA子は（12）のように気持ちが「写真」にあると答え、気持ちのある場所、つまり視点の位置を理解していない。しかし、(17)でMが視点の位置を尋ねるとA子は（18）のように視点がお母さんにあると正しく答えている。このような場合、＿＿のように誰が誰の写真をとったのか明示することで、A子が誰の気持ちになるか明確にすることができる（徳永 p.c.2012）。

第6章 授受表現の学習活動

また、(13) や (15) のように、Mが「引き出し」のフィードバックを与えると、A子は (14) のように迷ってはいるが、「もらいました」という正用に至り、(16) では「あげる」が導かれている。このことから、A子の正用を導くには、Mの「引き出し」が有効であることが示されている。その他、(19) のような「メタ言語的促し」によって、(20) のように正しい助詞が答えられている。

活動#2
　　M：(四コマ目を見ながら)(11) お父さんとお母さんの気持ちになって
　　A：(写真をとって) あげました
　　M：そうそのとき気持ちはどこにあるか知ってる？
　　A：(12) 写真…
　　M：ちがうよ
　　A：ああ

　　M：<u>クリちゃんが写真をとってあげました</u>　クリちゃんの気持ちになってないじゃん
　　A：クリちゃんに
　　M：(13) クリちゃんに写真をとって
　　A：(14) <u>あげ　くれました　あ　クリちゃん　もらいました</u>

　　M：クリちゃんが
　　A：が
　　A：(15) 写真をとって
　　A：(16) <u>あげました</u>
　　M：そう　じゃくれましたは？
　　A：くれましたは
　　M：クリちゃんが写真をとってくれました　そのときの気持ちは？
　　　　Aちゃんのきもちは？
　　M：<u>クリちゃんが写真をとってあげました</u>
　　A：クリちゃん

M：クリちゃんが写真をとって、ちょっとまって、クリちゃんが写
　　　　真をとってくれましたのときに気持ちはここにないんだけど誰
　　　　の気持ちになってるの？
　　　　（17）クリちゃんが写真をとってくれましたのときの気持ちは
　　　　どこにあるかわかる？
　　A：（18）お母さん？
　　M：そう　お父さんとお母さん
　　　　お父さんとお母さんの気持ちになって見てみて
　　A：うーん
　　M：そうするとクリちゃんが写真をとってくれました　わかった？
　　　　（19）もらいましたのときは？
　　A：（20）<u>に</u>
　　M：クリちゃんに写真をとってもらいました

　「記念写真」を使った3回目の活動#3では、以下に示すように、Mが
お父さんとお母さんの気持ちになるように促しても、A子は授受表現を
使っていない。また、（21）ではMが「引き出し」のフィードバックを
与えると（22）「くれる」と答えている。このことから、A子はまだ視点
の理解と「くれる」の使用が十分に理解できていないと言えるだろう。
これは、上記の会話でMがA子に「誰の写真をとるか」について確認し
ていなかったためだと考えられる。クリちゃんがお母さんの写真をとる
ことが確認できれば、「くれました」を使用したときの気持ちは、お母さ
んにあることが理解できると思われる。このような場合、誰が誰の写真
をとったのかを明確にしなければ、A子は混乱することになる（徳永
p.c.2012）。

　活動#3
　　M：そうです　これもくれました　これは？　じゃあお父さんとお
　　　　母さんの気持ちになってここは言える？
　　A：カメラをいじっていました
　　M：ううん（21）写真をとって？
　　A：（22）<u>くれました</u>

4回目の活動#4では、#1と同様にMがフィードバックを与えず、A子が漫画を描写したところ、以下に示すように授受表現を使用しなかった。

活動#4
    A：ある日　三人　家族で散歩していると　クリちゃんは写真をとっていることが　楽しそうで　お母さんたちに写真をとりたいって言って　で　お金を払って　カメラのおじさんは　あそこにならんでって言って　お母さんとお父さんはならんで　クリちゃんは写真をとって遊んでいました

以上に述べたように、活動#1〜#4の「記念写真」を使った漫画の描写で、1回目と4回目の描写の仕方を比較すると、両方とも授受表現が使用されていない。#2と#3の活動で、(13)(15)(21)のMの「引き出し」によって正用が導かれ、(19)の「メタ言語的促し」によって(20)のように正しく答えられていても、4回目の活動で授受表現を使用していないことから、A子はまだ、授受表現が自然に使えるようになっていないことが示されている。

本項では、漫画を使った学習A（話す）のA子の誤用例を見てきた。次に、同じ漫画を使って描写をした場合、書きことばではどのような誤用が見られるかを比較するため、次項では、漫画を使った学習B（書く）について述べる。

### 6.3.3　ステップ1：漫画を使った学習B（書く）

本項では、A子が4年生時に行った学習活動ステップ1の漫画を使った学習B（書く）について述べる。

授受動詞の使用は、話者の視点がどこにあるかによって、「XはYにあげる」「XはYにくれる」「YはXにもらう」などの使い分けが必要である。4コマ漫画を使用した理由は、ストーリーの流れがわかることでA子の視点がどこにあるのか、またその視点から適切な使用ができているかを確認することができるからである。そして、A子の誤用が話しことばと書きことばで異なるかどうかを調べるために、漫画を使った学習B

（書く）では、A子に書いて描写させ、授受表現の誤用を比較した。

#### 6.3.3.1 方法

漫画を使った学習B（書く）では、4コマ漫画を見ながら空白の吹き出しにセリフを入れ、漫画を見て状況を説明させる活動を全部で2回行った（使用した漫画は巻末資料3を参照）。また、同一の漫画でも「〜があげる」「〜がくれる」「〜にもらう」など異なった言い方で表現できるため、それぞれの形式が定着するようにドリル的な練習も行った。例えば、一つの漫画を見ながら「XはYにあげた」「YはXにもらった」などの練習である。1回の学習時間は15分を目安としたが、実際には、10分〜25分の開きがあった。教材として使用した漫画は「漫画を使った学習A（話す）」と同じ漫画であり、巻末資料の番号（3-M1）のように記す（巻末資料3を参照）。

次に漫画を使った学習B（書く）の誤用の結果と考察について述べる。

#### 6.3.3.2 漫画を使った学習B（書く）の結果と考察

漫画を使った学習B（書く）のA子の授受表現の誤用を表12に示す。授受表現の誤用・不適格な語用総数は2で、Aaあげる（誤）→くれる（正）が1、Dその他が1だった。

表12 漫画を使った学習B（書く）における誤用数と種類

| 活動# | 誤用数 | （例）誤用の種類 |
| --- | --- | --- |
| 1 | 0 | |
| 2 | 2 | ⑳Aaあげる（誤）→くれる（正） |
| | | ㉑Dその他 |

表12の活動#2⑳の誤用例は、以下に示したように、Aaあげる（誤）→くれる（正）の誤用で、「くれる」と書くべきところを「あげる」と書いた誤用である。⑳の場合、「パパが私にお年玉をくれました」が正用であるが、「あげました」と誤用している。つまり、お年玉がパパ→私（A子）を示す移動の方向は正しくても、「くれる」が持つ基本義である「他者への感謝や嬉しい気持ち」を理解していないことがわかる。この活動#2

は、学習活動ステップ1の全15回行った学習活動のうちの9回目であり、この時点で既に自由会話を6回、漫画を使った学習A（話す）を1回終えている。したがって、A子の授受表現の問題点は、他者への感謝や嬉しい気持ちを表す「くれる」の意味理解が不十分であることだと言える。

⑳パパが私に　お年玉をあげました　　　　　　　　　　　　(3-M1)

最後に、表13の活動#2の㉑D「その他」の誤用例は、6.3.2.2で述べた漫画を使った学習A（話す）の誤用例⑲と同様に、使役動詞に関する活用の誤用である。⑲の誤用では、帽子を「かぶせる」と「かぶる」の理解が不十分であり、「かぶさせてあげた」と誤用していた。この㉑では、形式的には、「かぶって＋あげる」ではなく、「かぶせて＋あげる」が正しい。「かぶって＋あげる」は動作が他者に及ばず、自分自身が行為の対象になり、「かぶる」という動作を他者に働きかけるときは、「かぶせる」を用いる。また寒がって震えている他者に布団を「かぶせる」というよりも、布団を「かける」という動詞の方が適切であり、「かける」を教える必要がある。つまり、A子は「かぶる」という動詞の意味理解も不十分であると言える。

㉑Hちゃんは　その様子に気づき　おしいれの中から　ふとんを取りだして　Hちゃんにかぶってあげたら　あたたかくなりました　　　　　　　　　　　　　　　　　　　　　　　　(3-M4)

以上、漫画を使った学習B（書く）の誤用⑳・㉑について見た。漫画を使った学習活動B（書く）は、学習の回数が少なかったため誤用数が少なく、比較することは難しいが、「くれる」の理解が難しいことが示されている。しかし、学習B（書く）の誤用はAa「あげる」（誤）→「くれる」（正）の誤用であり、自由会話や漫画を使った学習A（話す）で多い誤用Ba「もらう」（誤）→「くれる」（正）と異なっていた。つまり、話しことばと書きことばの誤用は、必ずしも同じような傾向があるとは限らないと考えられ、書きことばでの学習の必要性も示された。

次項では学習活動ステップ1で行った自由会話、漫画を使った学習A

(話す) B（書く）における A 子の誤用の問題点や習得の過程についてのまとめを述べる。

### 6.3.4　学習活動ステップ1の考察

本項では、A 子が 4 年時に行った学習活動ステップ 1（全 15 回）における授受表現の誤用と習得過程についてのまとめを述べる。

学習活動ステップ1では、自由会話、漫画を使った学習 A（話す）B（書く）を行った。以下の表 13 で、これら 3 種類の学習活動ステップ 1 の誤用例を分類したものを示す。誤用の種類は、6.1 の表 9「誤用の分類」に基づいている。

**表13**　学習活動ステップ1における誤用・不適格な語用

| （例）誤用の種類 | 回数 |
|---|---|
| Aa あげる（誤）→くれる（正） | 3 |
| Ab あげる（誤）→もらう（誤）→くれる（正） | 1 |
| Ac くれる（誤）→あげる（正） | 1 |
| Ba もらう（誤）→くれる（正） | 9 |
| Bb もらう（誤）→あげる（誤）→くれる（正） | 0 |
| Bc くれる（誤）→もらう（正） | 1 |
| Ca あげる（誤）→もらう（正） | 0 |
| Cb もらう（誤）→あげる（正） | 1 |
| D その他 | 3 |
| 合計 | 19 |

表 13 が示すように、学習活動ステップ 1 の全体における授受表現の誤用総数は 19 である。そのうち、Aa あげる（誤）→くれる（正）が 3、Ab あげる（誤）→もらう（誤）→くれる（正）が 1、Ac くれる（誤）→あげる（正）が 1、Ba もらう（誤）→くれる（正）が 9、Bc くれる（誤）→もらう（正）が 1、Cb もらう（誤）→あげる（正）が 1、D その他が 3 だった。これらの誤用数を見ると、「あげる」（正）とするべき誤用（Ac・Cb）が 2、「もらう」（正）とするべき誤用（Bc・Ca）が 1、「くれる」（正）にするべき誤用（Aa・Ab・Ba・Bb）が 13 であることがわかる。つまり、授受表現の誤用では、「あげる」が正答となる誤用が 2、「もらう」が正答となる誤用

が1であるが、「くれる」が正答になる誤用は、13と最も多い。したがって、A子の授受表現の使用における問題点は主に「くれる」にあり、「くれる」の持つ基本義「話者以外の物から話者／ウチの者への授与と感謝を示す」という意味概念の理解が不十分であると考えられる。

　MとA子のインタラクションを見ると、Mのフィードバックによって A子が自分の誤用に気づき、正用に至っている。学習活動ステップ1のA子は、(ア)(イ)(オ)のように、授与者・受益者を「補足・確認」するフィードバックを与えると、正用に至っている。また、(8)(14)(16)(22)に見られるように、Mの「引き出し」によって正しく答えている。しかし、多くの場合、A子は「もらう」でなければ「くれる」と答え、消去法という方略を用いている。また、誤用例⑦⑮のように、授受表現の使用を避ける非用も見られる。しかし、学習を重ねると、Mの「ううん」という「否定」や「え？」という「聞き返し」のフィードバックだけで、正用に至るようになった。また誤用例⑤⑭のように、誤用に気づき自分の理解と正用を比較し検証を行っている様子が観察できる。学習活動では、Mがさまざまなフィードバックを用い、A子に「気づき」を促し、正答に導いている。特に「引き出し」や「補足・確認」は、効果があることが示された。

　また、漫画を使った学習A（話す）では、誤用例⑮⑯のように、漫画の登場人物に視点を固定することができず「くれる」を適切に使用できなかった。漫画「記念写真」を使った学習からは、視点の位置を理解していないことがわかる。自分が直接関与しない状況を適切に説明するためには、視点の理解と特定の登場人物に視点を固定し、授受表現を使用する必要があるだろう。

　さらに、漫画を使った学習B（書く）では、誤用例⑳のように「くれる」とするべきところを「あげる」と答えている誤用も見られた。しかし、話しことばにおいては、「くれる」とするべきところを「もらう」とした誤用が多く、「あげる」に関する誤用は少なかった。これらのことから、話しことばと書きことばの両方での学習の必要性が示された。

　次節では、学習活動ステップ1で行った自由会話、漫画を使った学習A（話す）、漫画を使った学習B（書く）の評価について述べる。

### 6.3.5 学習活動ステップ1の評価

　学習活動ステップ1の効果として、毎年K県の人工内耳友の会ACITA小児部で実施している教研式読書力診断検査を指標とする予定であった。しかし、2011年3月11日に起きた東日本大震災の影響により実施が見送られたため、学習活動ステップ1の効果は評価できなかった。

　学習活動ステップ1の終了後、A子の自発的な会話からは授受表現の誤用は観察されなかった。また、学習活動ステップ1が終了して50日後に、A子が授受表現を正しく使用できるか意図的に確認したところ、まだ確実に定着していないが、自己訂正できるまでに至っていることが以下の会話から観察された。

　　M：（A子が着ているTシャツを指して）これ　どうしたんだっけ？
　　A：おばあちゃんがもらった？　ん？　おばあちゃんにもらった
　　M：おばあちゃんが？
　　A：おばあちゃんがくれた

　学習活動ステップ1では、A子が授受表現をMのフィードバックによって正しく使えるようになってはいるものの、まだ誤用が見られ、授受表現が完全には定着していないことが明らかになった。特に、授受動詞「くれる」の誤用が多いため、「くれる」の持つ他者への感謝の意味と話者の視点を学習する必要性があった。また「話す・聞く」活動が中心で、「読む・書く」活動が少なかった点を踏まえ、A子が5年生時には、学習活動ステップ2として、自由会話、リーディング、ライティングを行った。次節では学習活動ステップ2について述べる。

### 6.4　学習活動ステップ2（5年生時）

　A子が5年生時に行った学習活動ステップ2では、自由会話、リーディング、ライティングの学習を行い、授受表現の中でも特に学習活動1で誤用が多かった「くれる」の習得を目的とした。

　学習活動ステップ2のための教材を探していたところ、聴覚障害児の言語習得のための教材として『レベルアップ―対人関係スキルアップのためのトレーニングシート』（ことばと教材出版、2005）を勧められた（前田

p.c.2011)[6]。実際に、この教材を使用してみると、授受動詞の置き換え練習が主で、A子が「簡単でつまらない」と興味を示さなかったため、楽しく学習することができるような教材を考案した。

自由会話では、「くれる」の基本義である感謝の気持ちと言語形式が一致することを目指し、リーディングでは、授受動詞の視点を理解できるように、『ニッセのポック』(オーレ・ロン・キアケゴー 2006) という一冊の本を完読した[7]。さらに、ライティングでは、機械的なドリル練習は行わず、A子の体験や身近な話題の内容に関する質問に答えさせる課題を行った。

本節では、6.4.1で会話の学習、6.4.2でリーディング、6.4.3でライティングについて述べる。

### 6.4.1　ステップ2：自由会話

本項では、A子が5年生時に行った学習活動ステップ2の自由会話について述べる。自由会話では、他者への感謝の気持ちが「くれる」を使って表現することを目的とした。

6.4.1.1で学習の方法、6.4.1.2で結果と考察について述べる。

#### 6.4.1.1　方法

自由会話の活動は、A子とM(筆者)との一対一で合計6回行った。そのうちの2回は、A子の妹の装用児K子が加わった。活動時間は、5～10分を目安とし、会話の内容は、ICレコーダーに録音した。会話は身近な内容で、A子が授受表現を使えるように、意図的に誘導しながら行った。特に、「くれる」が恩恵、感謝を表すときに使用する表現であることがわかるように、会話の導入や途中で「今日一日で、嬉しかったことがあったら教えてください」という質問をした。この質問は、他者の厚意に対して感謝の気持ちを確認し、自分が他者にしてあげて嬉しかったという感情を認識させるためである(徳永p.c.2011)。

次に自由会話におけるA子の授受表現の誤用について見ていく。

#### 6.4.1.2　自由会話の結果と考察

A子が5年生時に行った自由会話の活動6回のうち、授受動詞の誤

用・不適格な語用総数は1だった。表14に示すように、誤用の種類はBc（あ）くれる（誤）→もらう（正）である。

**表14** 会話活動における誤用数と種類

| 活動# | 誤用数 | （例）誤用の種類 |
|---|---|---|
| 1 | 0 | |
| 2 | 0 | |
| 3 | 1 | （あ）Bcくれる（誤）→もらう（正） |
| 4 | 0 | |
| 5 | 0 | |
| 6 | 0 | |

　表14の活動#3の誤用（あ）Bcくれる（誤）→もらう（正）は、Mが最初に「昨日のことを思い出して、何か嬉しかったことがあったら言ってください」と質問したときの会話である。Mが(ア)で正用「お母さんに連れていってもらった」という表出を「引き出し」ているのに、A子が「くれた」と誤答している。さらに、Mが(イ)「うん？」と「聞き返し」のフィードバックを与えると誤用に気づいている。その後Mが(ウ)(エ)で発話を途中で止め正用を「引き出し」ている。つまり、A子は6.3で述べた学習活動ステップ1で使っていた消去法の方略を学習活動ステップ2でも用いている。

(あ) A：ココスに行けたの
　　 M：ココスに行けたこと？
　　 A：うん
　　 M：(ア)お母さんにココスに連れていって？
　　 A：くれた
　　 M：(イ)うん？
　　 A：もらった
　　 M：うん　(ウ)お母さんが連れて行って
　　 A：くれた
　　 M：たこと　(エ)お母さんに連れてって？

A：もらった

　自由会話の学習活動では、授受表現の習得のために、「今日一日で、嬉しかったことがあったら教えてください」という導入で行った。これは、体験を共有していない他者に情報や自分の気持ちを伝える練習になる。また、一日の体験を話すことは、装用児の体験に密接であり、言語形式と装用児の感情が一致していて効果的であると思われる。
　しかし、自由会話では、A子が授受表現を使わずに表現することも可能であるため、授受表現の使用が少なくなってしまった。また会話のトピックが次々に変わってしまうことから、会話の進行と授受表現が多く使われるように配慮する必要があった。また、自由会話では、視点によって授受動詞を使い分けるということが十分に学習できなかったため、視点の理解を目的に、リーディングを行うことにした。
　次項では、リーディング活動におけるA子の授受表現の誤用について見ていく。

### 6.4.2　ステップ2：リーディング

　本項では、A子が5年生時に行った学習活動ステップ2のリーディングについて述べる。リーディング活動では、読むことを通して授受表現を習得することを目標とした。日本語では、視点の基本は、自分（ウチ）であり、自分を取り巻くソトの世界の事象や現象は、自己のウチからの視点で把握する。物語を読んで、漫画を描写するときには、登場人物の視点から授受動詞を使用する必要がある。そこで、学習活動ステップ2では、ステップ1で使用した4コマ漫画よりも大きなコンテクストの中で授受表現が学習できるように、一冊の本を教材にして物語を完読した。6.4.2.1では、リーディングの学習方法、6.4.2.2では、結果と考察について述べる。

#### 6.4.2.1　方法

　学習活動ステップ2のリーディング活動は合計11回行い、教材として物語『ニッセのポック』を完読した。ニッセとは、デンマークで親しまれている妖精である。『ニッセのポック』の内容は、主人公「ぼく」がク

リスマスの前におじいさんの家に滞在し、主人公「ぼく」の経験やポックのいたずらを描いたものである。この本は、日記形式で12月1日から始まり、子どもがクリスマスを楽しみにしながら12月24日まで、1日ずつ読めるようになっている。

　リーディング活動では、この本を使用し、1回に2、3日分の日記を読んだ。その方法は、まず、あらかじめ、文章中の授受表現の部分を見えないように隠し、M（筆者）が物語を音読した。A子はMの音読を聞きながら、一緒に文字を目で追った。そして、授受表現が使用されている箇所に来たとき、「あげる」「くれる」「もらう」のどれが入るかをA子に質問した。文章中には「やる」が使われている場合も8箇所あったが、「あげる」と答えれば正答とし、毎回、人間が動物に何かを与えるときなどには「あげる」の代わりに「やる」が使われていることを説明した。また同じ課題を健聴児Hにも行った。

　次にリーディング活動におけるA子の授受表現の誤用について見ていく。

### 6.4.2.2　リーディングの結果と考察

　リーディングの教材『ニッセのポック』で使用されている授受動詞は、「あげる／やる」が27、「くれる」が42、「もらう」が13で、授受動詞の総数は82だった。そのうち授受動詞の誤用・不適格な語用総数は表15に示した。表15の#は教材『ニッセのポック』の日記12月1日から12月24日の日付の番号を表している（#1は12月1日の日記を示す）。

　表15が示すように（い）〜（し）の11のうち「もらう」が正答となる誤用は1、「くれる」に関する誤用は10だった。正答に導かれるまでの誤用の過程から分析すると「くれる」が正答となるべき、Aaあげる（誤）→くれる（正）が4、Abあげる（誤）→もらう（誤）→くれる（正）が3、Baもらう（誤）→あげる（誤）→くれる（正）が1、Bbもらう（誤）→くれる（正）が2だった。「もらう」に関する誤用は、Caあげる（誤）→もらう（正）が1だった。

　また同じ課題を行った健聴児Hの誤用は、A子の誤用と同じ箇所である（い）Aa、（さ）Bb、（し）Caの3例とBcの1例で合計4だった[8]。

表15 リーディング活動における授受動詞数と誤用数・種類

| # | あげる やる | くれる | もらう | 誤用数 | (例) 誤用の種類 |
|---|---|---|---|---|---|
| 1 | 2 | | | | |
| 2 | 3 | 1 | 1 | | |
| 3 | 2 | 4 | | | |
| 4 | 1 | 1 | | 1 | (け)Baもらう(誤)→あげる(誤)→くれる(正) |
| 5 | | | 1 | | |
| 6 | | 3 | 2 | | |
| 7 | 5 | 6 | 1 | | |
| 8 | | | | | |
| 9 | | 1 | | | |
| 10 | 2 | 4 | 1 | 2 | (い)Aaあげる(誤)→くれる(正)<br>(さ)Bbもらう(誤)→くれる(正) |
| 11 | 1 | | | | |
| 12 | 3 | 2 | 2 | 1 | (お)Aaあげる(誤)→くれる(正) |
| 13 | | 5 | 1 | 3 | (か)Abあげる(誤)→もらう(誤)→くれる(正)<br>(う)Aaあげる(誤)→くれる(正)<br>(き)Abあげる(誤)→もらう(誤)→くれる(正) |
| 14 | 1 | | | | |
| 15 | | | 1 | 1 | (し)Caあげる(誤)→もらう(正) |
| 16 | | | | | |
| 17 | 1 | 1 | | 1 | (え)Aaあげる(誤)→くれる(正) |
| 18 | | 3 | | | |
| 19 | 1 | 2 | 1 | | |
| 20 | 3 | 1 | 1 | | |
| 21 | | 2 | | | |
| 22 | | | | | |
| 23 | 1 | 5 | | 2 | (く)Abあげる(誤)→もらう(誤)→くれる(正)<br>(こ)Bbもらう(誤)→くれる(正) |
| 24 | 1 | 1 | 1 | | |
| 合計 | 27 | 42 | 13 | | Aa 4・Ab 3・Ba 1・Bb 2・Ca 1 |
| 総数 | | | 82 | 11 | |

以下にA子の授受表現の誤用について詳しく見ていく。(い)〜(こ)の例における斜字体は物語を読んでいる部分である。

表15のAaのあげる（誤）→くれる（正）は（い）#10、（う）#13、（え）#17、（お）#12における4例の誤用である。

　下記の（い）#10の誤用は、A子と同じ方法でリーディングの課題を行った健聴児Hも誤用だった。（い）（う）ともニッセから子どもたちにプレゼントが移動することを描写するには「あげる」で間違っていない。しかし、その場合、A子の視点は授与者のニッセにあることになる。（い）（う）の場合、物語の話し手である「ぼく」は、プレゼントをもらえる「子どもたち」の一人であり、「ぼく」の視点は受益者の「子どもたち」にある。つまり、A子はニッセからプレゼントが子どもたちへ移動することを第三者同士の物の移動として捉え、「あげる」と答えている。これは、A子が物語の語り手「ぼく」の立場に立って物語を読み、さらに「ぼく」が「子どもたち」の一人として語っているということを理解していないことを示している。

（い）M：ニッセはすごくいい人で、小さな子どもたちにプレゼントをたくさん（　　　）って書いてあった。(p.55)
　　A：<u>あげる</u>
　　M：ううん
　　A：<u>くれる</u>

（う）M：でもどうやら、うちのニッセのポックは、子どもたちにプレゼントを（　　　）ようなニッセではないらしい。(p.72)
　　A：<u>あげるような</u>
　　M：くれる　くれるようなニッセではないらしい

　下記の（え）#17では、Mが「思い起こさせてくれた」という文章を読み終わらないうちからA子が発話しているが、Mが（　）を含む文章を「繰り返し」すると正しく答えている。

（え）M：ほんの少し、夏を思い
　　A：思い込んであげ…
　　M：思い起こさせて（　　　）からねえ。(p.96)

　　　　A：させてくれるから　くれるでいいのに

　下記の（お）#12のような「くれる」の使用では、恩恵の授受を表す「くれる」が不利益をもたらす意味を表す。（お）の場面は、ブタがニッセのポックを相手に話しているところである。ブタはポックから、自分の仲間のブタに対してひどい扱いをした人間の話しを聞き、仕返しにその人間に対していたずらをしたかどうかをポックに確認している場面である。A子は最初に「あげた」と答えている。つまりA子の視点はニッセにある。Mが(オ)「いたずら」であることを確認すると「くれる」と正答している。

（お）M：ちゃんとそいつらに、仕返しのいたずら、
　　　　　しておいて（　　　）んだろうな。(p.69)
　　　A：あげたんだろうな
　　　M：うん(オ)いたずら　だからしておいて
　　　A：くれたんだろうな

　表15の誤用Abのあげる（誤）→もらう（誤）→くれる（正）は、以下に示す（か）#13・（き）、（く）#23で、最初に「あげる」と誤答し、次に「もらう」と誤答し、最後に「くれる」と正答した例である。
　（か）#13は、（お）#12の「いたずら」と同様に、利益や恩恵ではなく不利益を受けるという意味の「くれる」である。A子は、動作主ニッセの視点から「あげる」「もらう」と誤答しているが、Mが(カ)で直前の文章を「繰り返し」することによって、「あげる」「もらう」ではないから「くれる」と消去法で答えている。

（か）M：こうしてぼくは、クリスマスにはニッセのポックがとびきり大
　　　　　きないたずらをしかけるのをゆるされていることを知った。
　　　　　いたずらくらい、どんどんして（　　　）いい。(p.72)
　　　A：あげて　もらって
　　　M：いたずらぐらいどんどんして、なんとか、ていい
　　　　　A：うーん

180

M：(カ)いたずらぐらいどんどんして
A：<u>くれて</u>
M：うん　くれていい

　下記（き）#13も（か）と同様に動作主であるニッセの視点で「あげる」と誤答し、Mが(キ)(ク)(ケ)のような「繰り返し」のフィードバックを与えることで、消去法を用いながら正答している。

（き）M：本には、ニッセが夜のあいだにえんとつからやってきて、子どもたちにプレゼントをおいていって（　　　）って書いてあったけど、そんなのどこかのだれかがでっちあげた、うそなのかもしれない。(p.72)
　　　A：<u>あげる？</u>　おいていって…
　　　M：(キ)おいていって
　　　A：<u>もらう？</u>　もら…
　　　M：(ク)なんとか、るって書いてあるけど
　　　A：<u>あげる</u>　って？
　　　M：(ケ)プレゼントをおいていって？
　　　A：<u>くれる？</u>

　以下（く）#23も同様に、消去法で正答に至っている。(コ)でMが少し前の文章から読み直しても誤答している。これは「くれる」の授与者が読み直した部分からでは、わからないからである。(サ)でMが再び授与者を含む少し前の文章から読み聞かせると「くれた」と正答に至っている。

（く）M：三人とも、おいしそうなものがぎっしりつまった、大きな袋を（　　　）。(p.131)
　　　A：<u>あげた？</u>
　　　M：聞いてた？　ちゃんと？
　　　　　(コ)（少し前から読む）三人とも、おいしそうなものがぎっしりつまった、大きな袋を（　　　）。
　　　A：あげ、<u>もらったの？</u>

第6章　授受表現の学習活動

M：㈹それからぼくは、マチルダさんと、のっぽのカールさんと、ツルツル頭のニルスさんのところに急いだ。三人とも、おいしそうなものがぎっしりつまった、大きな袋を（　　　）。
　　　A：<u>くれた</u>

　このように、㈹㈱㈲の3例ともA子は動作主に視点を置いて「あげる」と誤答し、「あげる」でなければ、「もらう」と答えている。またMのフィードバックによって、「もらう」でなければ「くれる」という消去法を用いている。一度で正答に至らないのは、A子が動作主に視点を置き、物語の語り手である「ぼく」の視点で捉えていないためである。またMが物語の文章を読み直す「繰り返し」のフィードバックしか与えておらず、このような場合、授与者や受益者が誰であるか、「補足・確認」のフィードバックを用いる方が有効であったと思われる。
　以下の㈱#4Baは、もらう（誤）→あげる（誤）→くれる（正）という順で正答に至る。A子は(i)(ii)で2回「もらう」と間違えた後、Mが㈲で再び文章を読み直している。A子は、Mの読んでいるところが「見えないです」と言って、文章の内容を視覚的に確かめていても(iii)で「もらう」と誤答している。そして、Mが㈲で再び少し前から文章を読み返すと「あげる」と誤答し、最後にM㈲の「聞き返し」のフィードバックから「くれる」が導かれている。つまり、「もらう」でなければ、「あげる」、「あげる」でもないので「くれる」と消去法で正答に至り、この例でもA子にとって「くれる」の意味理解が難しいことを示している。このような場合、Mが㈲や㈲で「誰が誰をあちこち連れて行ったの？」と聞くことが必要である。その上で、「A子は誰の気持ちで言うの？」と聞いて答えさせることが有効である（徳永 p.c.2012）。

㈱M：おじいちゃんは、ぼくをあちこち連れて行って（　　　）。(p.24)
　　A：(i)<u>もらって？</u>
　　M：行って
　　A：(ii)<u>もらって？</u>
　　M：㈲ううん
　　　　おじいちゃんはぼくをあちこち連れて行って（　　　）。

A：見えないです（Mの手に隠れていた部分の文字を指して）
　　M：連れて行って
　　A：(iii)もらって？
　　M：(ス)おじいちゃんはぼくをあちこち連れて行って（　　　）。
　　A：あげた
　　M：(セ)（沈黙）ん？
　　A：くれた

　以下の（こ）#23Bbもらう（誤）→くれる（正）の誤答では、Mが(ソ)(タ)のように該当箇所を読み返すと「もらったの？　くれた？」と自己検証している。最後には「あげ、くれた！」と自己訂正して正答に至ったことから、この例では、「もらう」ではないから「くれる」、という消去法ではなく、「もらうかな？　くれるかな？」というA子自身による検証が行われていることが示されている。この場合、A子の気持ちが「おじいさん」にあれば、「あげる」と答えることも考えられる。そのため、MはA子の気持ちがどこにあるか確かめ、「誰が誰にベツレヘムの星と羊飼いの話をしたの？」と確認する必要がある（徳永p.c.2012）。

（こ）M：おじいちゃんはベツレヘムの星と羊飼いの話をして（　　　）。
　　　（p.132）
　　A：なに？　話をして
　　M：(ソ)おじいちゃんはベツレヘムの星と羊飼いの話をして
　　A：もらったの？　くれた？
　　M：(タ)おじいちゃんはベツレヘムの星と羊飼いの話をして
　　A：んー　あげ　くれた！

　以下の誤用例（さ）#10では、A子だけでなくMや健聴児Hも同じように誤答している。物語の内容を確認すると、主人公の「ぼく」が頼んでもいないのにニッセが故障していた自動車を修理してくれたという内容である。この場合、受益者が依頼をした場合の恩恵の意味を持つ「もらった」よりも、相手の厚意による恩恵の意味を持つ「くれた」の方が適切であると思われた。

第6章　授受表現の学習活動

(さ) M：このあいだ、車をなおして（　　　）。(p.56)
　　A：くれた
　　M：そう　くれた　あ　直してもらったって書いてある

　以下の（し）#15のように、主語が省略されていて文章中に明記されていない場合は、主語は誰か、授与者は誰か、理解していなければ正答できない。（し）では、A子は最初「あげた」と答えている。しかしMが㋩「誰が？誰に？」と授与者と受益者が誰になるか「確認」する質問をしたところ、「おじいちゃんが、手伝ってもらっ…ん？」と内容を確認している。つまり、Mの授与者・受益者を「確認」する質問によって、A子が自分の誤用に気づいている。
　また（し）では、健聴児Hも「あげる」と答え、誤答だったが、Hは「もらう」が正答だと聞くと「ああ、男の子のことだったのか」と授与者と受益者を取り違えていたことに気づいた。（し）で「もらう」を導くためには、A子を物語の中の「ぼく」に共感させるようにしてから進めることが必要である（徳永p.c.2012）。例えば、「「ぼく」は、ねずみとりに指を挟まれて痛かったよね」と確認するなど、A子の気持ちを「ぼく」に引き寄せることが重要である。

(し) M：ネズミとりから指をはずすのを手伝って（　　　）。(p.87)
　　A：あげた？
　　M：㋩誰が？　誰に？
　　A：おじいちゃんが　手伝ってもらっ…ん？
　　M：ああ　おじいちゃんは手伝ってあげたんだけど　ずーと今誰の気持ちで話しているんだ？
　　　（少し前の部分を読む）ぼくは悲鳴をあげて2メートルはとびあがった。
　　　ずーとぼくが言っているんだよ。
　　　ネズミとりから指をはずすのを手伝って（　　　）。
　　　ぼくは、ネズミとりから指をはずすのを手伝って（　　　）。
　　A：もらった
　　M：そう　もらった

以上で見てきたように、リーディングでは、A子の誤用総数11のうち10が「くれる」に関するものであり、A子にとって「くれる」の習得が依然として難しい項目であることが示されている。Mのフィードバックは、物語の文章を読み返す「繰り返し」が多く、A子が消去法で正答に至る例が多かった。
　リーディング活動は、A子が朗読を聞きながら読むという活動だった。Mが音読する物語を見ながら、適切な授受表現を解答する方法を用いたが、装用児本人が音読しながら解答するという方法も一つの方法として考えられるだろう。この活動は、読むことと聞くことが主な活動だったが、視点を固定して長い文章を読むことは、主語が誰か理解していないと適切な授受表現を答えられないことから、視点に関する「くれる」の練習に適切であったと思われる。
　次項では、ライティングを中心とした学習活動について述べる。

### 6.4.3　ステップ2：ライティング

　本項では、A子が5年生時に行った学習活動ステップ2のライティングについて述べる。ライティング活動では、書くことを通して授受表現、特に他者への感謝を表す「くれる」の習得を目標とした。

#### 6.4.3.1　方法

　ライティング活動は書くことで授受表現、特に「くれる」をアウトプットできるようにすることを目的とし、ワークシートを作成した。学習活動は、合計6回行った。ワークシートの課題を遂行するための時間制限は設けなかった。ワークシートは、質問に対して文章で答える形式をとり、質問内容は、A子が体験したことやA子にこれから起こりうると予想されることにした。ライティングは、授受表現の使用を促すため、ワークシートはA子が一人で行うのではなく、M（筆者）が授受表現を使用するようにA子を導いた。またA子がわからない言い方や語彙があった場合には、A子の質問に答えながら一緒に取り組んだ。ワークシートの内容は以下の通りである（ワークシートの内容は巻末資料4を参照）。

1. お泊まり………………MTちゃんの家に泊まったとき、MTちゃんや

その家族がしてくれたことを箇条書きにする。
2. 子ども店長の仕事…仕事の説明文の中の（　　）に授受表現を入れる。
3. 東海地震……………東海地震が起きたことを想像してどのような行動をとるか箇条書きにする。
4. 子ども店長の仕事…店長の仕事にはどんなことがあるかを箇条書きにする。
5. お客さん……………MTちゃんが泊まりに来るので、どのようなことをしてあげるかを箇条書きにする。
6. 困ったとき…………困ったときの状況を設定し、「〜してもらう」「〜してあげる」を使った文を箇条書きにする。

次にライティング活動の結果と考察について述べる。

### 6.4.3.2　ライティングの結果と考察

　ライティング活動はA子のアウトプットを重視し、ワークシート（WS）1〜6の合計6回行った。結果は表16に示した（ワークシートの番号は#1のように表す）。6回のライティング活動の授受動詞の誤用・不適格な語用総数は、表16が示すように（す）〜（つ）の合計6で、Aaあげる（誤）→くれる（正）が1、Bcくれる（誤）→もらう（正）が1、Caあげる（誤）→もらう（正）が1、Cbもらう（誤）→あげる（正）が1、Dその他が2であった。

表16　ライティング活動における誤用数と種類

| WS番号 | 誤用数 | （例）誤用の種類 |
| --- | --- | --- |
| 1 | 0 | |
| 2 | 4 | （す）Aaあげる（誤）→くれる（正）<br>（せ）Bcくれる（誤）→もらう（正）<br>（ち）Dその他<br>（つ）Dその他 |
| 3 | 1 | （そ）Caあげる（誤）→もらう（正） |
| 4 | 1 | （た）Cbもらう（誤）→あげる（正） |
| 5 | 0 | |
| 6 | 0 | |
| 合計 | 6 | |

表16の誤用例（す）（せ）（そ）（た）について詳しく見ていく。
以下の誤用（す）WS#2は、子ども店長であるA子が仕事の内容を書くという課題におけるAaあげる（誤）→くれる（正）の誤用である。最初にA子は授受表現を使用せず、「あげる」を「渡す」と答え、授受動詞を非用している。つまり、「渡す」は「あげる」と同様に物の移動を表し、「A子＝自分の役割である店長」と客をウチとソトの関係として捉えず、その現象を客観的に捉えていることがわかる。ここでは、Mが問題文をもう一度読むと、客の視点から「あげる」と答えているため、Mが(ツ)で「誰にあげるの？」と受益者を「確認」している。しかし、Mが(テ)で「ん？」と聞き返していてもA子は誤用には気づかない。MはA子が理解しているかどうか(ト)「子ども店長の私たちに」と補足し授与者と受益者を確認させたが、「くれる」ではなく「あげる」と誤答しているいため、Mが正用を与えて終わらせている。この例では、Mがフィードバックを与えても、A子が誤用に気づかず、「くれる」の使用が難しいことが示されている。

（す）問題〈くじ引き係4〉：
　　くじは100フジなので　お客さんが500フジ（　　　　）たら、おつりを400フジ（　　　　）。

　　A：くじは100フジなので　お客さんが500フジ　渡したら
　　M：ううん　あげるか　もらうか　くれるか　「に」「を」か？
　　A：<u>あげたら</u>
　　M：(ツ)うん　お客さんが500フジ誰にあげるの？
　　A：店員さん？
　　M：(テ)ん？
　　A：店員さん？
　　M：うん　くじは100フジなので　お客さんが500フジ…　私たちでしょ
　　　　これ子ども店長のことなんだから
　　A：うん
　　M：(ト)子ども店長の私たちに　500フジ…

　　　　A：<u>あげたら</u>
　　　　M：ううん　くれたら

　以下（せ）WS#2の誤用は、Bcくれる（誤）→もらう（正）である。（せ）からA子は店員がお客に順番に並ぶように指示するという仕事の内容は理解し、「お客さんがならんでくれる」と答えようとしている。この場合、A子（店長の立場）がお客に依頼して「ならんでもらう」が正用である。Mが問題文を⑺「繰り返し」のフィードバックを用いることで正用に至っている。

（せ）問題〈くじ引き係7〉：
　　お客さんがたくさん来たときは順番にならんで（　　　　）。

　　　　A：人がたくさん来たときは　順番にならんで<u>くれ</u>…
　　　　M：順番にならんでくれるの？　お客さんが
　　　　A：ちがうよ
　　　　M：順番にならんでくださーいって
　　　　A：くれるって書いてあるもん
　　　　M：どれでもいいから　適当なものを　正しいものを使ってください
　　　　A：ふんふん　順番にならんで
　　　　M：⑺人がたくさん来たときは　順番にならんで
　　　　A：<u>もらう</u>
　　　　M：そう　もらう

　以下は、（そ）WS#3、（そ）Caのあげる（誤）→もらう（正）の誤用である。A子が⒤「…のトイレ」とことばを濁していることから「携帯用」という語がわからないことが明らかだった。そのため、MはA子に「携帯用のトイレ」という語彙を教えている。A子は、「使ってあげる」と誤用している。このような場合は、Mが「誰が使ってあげるの？」や「誰が使うの？」のような質問をして、A子がどのように理解をしているかを確認する必要があった（徳永p.c.2012）。

(そ) 問題1 (2):
　　Kちゃんと二人で、お留守番をしているときに、東海地震が来たことを想像してください。Kちゃんがおしっこをしたいと言いました。どうしますか？

　　A：(iv)…のトイレを<u>あげる</u>？
　　M：携帯用のトイレ
　　A：を使って<u>あげる</u>
　　M：を？
　　A：使って<u>もらう</u>の？
　　M：うん　使ってもらう　K子ちゃんにね

　以下の（た）WS#4は、Cbもらう（誤）→あげる（正）の誤用である。A子が「店員（A子）が社員にストラップの作り方が書いてあるシートを見せてあげる」という意味内容を書こうとしていて、「もらう」と「あげる」を間違えている。Mが(ニ)でA子に受益者の「確認」をすると、誤用に気づき、すぐに正用が導かれている。A子は答えを書きながら話し、書くことに集中して正しく答えていない。つまり、書くプロセスは話すプロセスよりもゆっくりであり、書いている途中に誤答してしまうことがあることを示している。

(た) 問題：
　　ミニ静岡・子ども店長はどうでしたか？　もし、来年、おさいほう大好きチームのようなお店をやりたい人がいたら、どんな仕事があるか教えてあげましょう。

　　M：ねえ　ストラップ（係）は？
　　A：説明じゃなくて作り方
　　M：を説明して？
　　A：あっ（ワークシートに書きながら）作り方です
　　　　（ワークシートに書きながら）方を…
　　M：うん

```
A：（ワークシートに書きながら）見せてもらう
M：㈡A子ちゃんが見せてもらうの？
A：ああ！　見せてあげんの
```

　以下に示す（ち）WS#2の誤用は、Dその他で、「もらう」に対応する助詞の誤用である。Mが㈹「もらう」で答えることを指摘すると、A子は「に」「を」と（　）に入れるべき正しい助詞を答えている。つまり、「もらう」という授受動詞の「授与者に〜を」という形式は理解していることがわかる。

（ち）問題〈レジ係1〉：
　お客さんが商品と値段を書いた紙を持ってきたら　お客さん
　（　　）お金（　　）もらう。

```
A：お客さんが商品と値段を書いた紙をもってきたら、お客さんがお金…
M：お客さんが
A：お金を
M：㈹ちがうでしょ　もらうって　もうここに書いてあるんだから
A：あ　お客さんにとを？
M：そうだよお客さんにお金
A：を
M：もらう
```

　下の（つ）WS#2の誤用はD「その他」では、授受表現の非用が見られる。A子は最初、授受表現を使わないで答え、ストラップをお客さんに「作ってもらう」ということを（v）「作ってください」という言い方で答えている。A子がお客に対して直接話す場合は、「作ってください」でも正しいが、この場合、仕事の内容を記述しているので、「もらう」が適切になる。

(つ) 問題〈お給料係3〉：
　　　ストラップは、作り方のマニュアルを見て、作って（　　　）。

　　A：(v) ストラップは　作り方のマニュアルを見て　作ってください
　　M：作って？
　　A：ストラップは　作り方のマニュアルを見て　作ってもらう
　　M：A子ちゃんたちがこれお願いします　って言ってやってもらうの
　　A：うん

　以上（す）〜（つ）でA子のライティング活動における誤用を詳しく見てきた。次にライティング活動でのA子の「気づき」について述べる。以下のワークシートにおける例のように、A子は書きことばを用いてアウトプットをすることで、言いたいことが言えないこと（hole）に気づいている。例からもわかるようにA子は「もらう」という授受動詞が自分からお願いするときに使う動詞だということに気づいている。これは意味的な「気づき」だと言える。

　　A：うん　ママとパパが
　　M：ママとパパが？
　　A：迎えに来てくれました。
　　M：はいはい　そうしてください。
　　A：もらいましただと　自分が言う…
　　M：そう自分がお願いして
　　A：ってことになっちゃうね

　また文字に関しても「気づき」が見られる。以下のワークシート3の例では、A子が書きたい文字がわからないことに気づいている。

　　A：はごろも？　なんだっけ？　はごろも？
　　M：羽衣の松

第6章　授受表現の学習活動

A：はごろも…「は」は何だっけ？
　　　M：羽衣伝説　はね
　　　A：はねか！（書く）

　以下のWS3における2例は、言いたいことを表現するための適切な語彙がわからないことに気づいている例である。最初の例は、「携帯用」という語彙、次の例は、「電話ボックス」という語彙がわからないでいる。

　　　A：うーん　あれは何て言うの？
　　　M：なに？
　　　A：うーん　なんかふくろみたいね　あれは何て言うの？
　　　M：あれはね　携帯用のトイレ

　　　A：あれ　カード
　　　M：カード？　カードの電話もない
　　　A：ちがう　なんか　まわりにガラスみたいの

　このように、Aの「気づき」からは、授受表現の意味的な「気づき」であったり、わからない語彙や文字に「気づき」など、さまざまな「気づき」が観察された。
　次にA子が5年生時に行った学習活動ステップ2の自由会話、リーディング、ライティング活動の考察のまとめを述べる。

### 6.4.4　学習活動ステップ2の考察
　学習活動ステップ1でA子の授受表現の問題点として「くれる」が正しく使用できないことが明らかになった。そこで、学習活動ステップ2では、授受動詞「くれる」の習得を目的とし、「くれる」が表す他者への感謝の気持ちや話者の視点が理解できるように自由会話、リーディング、ライティングを行った。A子が「くれる」の意味概念を理解し、誤用に気づき、正しい使用に至るためには、Mのフィードバックが必要であった。

以下の表17で、学習活動ステップ2の誤用例を分類したものを示す。誤用の種類は、6.1の表9「誤用の分類」に基づいている。

**表17** 学習活動ステップ2における誤用・不適格な語用

| （例）誤用の種類 | 誤用数 |
|---|---|
| Aa あげる（誤）→くれる（正） | 5 |
| Ab あげる（誤）→もらう（誤）→くれる（正） | 3 |
| Ac くれる（誤）→あげる（正） | 0 |
| Ba もらう（誤）→くれる（正） | 1 |
| Bb もらう（誤）→あげる（誤）→くれる（正） | 2 |
| Bc くれる（誤）→もらう（正） | 2 |
| Ca あげる（誤）→もらう（正） | 2 |
| Cb もらう（誤）→あげる（正） | 1 |
| D その他 | 2 |
| 合計 | 18 |

表17が示すように学習活動ステップ2全体における授受表現の誤用総数は18である。そのうち、Aaあげる（誤）→くれる（正）が5、Abあげる（誤）→もらう（誤）→くれる（正）が3、Baもらう（誤）→くれる（正）が1、Bbもらう（誤）あげる（誤）→くれる（正）が2、Bcくれる（誤）→もらう（正）が2、Caあげる（誤）→もらう（正）が2、Cbもらう（誤）→あげる（正）が1、Dその他が2だった。18の誤用のうち、「あげる」（正）とするべき誤用（Ac・Cb）が1、「もらう」（正）にするべき誤用（Bc・Ca）が4、「くれる」（正）にするべき誤用（Aa・Ab・Ba・Bb）が11であり、「くれる」に関する誤答が最も多かった。このことは、A子にとって「くれる」の理解がステップ2の段階においても難しいことを示している。

特に「くれる」の使用では、視点を受益者に移動させなければならない。リーディングでは、A子が物語の語り手である「ぼく」や「ぼく＝子どもたち＝自分」という視点で捉えることができず、「くれる」を使用できなかった。このことは、リーディングにおいて、A子が視点を固定することが難しいことを示している。今後、聴覚障害児が物語を読むときの視点に関して、更なる研究が必要である。

また（す）や（つ）の誤用例のように、授受表現の「あげる」の代わ

りに「渡す」と答えたり、「（作って）もらう」とするべきところを「作ってください」と答えたり、授受動詞の非用も見られた。

　MとA子のインタラクションを見ると、「聞き返し」「繰り返し」「補足・確認」などさまざまなフィードバックがあり、フィードバックによってA子が間違いに気づき、正用に至っていることがわかる。特にリーディングでは、直前の文章を繰り返すことで、A子が正答することが多かった。しかし、A子は依然として（あ）（か）（き）（く）（け）のように消去法という方略を用いていることから、「くれる」の習得が難しい項目であることが明らかになっている。

　ライティング活動では、A子は、黙ったまま文字を書くことはなく、文字を書きながらその文字を声に出して言いながら書いていた。ワークシートはA子に与えてやらせるのではなく、対話を通して一緒に考えながら行ったため、授受表現を使用しないで書こうとした場合は、インタラクションによって授受表現の使用を促すことができた。また、A子が書きたい語彙がわからなかったり、書きたい漢字がわからなかったり、質問があったときには即座に答えることができた。ライティングは、会話と異なり、産出に至るプロセスがゆっくりである。A子自身がアウトプットを修正し、考えながら書く場面が観察されたため、A子が書いているときには話しかけないように注意した。

　ライティングの教材は、装用児A子と共有している体験や情報をもとに作成した。そのため、A子が何を言おうとしているのか、何が言いたいのかがわかり、A子の言語理解や産出を助けることができた。また、書くことでA子のわからない語彙や未習得の構文などが明らかになった。しかし、家庭での学習は、学校の宿題が優先されるため、装用児のやる気や健康状態などに大きく左右されると同時に、必ずやらなければならないものではないため、動機付けが必要だった。また教師という立場ではなく、親という立場で学習活動を行う難しさもあった。

　一般的に、母親は母語の感覚で、子どもの不自然な言い方や誤用を正すことができる。また語彙に関する知識は豊富だが、日本語の文法的な知識を持っているとは限らない。母親ができることは、自然なコミュニケーションやコンテクストの中で授受表現を繰り返して使用し、インプットを多量に与えること、また言語形式と装用児の気持ちを一致させる

ことである。そのようなことを意識しながら、さまざまなフィードバックを用い、子どもとやりとりすることで、授受表現の正しい使用を定着させることができるだろう。

次に学習活動ステップ2を行った後のA子の授受表現の習得の評価について述べる。

### 6.4.5　学習活動ステップ2の評価

聴覚障害児の授受表現の習得を評価できる標準的な検査がないため、本節では、学習活動ステップ2の評価として、失語症構文検査と日本語理解テスト（J.COSS）を用いた。また2か月後のA子の日常における授受表現の使用、6か月後に筆者の作成した確認テスト（巻末資料6を参照）の三つの方法をもとに学習活動ステップ2の効果を評価する。

失語症構文検査と日本語理解テスト（J.COSS）は、学習活動ステップ2を行う前と後で行い、結果を比較した。これらの検査は、感覚器障害戦略研究「聴覚障害児の療育等により言語能力等の発達を確保する手法の研究」が提唱する聴覚障害児の言語力評価のための検査方法である（笠井2012）。

失語症構文検査は100問あり、理解が40問、産出が60問ある。その中に授受表現「あげる」「もらう」の理解と産出が含まれている。例えば、産出問題では、絵を見て「男の子がお母さんに川からボールを拾ってもらう」と言えるかを問う問題などである。

**表18**　失語症構文検査と日本語理解テストの結果

|  | 失語症構文検査（100問） | | | J.COSS（80問） |
| --- | --- | --- | --- | --- |
|  | 理解（40問） | 産出（60問） | 合計 |  |
| ステップ2前（2011.8.18） | 37 | 53 | 90 | 75 |
| ステップ2後（2011.10.16） | 37 | 55 | 92 | 79 |

A子の学習前に行った検査では、100問中90問（理解37、産出53）が正答だったが、学習後の検査では、100問中92問（理解37、産出55）になり、特に、表19のV14・15の授受表現に関する設問の正答が2問増えた。日

本語理解テスト（J.COSS）は、文章を聞いて内容と一致する絵を四つの絵の中から選ぶ検査である。授受表現に関する設問はないが、A子の正答は、学習前に80問中75問から、学習後は79問に増えた。授受表現の活動を通して、全体的な日本語の理解力が高まったと考えられる。

表19は、A子の失語症構文検査の産出の結果で、点線が学習前、実線が学習後の結果を表している。表19のレベルVを見るとわかるように、V14「拾ってあげる」の得点が3から4に、V15の「拾ってもらう」の得点が0から4に上がっている。

**表19** 学習前と後のA子の失語症構文検査（産出）結果

| レベル | 項目 得点 | 0 | 1 | 2 | 3 | 4 |
|---|---|---|---|---|---|---|
| Ⅰ | 1 走る | | | | | ● |
| | 2 泣く | | | | | ● |
| | 3 食べる | | | | | ● |
| Ⅱ | 4 乗る | | | | | ● |
| | 5 あげる | | | | | ● |
| | 7 追いかける | | | | | ● |
| Ⅲ | 6 もらう | | | | | ● |
| | 8 追いかけられる | | | | | ● |
| | 9 降ろす | | | | | ● |
| Ⅳ | 10 取る | | | | | ● |
| | 11 取られる | | | | | ● |
| | 12 洗わせる | | | | ● | |
| Ⅴ | 13 洗わせられる | ● | | | | |
| | 14 拾ってあげる | | | | | ● |
| | 15 拾ってもらう | ● | | | | ● |

（点線は学習前、実践は学習後を表している）

しかし、これらのテストでは、授受動詞「くれる」が含まれていないため、さらにA子の日常での授受表現の使用を観察した。A子は学習活動ステップ2を終えた2か月後、K先生に授受表現を使って次のような手紙を書いている。

　　K先生へ
　　おいそがしいと思いますが、お元気ですか？
　　松本のリンゴを送って<u>くださって</u>ありがとうございます。

A子は手紙中で「送ってくれて」を「送ってくださって」と敬語表現で使用している。これは、A子によると、5年生の国語の授業で、敬語を学習し、「ていねい語」「尊敬語」「けんじょう語」について勉強したから、ということである[9]。
　この手紙のように、日常の中で授受表現の「くれる」が適切に使われていることが確認できた。さらにA子の授受表現の習得を確認するために、学習活動ステップ2の終了6か月後に筆者が作成した確認テスト（巻末資料6）を行ったところ、30問中全問正解することができた。
　したがって学習活動ステップ2の自由会話、リーディング、ライティングはA子の授受表現の学習に効果的だったと言えるだろう。しかし、「くれる」の理解は、ウチとソトの感覚に基づき、他者への感謝の気持ちを表すなど、理解が難しい。本当にA子の授受表現が定着したかどうかを明らかにするために、A子が6年生時に学習活動ステップ3として、読解A（読んで話す学習）と読解B（読んで書く学習）を行った。
　次節では、学習活動ステップ3について述べる。

## 6.5　学習活動ステップ3（6年生時）

　本節では、A子の6年生時に行った学習ステップ3について述べる。この学習活動はA子が授受表現の内的理解を目的に、一週間で読解A（読んで話す学習）を3回終えてから読解B（読んで書く学習）を3回行い、合計6回行った。学習活動ステップ1、ステップ2では、「くれる」の誤用が最も多かったため、特に「くれる」の持つ基本義「話者以外の者から話者／ウチの者への授与と感謝を示す」が理解できているかを確認することを目的とした。また、話しことばと書きことばの両方で授受表現を正しく使用できるように、口述で答える読解A（読んで話す学習）と記述して答える読解B（読んで書く学習）に同じ問題を使用して学習活動を行った。同じ問題を使用したのは、話しことばと書きことばにおける誤用の違いを明らかにするためである。6.5.1では口述で解答した読解A（読んで話す学習）について、6.5.2では筆記で解答した読解B（読んで書く学習）について述べる（問題文は巻末資料5を参照）。

### 6.5.1 ステップ3：読解A（読んで話す学習）

ステップ3読解A（読んで話す学習）の学習活動は、A子が自然に授受動詞の語用ができ、授受動詞が内的感覚として身についているかどうかを明らかにするために行った。読解の教材はA子の体験に基づく内容のワークシートを作成し、問題に対する解答を口述で行った。学習活動は一週間に3回行い、時間制限は設けなかった。ワークシートの問題には、特に「くれる」の持つ基本義「話者以外の者から話者／ウチの者への授与と感謝を示す」が理解できているかを確認するための設問を設けた。

6.5.1.1では学習の方法、6.5.1.2では結果と考察について述べる。

#### 6.5.1.1 方法

ステップ3読解A（読んで話す学習）では、ワークシートを作成し、学習活動は合計3回行った。課題を遂行するための時間制限は設けなかった。ワークシートには問題文と問題文の内容に基づいた質問が5問あり、質問には口頭で答えた。内容文は2回読み、1回目は音読、2回目は黙読してから問題に答えるようにした。ワークシートの課題は、A子が一人で行うのではなく、A子から質問があった場合にはM（筆者）が答えた。ワークシートの内容は課題①〈授業参観〉、課題②〈修学旅行説明会〉、課題③〈遠足の準備〉の3種類である（ワークシートの内容は巻末資料5を参照）。

次にステップ3読解A（読んで話す学習）の結果と考察について述べる。

#### 6.5.1.2 読解A（読んで話す学習）の結果と考察

読解A（読んで話す学習）を行った結果、内容理解を問う15問の質問に対して、14問正答した。誤答は課題②の問題4）で、授受動詞の誤用ではなく動詞「聞く」を「教えてもらう」の意味で使用することによる誤用であった。また課題②の問題5）では、MはA子が解答する前にフィードバックを与えてしまっているが、Mの問題文の「繰り返し」によって、A子が誤用に気づき、正答に至ったため、誤用とはみなさなかった。

以下で課題①〈授業参観〉、課題②〈修学旅行説明会〉、課題③〈遠足の準備〉の結果と考察について述べる（問題文は巻末資料5を参照）。

課題①〈授業参観〉は、学校の授業参観についての内容で、学級担任のS先生、クラスの友達R君、R君のおばあちゃんとA子本人が登場する。この課題の5問の問題に対して、A子は問題文を理解し、授受表現を適切に使用している。以下にA子の解答を具体的に見ていく。
　問題1）では、「おばあさん」が家族や自分のクラスの友達ではない、ソトの人（クラスの友達R君の祖母）であることが確認できるよう「近くにいたおばあさんは誰のおばあさんですか？」と質問した。A子は「R君のおばあさん」と人間関係を正しく理解していた。
　問題2）「リコーダーが落ちたとき、おばあさんは何をしましたか？」では、「拾ってくれた」と授受動詞「くれる」を使用している。この問題では、A子の視点がおばあさんにあれば、「拾ってあげた」という答えでも誤用ではない。つまり、A子は「くれる」によってA子の視点から、リコーダーを拾ったおばあさんに対する感謝の気持ちを表すことができている。
　問題3）は「もらう」の使用を促すために、「リコーダーが落ちたとき、おばあさんに拾って（　　　　）」のように（　　）を埋める問である。A子は「拾ってもらった」と正答している。
　問題4）「算数の授業のとき、S先生はどうして「わからなかったら手をあげてください」と言いましたか？」という問題では、「ヒントを教えるからです」と答えている。この解答は、A子の視点は動作主のS先生にあり、内容的には正しい。しかし、授受動詞を使って「ヒントを教えてあげる」とは答えていない。また「ヒントを教えてくれる」と答えることで、先生に対して感謝の気持ちを表すこともできる。つまり、この問題では、A子は授受動詞を「あげる」「くれる」を非用している。
　問題5）「R君はどうして手をあげましたか？」では、「ヒントを教えてもらうためです」と答え、「もらう」を正しく使用している。
　次に課題②〈修学旅行説明会〉は、A子とお母さん、教頭先生、A子の妹のK子、姉のY子が登場する。A子は4）を除くすべての問題に対して、正しく問題文の内容を理解し、授受表現を用いている。
　A子の解答を具体的に見ていくと、問題1）「説明会の最初に、教頭先生は何をしましたか？」という質問に対して、「「スライドを見せてくれます」と言いました」と答えている。つまりこの問題でA子は、教頭先

生が授与者、自分が受益者であり、教頭先生に感謝の気持ちを表し「くれる」を用いることができている。

　問題2)「修学旅行一日目のお弁当は、誰が作りますか？」に対して、A子は「お母さんが作ってくれます」と答えている。この問題の場合、「お母さんが作ってあげます」と答えても誤用ではないが、「くれる」を使用している。つまり、問題1) と同様「くれる」の持つ感謝の気持ちを「くれる」を用いて表すことができている。

　問題3)「Yちゃんは、ホテルの食事はバイキングだと教えて（　　　　）」という（　　　　）を埋める問題では、「教えてくれました」と正答している。ここでも問題1) 2) と同様に「くれる」を使って感謝の気持ちを表すことができている。

　問題4)「修学旅行のことでわからないことがあったら、どうしますか？」に対しては、誤答だった。しかし、Mの問題文の「繰り返し」によって誤用に気づき、下線で示したように正答に至っている。この間違いは授受動詞の誤用ではなく、動詞「聞く」を「尋ねる・問う」の意味で用いていることによる。

　　　M：修学旅行のことでわからないことがあったらどうしますか？
　　　A：Yちゃんに<u>聞いてもらう</u>
　　　M：修学旅行のことでわからないことがあったらどうしますか？
　　　A：あ　ん？
　　　M：だから、A子ちゃんは修学旅行で　わからないことがあったらどうしますか？
　　　A：Yちゃんに<u>教えてもらう</u>

　問題5)「K子ちゃんがしおりを「見せて」と言ったとき、どうしましたか？」に対しては、以下のようにMがA子の解答を待ちきれず、問題文で授受動詞が使われていないことを指摘している。この例から、A子は正答を即答してはいないが、下線で示したようにMが問題文を繰り返すことで、「見せてあげました」と授受動詞「あげる」を使用した正答に至っている。

M：K子ちゃんがしおりを「見せて」と言ったとき どうしましたか？
A：うんとねー　うんと　うんと
　　K子ちゃんが来て見せてと言ったので一緒にしおりを…
M：見ました　って書いてあるね
A：うん
M：K子ちゃんがしおりを見せてと言ったとき
A：ああ
M：どうしましたか？
A：<u>しおりを見せてあげた</u>
M：そうです

　課題③〈遠足の準備〉は、A子、妹のK子、姉のY子、お母さんが登場し、A子が遠足の準備をするという内容である。A子は問題1）〜5）の問題に対して、問題文の内容を理解し、正しく授受表現を用いている。以下で課題③〈遠足の準備〉のA子の解答を具体的に見ていく。
　問題1）「明日は何がありますか？」に対しては、「明日は遠足があります」と正答している。
　問題2）「遠足当日の朝、お母さんは何をしますか？」に対しては、「お母さんはお弁当を作ってくれます」と答えている。この問題に対しては「お母さんはお弁当を作ってあげます」でも正しいが、A子は「くれる」を使っている。つまり、受益者である自分の視点で、お弁当を作るお母さんに対して感謝の気持ちを「くれる」を使って表している。
　問題3）「スーパーでお母さんはA子とK子に500円を（　　　）」という（　　）を埋める問題では、以下に示すようにA子は最初に「とりだす」という動詞を使っているが、授受動詞「くれる」を使って言い直している。つまり、文章中では、お母さんの視点で「あげる」が用いられている文を、解答するときには自分の視点で「くれる」と答え、視点をお母さんから自分に変えた上で、授受動詞「くれる」を正しく使うことができている。

　　M：スーパーでお母さんはA子とK子に500円を（　　　　　）。

A：ん？　お母さんが…500円をとりだすから　500円を<u>くれました</u>

問題4)「Y子ちゃんはA子にグミを（　　　　　）」という（　　　）を埋める問題では、「グミをもらった」と正答している。

問題5)「お母さんはチョコレートをどうしましたか？」では、「A子にチョコレートをくれた」と答えている。問題文では、「チョコレートを渡しました」と書かれているので、「チョコレートを渡す」と答えることもできるが、A子は「くれる」を用いている。このことから、感謝を表す「くれる」を適切に用いていることがわかる。

　以上述べたように、読解A（読んで話す学習）のA子の解答を見てきたが、A子は問題文を正しく理解していた。授受動詞は課題②の問題4)の「もらう」だけが誤用だったが、この誤答もMの繰り返しのフィードバックによってすぐに誤用に気づき、正答に至っている。

　次に同じ書きことばでも同じようにA子が答えているかを見るために、次項では、上に述べた読解A（読んで話す学習）の問題を筆記で答える読解B（読んで書く学習）について述べる。

### 6.5.2　ステップ3：読解B（読んで書く学習）

　ステップ3読解B（読んで書く学習）は、A子が授受動詞の語用が自然にでき、内的感覚として身についているかどうかを明らかにするために行った。読解の教材はA子の体験に基づく内容のワークシートを作成し、問題に対する解答を筆記で行った。学習活動は一週間に3回行い、読解A（読んで話す学習）の3回の学習活動を終えてから読解B（読んで書く学習）を行った。読解の問題には、特に「くれる」の持つ基本義「話者以外の者から話者／ウチの者への授与と感謝を示す」が理解できているかを確認するための設問を設けた。

　6.5.2.1では学習の方法、6.5.2.2では結果と考察について述べる

#### 6.5.2.1　方法

　ステップ3読解B（読んで書く学習）では、読解A（読んで話す学習）で作成したワークシートを使用し、学習活動は合計3回行った。課題を遂行するための時間制限は設けなかった。ワークシートには問題文とその内

容に基づいた質問が5問あり、質問には筆記で答えた。内容文は、1回黙読してから問題に答えるようにした。ワークシートの課題は、A子が一人で行うのではなく、A子から質問があった場合にはMが答えた。ワークシートの内容は、課題①〈授業参観〉、課題②〈修学旅行説明会〉、課題③〈遠足の準備〉の3種類である（ワークシートの内容は巻末資料5を参照）。

次にステップ3読解B（読んで書く学習）の結果と考察について述べる。

### 6.5.2.2　読解B（読んで書く学習）の結果と考察

読解B（読んで書く学習）を行った結果、内容理解を問う15問の質問に対して、全問正答だった。以下に課題①〈授業参観〉、課題②〈修学旅行説明会〉、課題③〈遠足の準備〉の結果と考察について述べる（問題文は巻末資料5を参照）。

課題①〈授業参観〉は、学校の授業参観についての内容で、学級担任のS先生、クラスの友達R君、R君のおばあちゃんとA子本人が登場する。この課題の5問の問題に対して、A子は問題文を理解し、授受表現を適切に使用している。以下にA子の解答を具体的に見ていく。

問題1）では、「おばあさん」が家族や自分のクラスの友達ではない、ソトの人（クラスの友達R君の祖母）であることが確認できるよう「近くにいたおばあさんは誰のおばあさんですか？」と質問した。A子は「R君のおばあさんです」と読解A（読んで話す学習）と同様に人間関係を正しく理解していた。

問題2）「リコーダーが落ちたとき、おばあさんは何をしましたか？」では、「リコーダーを拾ってくれました」と授受動詞「くれる」を使用している。つまり「くれる」によってリコーダーを拾ったおばあさんに対する感謝の気持ちを表すことができている。

問題3）は「もらう」の使用を促すために、「リコーダーが落ちたとき、おばあさんに拾って（　　　）」のように（　）を埋める問である。A子は読解A（読んで話す学習）と同様に「拾ってもらった」と正答している。

問題4）「算数の授業のとき、S先生はどうして「わからなかったら手をあげてください」と言いましたか？」という問題では、「ヒントを教えてくれるから」と答えている。この解答を読解A（読んで話す学習）と比較

すると、口頭による解答では、A子は「ヒントを教えるからです」と授受動詞を非用している。つまり、同じ問題に対する解答でも、話しことばと書きことばでは、答え方が異なっている。この場合、話しことばでは授受動詞を非用しているが、書きことばでは授受動詞が使われていることから、A子の授受動詞の理解を確かめるためには、話しことばだけではなく、書きことばでも授受動詞が適切に使用できるか確認する必要があることが示された。

問題5)「R君はどうして手をあげましたか？」では、「ヒントを教えてもらうため」と答え、「もらう」を読解A（読んで話す学習）と同様に正しく使用している。

次に課題②〈修学旅行説明会〉は、A子とお母さん、教頭先生、A子の妹のK子、姉のY子が登場する。A子は1）～5）のすべての問題に対して、正しく問題文の内容を理解し、授受表現を用いている。

A子の解答を具体的に見ていくと、問題1)「説明会の最初に、教頭先生は何をしましたか？」という質問に対して、「スライドを見せてくれました」と答えている。つまり読解A（読んで話す学習）と同様に、A子は教頭先生が授与者、自分が受益者で教頭先生に感謝の気持ちを表し「くれる」を用いることができている。

問題2)「修学旅行一日目のお弁当は、誰が作りますか？」に対して、A子は読解A（読んで話す学習）と同様に「お母さんが作ってくれます」と答えている。この問題の場合、「お母さんが作ってあげます」と答えても誤用ではないが、「くれる」を使用している。つまり、問題1)と同様「くれる」の持つ感謝の気持ちを「くれる」を用いて表すことができている。

問題3)「Yちゃんは、ホテルの食事はバイキングだと教えて（　　　）」という（　　）を埋める問題では、「教えてくれた」と正答している。この問題では、以下のようにA子が「バイキングってなんだっけ？」と語彙の意味を質問している。

　　A：ねえ　バイキングってなんだっけ？
　　M：バイキングって　あのー　好きなものを好きなだけ食べていいの　誰かが持って来てくれるんじゃなくて

A：あっそ
M：あれと同じだよ　食べ放題と同じだよ　自分で行って取ってきて
A：うん
M：好きなものを　今　気がついたの？　バイキングがわからないって
A：ちがうよ
M：確認したの？
A：うん

　この読解B（読んで書く学習）の学習活動は、読解A（読んで話す学習）の後に行った。A子は読解Aの話す学習活動で「バイキング」という語彙が出て来たときには質問をしなかったにもかかわらず、読解Bでは語彙の意味を質問している。つまり、書くというプロセスは、アウトプットに至るまでのスピードが話すよりも遅く、語彙の意味を確認したり、正しい形式を検証したりするゆとりが持てる。このことから、授受動詞の習得を確認するときには、話しことばだけでなく、書きことばによるアウトプットをする必要があると言える。

　問題4）「修学旅行のことでわからないことがあったら、どうしますか？」では、「Yちゃんに教えてもらう」と正答している。この読解B（読んで書く学習）は読解Aの後に行っていて、A子は、読解A（読んで話す学習）で同一の問題に既に答えている。このことから、読解A（読んで話す学習）で誤答しても二度目の読解B（読んで書く学習）で正答できたと考えられる。また、書きことばは、話しことばに比べてアウトプットするまでの考える時間が長いため、正しい解答ができたとも考えられる。いずれにせよ、話しことば読解Aと書きことば読解Bの同一の問題にA子が異なる解答をしたことから、A子の理解を確認するためには、話す、書くの両方において評価をする必要があるといえる。

　問題5）「K子ちゃんがしおりを「見せて」と言ったとき、どうしましたか？」に対しては「見せてあげた」と答えている。

　課題③〈遠足の準備〉は、A子、妹のK子、姉のY子、お母さんが登場し、A子が遠足の準備をするという内容である。A子は問題1）〜5)

の問題に対して、問題文の内容を理解し、正しく授受表現を用いている。以下でA子の解答を具体的に見ていく。

問題1)「明日は何がありますか？」に対しては「遠足」と正答している。

問題2)「遠足当日の朝、お母さんは何をしますか？」に対しては、「弁当を作ってくれます」と答えている。この問題に対しては読解A(読んで話す学習)と同じように、「お母さんはお弁当を作ってあげます」でも正しいが、A子は「くれる」を使っている。つまり、お弁当を作るお母さんに対する感謝の気持ちを「くれる」を使って表している。

問題3)「スーパーでお母さんはAとKに500円を（　　　）」という（　　）を埋める問題では、「くれた」と正答している。

問題4)「Y子ちゃんはAにグミを（　　　）」という（　　）を埋める問題では、「グミをもらった」と答えているが、以下のようにA子の「くれる」か「もらう」かで迷っている様子がわかる[10]。

M：YちゃんはA子にグミを（　　　）
A：どっちだっけ？
M：何と何で迷っているの？
A：YちゃんはA子にグミを<u>もらった</u>　YちゃんはA子にグミを<u>くれた</u>
M：これ読んでごらん　誰がグミをあげたの？
A：A子がYちゃんにあげた
M：誰にあげたの？
A：Yちゃん
M：うん　じゃあ　YちゃんはA子にグミを
A：もらったの
M：そう

上の問題4)を読解A(読んで話す学習)で行ったときには、A子は迷わず正しく即答しているが、ここでは、自信を持って答えられないことに気づいている。これは課題②〈修学旅行説明会〉問題3)が示しているのと同様に、書いて答える場合には、話しことばで解答するよりも考え

る時間があることを示している。つまり、読解A（読んで話す学習）で正答であっても、実は答えに迷っていることもあるということである。そのため、読解B（読んで書く学習）のように、書いて答える課題を行うことは必要である。

　問題5）「お母さんはチョコレートをどうしましたか？」では、「A子にチョコレートをくれた」と答えている。問題文では、「チョコレートを渡しました」と書かれているので、「チョコレートを渡す」「チョコレートをあげる」と答えることもできるが、A子は「くれる」を用いている。このことから、感謝を表す「くれる」を適切に用いていることがわかる。

　以上述べたように、読解B（読んで書く学習）のA子の解答を見てきた。A子は課題①〜③の問題文を正しく理解し、授受動詞を正しく使うことができていた。

　次項では、学習活動ステップ3読解A（読んで話す学習）、読解B（読んで書く学習）の学習活動について考察する。

### 6.5.3　学習活動ステップ3の考察

　本項では、学習活動ステップ3で行った読解A（読んで話す学習）と読解B（読んで書く学習）の考察を述べる。学習活動ステップ3では、A子の授受表現の内的理解を目的に、読解A（読んで話す学習）と読解B（読んで書く学習）の学習活動を同じ問題を使用して行った。特に学習活動ステップ1、ステップ2で「くれる」の誤用が多かったため、「くれる」の持つ「話者以外の者から話者／ウチの者への授与と感謝を示す」が理解できているかを確認することを目的とした。

　A子は、読解A（読んで話す学習）では15問中14問、読解B（読んで書く学習）では15問中すべての問題で内容文を正しく理解していた。また、質問に対する解答では、「あげる」を使用することができる課題①の2)、課題②の1)、2)、課題③の2) 5) の問題で「くれる」を用いていることから、A子が「くれる」の「話者以外の者から話者（A子）への授与と感謝の気持ちを表す」という意味概念を理解しているということができる。

　読解A（読んで話す学習）と読解B（読んで書く学習）では同一の課題を話しことば書きことばで行ったところ、読解A（読んで話す学習）課題①4)

のように、話すときに授受動詞を非用しても、書くときには適切に使用できることがわかり、授受表現に限らず、A子の理解を確認するためには、話しことばだけではなく、書きことばでアウトプットすることが重要であることが示された。ただし、A子が自信がないために授受表現を意識して非用（回避）しているか、そうでないかは、判断することが難しい。

　また話しことばでは、「言い間違い」が起こり、理解していても間違うということも考えられる。一方、書くプロセスは、話すプロセスよりもアウトプットするまでに考える時間が長いため、解答する前に答えを自己検証することができる。十分に考えた結果の誤答であれば、理解が不十分であることを示していることになるだろう。このことからも、授受表現に限らず、書きことばによる学習が重要であると言える。

　次項では、学習活動ステップ3の評価として、A子が授受表現をどのように使うようになったか、日常での授受表現の使用とステップ3の後の確認テストの結果について述べる。

### 6.5.4　学習活動ステップ3の評価

　本項では、学習活動ステップ3を終えたA子の授受表現の使用について述べる。

　学習活動ステップ3を終えた一週間後に学習活動ステップ2の評価で用いたテストを再び行ったところ、30問中、全問正答することができた（テストの内容は、巻末資料6確認テストを参照）。テストを行っている最中に、A子は問題文や解答を口に出して読んでいた。テスト後に、A子になぜそのようなことをしていたのか尋ねると、「声に出してみると何か変なときにはわかるから」と答えた。つまり、声に出して読んで解答を読んでみると、自分のアウトプットがインプットとして入り、それが不自然な日本語ならば、何となくおかしい、と気づくということである。このことは、A子の言語学習で人工内耳を使って音を聞くことが生かされていることを示している。

　また学習活動ステップ3の学習効果は、A子の日常からも観察することができた。以下は、学習活動ステップ3を終えた4日後のA子の会話である。状況は、A子が風邪で学校を休むことになったが、宿題はやり

終えているので、その宿題をどうするかと話していたとき、Mに言ったことばである。

　　A：明日K子に宿題を出して<u>もらう</u>ね
　　　　K子　出して<u>くれる</u>よね

　上に示したように、A子は翌日学校に行くK子に頼んで、自分の宿題を先生に提出することを「もらう」を用いてMに伝えている。そして、K子が自分のために宿題を出してくれるという感謝の気持ちを「くれる」を用いて表している。このことからもA子が授受動詞の持つ意味を理解し、語用的に正しく使えていることが示されている。
　また、以下の例は、学習活動ステップ3の一週間後に書いた手紙である。人工内耳の電池を注文したところ、在庫がなく、すぐに発送できなかった代わりに、お詫びとして注文した数よりも多く送ってくれたことに対するお礼の文章である。

　　　一箱電池をよぶんに<u>くださって</u>、ありがとうございました。

　上記に示したように、A子は送ってくれた人に対する感謝の気持ちの「くれる」を敬語表現「くださる」を用いて表している。これは、学習活動ステップ2の評価6.4.5で述べたように、A子が学校の国語の授業で敬語について学んだためである。このことから、感謝の気持ちを表す「くれる」と敬語表現の「くださる」の使用はA子に定着していると言えるだろう。
　さらに、確認テストの40日後に、以下のようなA子の授受表現の使用が話しことばで観察された。以下の会話は、A子の小学校の6年生がミュージカルに招待されたときのことである。A子は観劇に情報保障（音声を文字にして伝えること）がないために、物語の内容が理解できないのではないかと心配していた。そこで、A子は友達のHにわからないときに教えてもらうことにした。Hは観劇の最中にA子が質問したことについて簡単に紙に書いて説明してくれた。以下の会話は、A子が帰宅したときのMとの会話である。A子は、友達のHが紙に書いて物語の内容を伝え

第6章　授受表現の学習活動

てくれたこと、また担任の先生が仲のよいHとOのとなりの席に座るように配慮してくれたことを「くれる」を用いて説明している。

　　M：今日どうだった？　朝Hちゃんに電話したけど　どうだった？
　　A：だいたいわかった
　　M：Hちゃんは？
　　A：紙に書いて<u>くれた</u>
　　M：紙に書いてくれた　そう　全部じゃないでしょ？
　　A：うん
　　M：A子が聞いたところだけ？
　　A：うん　誰とかさ　そういうのは書いて<u>くれた</u>
　　M：誰とかって？　例えば？
　　A：ガンバとか
　　M：名前？　ああ　出てくる人の名前？
　　A：うん　あと何を言っているか　とか
　　M：ずーと書いてくれたの？　ときどき？
　　A：うん
　　M：それで　となりは誰だったの？　Oちゃん？
　　A：うん　修学旅行の班で座らせて<u>くれた</u>
　　M：よかったね

　また、劇団の人たちへ感想とお礼の手紙を書く宿題では、次のような「くれる」の使用が観察された。

　　前編と後編、とてもおもしろかったです。友達が紙に書いて教えて
　　<u>くれた</u>ので、だいたい話は分かりました。また招待して<u>くれる</u>とう
　　れしいです。

　このように、学習活動ステップ3を終了し、確認テストを終えた後の日常生活の中で、A子が話しことばと書きことばの両方で授受動詞、特に「くれる」を適格に使用していることが観察された。
　次章では、本研究で行った学習活動ステップ1、ステップ2、ステップ

3を通して明らかになったA子の授受表現の問題点、授受表現の習得過程、フォーカス・オン・フォームの効果など、考察のまとめを述べる。

注 [1] 『英語教育用語事典』（大修館書店、2009: 30）、『新編英語教育指導法事典』（研究社、2011: 34-35）。
[2] 表面に表れた間違いである「誤用」に対して、学習していながら使用にいたらない表現形式を「非用」という（水谷1985: 14）。
[3] 「かぶる」に「〜させる」がついて「かぶらせる」になる時、子音の連続により-sが落ち、kabur-saseru→kaburaseruのようになる。
[4] 森田（2002）は「かぶる」は「帽子をかぶる」のように他動詞に働くが、「フィルムがかぶる」（p.177）のように自動詞用法も持つと述べている。「フィルムがかぶる」とはフィルムが空港などの手荷物検査でX線を浴びたり、カメラの裏蓋を開けて光が当たり、フィルムが曇ってぼやけることを言う。
[5] 高見（2011）によると、自動詞や他動詞に「〜さす」を付けて使役を表す形もあるが、学校文法では「〜させる」だけが教えられる。「〜さす」使役は、主に関西地方の話しことばや書きことばで用いられる（p.141）。
[6] この教材は井上・田口・藤吉・大森（2012）が聴覚障害児の言語指導用教材としてあげているものの一つである。
[7] 『ニッセのポック』オーレ・ロン・キアケゴー作、スベン・オットー絵、批谷玲子訳、あすなろ書房（2006）
[8] 健聴児Hの誤用は（い）Aa、（さ）Bb（し）CaとBc「信じてくれない（誤）→信じてもらえない（正）」（p.29）で、（い）（さ）（し）の誤用は装用児A子と同じだった。
[9] 国語の教科書は『国語・五・銀河　上』（光村図書、2011）を使用していた。
[10] A子の視点の一貫性を保つなら、4）の問題は、「AはYちゃんにグミを（あげた）」になる（徳永p.c. 2012）。

第7章
# 考察のまとめ

　本章では、研究のまとめとして、授受表現の習得を目的としたA子の学習活動ステップ1、ステップ2、ステップ3を通して明らかになったことを考察する。7.1でA子の授受表現の習得における問題点、7.2でA子の授受表現の習得過程、7.3でフォーカス・オン・フォームの効果について述べる。

## 7.1　A子の授受表現の問題点

　本節では、A子の授受表現の問題点を明らかにし、誤用の原因を考察する。最初に人工内耳装用児A子の授受表現の習得のため行った学習活動ステップ1、ステップ2、ステップ3におけるA子の授受動詞の誤用・不適格な語用の数と種類を表20に示す。

　表20が示すように、「あげる」(正)(Ac・Cb)の誤用数は3、「もらう」(正)(Bc・Ca)の誤用数は5、「くれる」(正)(Aa・Ab・Ba・Bb)の誤用数は24で、「くれる」とするべき誤用が最も多いことがわかる。このことからA子の授受表現の問題点は「あげる」や「もらう」には少なく、「くれる」が最も多いことが明らかになった。つまり、A子の授受表現の問題点は授受動詞「くれる」にあり、「くれる」の習得が最も難しいと言える。

213

**表20** 学習活動ステップ1・2・3の誤用の種類と誤用数

| 誤用の種類 | 誤用数 | | | |
| --- | --- | --- | --- | --- |
| | 学習活動ステップ | | | |
| | 1 | 2 | 3 | 合計 |
| Aa あげる（誤）→くれる（正） | 3 | 5 | 0 | 8 |
| Ab あげる（誤）→もらう（誤）→くれる（正） | 1 | 3 | 0 | 4 |
| Ac くれる（誤）→あげる（正） | 1 | 0 | 0 | 1 |
| Ba もらう（誤）→くれる（正） | 9 | 1 | 0 | 10 |
| Bb もらう（誤）→あげる（誤）→くれる（正） | 0 | 2 | 0 | 2 |
| Bc くれる（誤）→もらう（正） | 1 | 2 | 0 | 3 |
| Ca あげる（誤）→もらう（正） | 0 | 2 | 0 | 2 |
| Cb もらう（誤）→あげる（正） | 1 | 1 | 0 | 2 |
| D その他 | 3 | 2 | 1 | 6 |
| 合計 | 19 | 18 | 1 | 38 |

表20が示すように、「あげる」が正答となるAcくれる（誤）→あげる（正）の誤用総数は1で、Cbもらう（誤）→あげる（正）が2である。これは、(a)「私／私の妹は桜ちゃんにお菓子をあげた」のように、物や恩恵の移動の方向が「話者→他者」になり、A子が話者で授与者であるときである。A子の授受表現の誤用において、「あげる」が最も少ないということは、健聴児の授受表現の習得の発達で、「あげる文」の習得が一番早いという天野（1977）の先行研究や、聴覚障害児の授受表現の習得で「あげる文」が「もらい文」の習得よりも正答率が高いという我妻・菅原・今井（1980）や小田島・都築・草薙（1983）の先行研究の結果と一致する。つまり、人工内耳装用児A子にとっても授受動詞「あげる」の習得が最も早く、容易であると言える。

次に「もらう」が正答となる誤用は、Bcくれる（誤）→もらう（正）の誤用が3、Caあげる（誤）→もらう（正）が2で合計5である。「あげる」の誤用2ほど少なくはないが、「くれる」の誤用Aa・Ab・Ba・Bbの誤用総数24と比較すると約五分の一という少ない数である。これは、小田島・都築・草薙（1983）の聴覚障害児は「あげる文」よりも「もらい文」の習得が遅れるという先行研究の結果と一致する。「もらう」の授受の方向は「他者→自分」であり、話者の視点は主語にある。誤用の原因は

主に授受の移動の方向であり、Mが授与者の確認のために「誰にもらったの？」や受益者の確認「誰があげたの？」というフィードバックを与えることによって正答に至っている。

最後に「くれる」が正答となる誤用は24であり、授受動詞の中で最も多い。その原因は主に二つ考えられる。一つ目は、話者の視点の位置、二つ目は「くれる」の持つ他者への感謝の気持ちである。

一つ目の話者の視点の位置について考えてみる。通常、ほとんどの日本語の動詞は、視点は主語に固定される「主語中心動詞」である（徳永2004, 2006）。主語中心動詞である「あげる」や「もらう」のように話者に視点がある授受動詞は、A子にとって習得が難しくない。しかし「話者中心動詞」である「くれる」は話者の視点が非主語にあり、そのために「くれる」の習得が困難であると考えられる。徳永（2004）は、ほとんどの日本語の動詞は話者の視点が主語に固定され（主語中心動詞）、話者が受け手になる場合、話者の位置を明確にするために話者の視点が非主語にあることを示す「くれる」を付加する必要があると述べている。つまり、「くれる」を用いた文では、話者である自分が主語になることがなく、視点が主語にないため、「くれる」の使用が困難であると言える。

例をあげると、(a)「私は桜ちゃんにお菓子をあげた」では、主語の「私」に視点がある。それに対して（b）「桜ちゃんが私にお菓子をくれた」で授与者の「桜ちゃん」が主語であるが、「共感」という話者の心情は非主語で受益者である「私」にある。

視点の位置を決めるには、ウチとソトの感覚ができていなければならない。(d)「知らないおばあさんが桜ちゃんにお菓子をくれた」のような場合、受益者の桜ちゃんに共感が持て、ウチの者と捉えることができないと、「知らないおばあさんが桜ちゃんにお菓子をあげた」となってしまう。これは、統語的には正しいが、「くれる」を使わないと桜ちゃんに仲間意識を持っていることや他者の感謝の意味が伝わらない。聴覚障害児は耳から得る言語インプット量が健聴児よりも少なくなるため、ウチとソトの感覚が身につきにくいと考えられる。

また、聴覚障害児がウチとソトの感覚を身につけるためには、家族やクラスの友達に共感し、一体感を感じている必要がある。家族で食事をするときに、聞こえにくいことで会話に入れず一人孤独に食事をしてい

たら、自分以外の家族がウチの者だという感覚を持つことができないだろう。同様に、クラスに親しい友達がいなかったり、友達同士の会話に入っていくことができなければ、自分はクラスの輪のソトの者となってしまう。クラスに来訪者が来て、クラスの友達の教科書を拾ったというような状況を説明するときには、「X（ソトの人）が友達に教科書を拾ってくれた」とは言わず、「Xが友達に教科書を拾ってあげた」と言うだろう。

　以上で述べたように、A子の授受表現の問題点は、主に「くれる」にあり、その原因は、くれるが持つ特殊性である「話者の視点」と「くれる」が持つ「他者への感謝」の意味理解にあると言える。「くれる」は他者への感謝を表すために重要な動詞である。感謝の気持ちを正しく表現できなければ、社会で人間関係を築くときに支障を来してしまうだろう。「くれる」の習得は、装用児が健聴者の社会の中で生きていくために、習得が不可欠な動詞であり、特に「くれる」の意味概念の理解と正しい使用の定着が必要である。そのために、本研究ではA子に授受表現の習得のための学習方法を実践した。

　次節では、A子の学習活動ステップ1、ステップ2、ステップ3における習得の過程について述べる。

### 7.2　A子の授受表現の習得過程

　本節では、授受表現の学習活動ステップ1、ステップ2、ステップ3を通して、A子が学習中にどのように授受表現を習得していったか、その習得のプロセスについて述べる。

　学習活動1を実践する以前のA子は、話しことばと書きことばの両方で「あげる」「くれる」「もらう」を使用していたが、ときどき誤用が見られた。A子は、「先生がほめてくれた」や「やきいもを買ってくれた」など、恩恵や感謝の気持ちがあるときには「くれる」を使用していたが、これは、「買ってくれる」や「ほめてくれる」をチャンク（chunk：かたまり）として習得しているからだと考えられる。そのため、A子の授受表現の問題点を明らかにするために、学習活動ステップ1として自由会話、漫画を使った活動A（話す）、漫画を使った学習B（書く）を実践した。

　学習活動ステップ1では、「あげる」「くれる」「もらう」を誤用し、中

でも特に誤用が多かったのは、「くれる」である。学習活動ステップ1では、Mがフィードバックを与えても誤用に気づかなかったこともある。しかし、Mが正用のモデルを何度も与え、インタラクションによって「繰り返し」や授与者、受益者を「補足・確認」するフィードバックを与えると、A子は誤用に気づくようになり、正答できるようになった。ただし、正答に至るまでには「もらう」でなければ、「くれる」を選ぶというような消去法の方略を用い、授受動詞の非用も見られた。間違ったアウトプットも多かったが、学習活動を通じ正用や誤用のアウトプットを繰り返すことで、ステップ1ではMの「聞き返し」によるフィードバックで自己訂正することもできるようになった。このように、ステップ1では、Mのフィードバックにより、自分の誤用に気づき、正しいアウトプットや間違ったアウトプットを繰り返しながら習得が進んでいった。学習活動ステップ1では、「くれる」の誤用が目立ち、「くれる」の習得が難しいことがA子の問題点であった。そこで「くれる」という動詞の持つ「話者以外の者から話者／ウチの者への授与と感謝を示す」の意味理解を目的として学習活動ステップ2を行った。

　学習活動ステップ2では、授受動詞、特に「くれる」の使用における話者の視点と感謝の気持ちの理解を目的に自由会話、リーディング、ライティングを行った。

　自由会話では、A子の感謝の気持ちが表れるようにMが「今日一日で嬉しかったことを教えてください」という導入で始めたが、会話のトピックが次々に変わり、授受表現をA子に意図的に使用させることが難しく、誤用はほとんど見られなかった。

　リーディングでは、物語本を教材として使用し、隠された授受表現に適切な「あげる」「くれる」「もらう」を入れながら一冊の本を完読した。ステップ1で使用した4コマ漫画よりもストーリーの長い物語本を使用することで、物語の語り手である主人公の視点で授受表現を学習することができたが、「あげる」「くれる」「もらう」の誤用はまだ残っていた。長いストーリーでは、文章中に授与者が省略されていたり、一文が長いために最初に示された授与者を忘れてしまったりすることもあり、授受動詞を正しく選択できないことがあった。しかし、受益者や授与者を「補足・確認」することでA子が誤用に気づき、正用に至ったことから、

ステップ2でもMのフィードバックがA子の誤用に対する「気づき」を促し、正用を導いたと言える。

ライティングでは、A子が「くれる」の形式と感謝の気持ちが一致するような問題についてアウトプットさせた。書きことばでアウトプットすることで、A子は語彙などで言いたいことが言えないこと（hole）に気づくことがあった。また授受表現の非用も見られたが、これはMのフィードバックによって使用に至った。さらにライティングでは、使役構文にも問題があることがわかり、書きことばによるアウトプットの重要性が示された。

ステップ2では、ステップ1と同様に、A子がMのフィードバックで自分で誤用に気づき、正しいアウトプットや間違ったアウトプットを繰り返し、Mの与えた正用のモデルをインプットしながら、習得が進んでいった。しかし、依然として授受表現の誤用は見られ、その中でも「くれる」の誤用が最も多かった。

学習活動ステップ2の効果を見るために、失語症構文検査や日本語理解テスト（J.COSS）を行ったところ、言語力全体が向上したこと、授受表現の項目で得点が向上したという結果が得られたが、これらの検査には授受表現の「あげる」「もらう」の評価はあるものの「くれる」が含まれていないという問題があった。そこでステップ2の6か月後に授受表現の確認テストを行ったところ、全問正答した。しかし、授受表現のウチとソトの概念や、感謝の気持ちを表すという「くれる」の基本義の定着を確認し、A子の「くれる」の内的理解をさらに深めるために、最後に学習活動ステップ3を行った。

ステップ3では、A子の身近な内容についての文章読解を行い、問いに口述で答える読解A（読んで話す学習）と書きことばで答える読解B（読んで書く学習）を行った。A子は読解A（読んで話す学習）で15問中14問正解し、誤答1問に対してもMのフィードバックによって誤用に気づき、正答することができた。また読解B（読んで書く学習）の問題には全問正答していた。読解A・Bの両方で、Mの質問に対してすぐに答えることができたため、Mがフィードバックを与えることは、ほとんどなかった。また、「あげる」を用いても正解となる質問に対して、「くれる」を用いたことからも、A子の授受表現は習得に至ったと言えるだろう。しかし、

読解A（読んで話す学習）と読解B（読んで書く学習）の同一の問題において、口答では授受動詞を非用し、記述では授受動詞を使用していることから、話しことばと書きことばにおける授受動詞の使用の違いが見られた。このことから、話しことばで授受表現を間違わなくても、書きことばのアウトプットに誤用がないかを確認する必要があることが示された。

　最後に学習活動ステップ3を終了した後に、ステップ2の半年後に行った確認テストをもう一度行ったところ、再び全問正答することができた。30問中30問の正答率は100％であり、「確認テストで文法的・語用的に適格に授受表現を産出し、90％以上正答すること」を達成した。また、学習活動ステップ3終了後の話しことばや書きことばで授受表現を自発的に正しく使用していたことから、A子が授受表現を習得したとみなした。

　以上に述べたように、A子は、Mとのインタラクションを重視した学習活動ステップ1、ステップ2、ステップ3を通して、授受動詞の授受の方向、「くれる」の視点の位置と意味概念について学習していった。A子は学習活動中、Mのフィードバックや正しいモデルのインプットを得ながら、授受表現の間違ったアウトプット、正しいアウトプットを繰り返し、最終的に統語的・語用的に正しく使用できるという段階に至ったと言えるだろう。

　また、A子の授受表現の習得過程から、授受動詞「くれる」の習得が困難だということが明らかになった。しかし、本研究のように大人が意図的な学習活動を行い、フィードバックを与えることによって、「くれる」を習得することが可能であることが示された。したがって、装用児A子のように、コミュニケーションで話しことばを使い、音声日本語を第一言語としていても、人工内耳を装用して言語音のインプット量を多くするだけでは不十分であり、日本語の習得のために意識的な学習が必要であることが示唆された。さらに、A子のように、人工内耳によって聴覚を使い、話しことばによるインタラクションを重視した学習活動を行った結果、授受表現の習得に至ったことから、これまで補聴器装用の重度・最重度難聴児には難しいと思われていた「聞いて話す」学習活動が有効だったことが示された。

最後に、授受表現の習得における問題点として、「くれる」を含む言語評価が一般化されていないことをあげておきたい。現在、感覚器障害戦略研究「聴覚障害児の療育等により言語能力等の発達を確保する手法の研究」が提唱している聴覚障害児の言語力を測定するための言語検査ALADJINの中には、授受動詞「くれる」の評価が含まれていない（笠井2012）。「くれる」は他者への感謝の気持ちを表すために不可欠な日本語表現であり、社会で人間関係を円滑にするコミュニケーションには習得が必須である。「くれる」を使用した授受表現の言語形式を定着させることは重要であるが、「くれる」の概念を理解しなければ、語用的に正しく使えない。「くれる」は他者への感謝を表す重要な動詞であり、統語レベルだけでなく、語用レベルでも正しく使用する必要がある。音声言語を習得し、健聴者の社会の中で生活している人工内耳装用児の親や教育関係者は、この「くれる」が持つ意味概念を習得する困難性と、その重要性を認識する必要があるだろう。さらに、「くれる」を含む授受表現の評価方法に加え、その評価を行う機会も整える必要性があると考える。通常学級に在学する装用児A子のように、言語評価を受ける機会が少なければ、日常生活の使用で見つけられない習得の遅れを発見しにくい。聴覚障害児が「くれる」を含む授受表現を習得しているかどうか、定期的に言語発達検査を受けられる環境が整えられる必要があると考える。

　A子の習得過程では、自分の誤用に気づく、気づいていても誤用する、ということが繰り返され、正用に至るには、A子の「気づき」が重要であることが示された。その「気づき」を促したのは、Mによるフィードバックや書きことばによるアウトプットであった。

　次節では、「気づき」を重要視するフォーカス・オン・フォームがA子の授受表現の習得にどのように効果的だったかについて考察する。

### 7.3　A子の学習方法：フォーカス・オン・フォームの効果

　本節では、A子が行った学習活動ステップ1、ステップ2、ステップ3におけるフォーカス・オン・フォームの効果について考察する。

　フォーカス・オン・フォームとは、5.5で述べたように、意味のあるコンテクストの中で学習者の注意を言語形式に向けさせることであり、教師が用いるテクニックを含めることもある。またフォーカス・オン・フ

ォームを広く捉えると、それを可能にするための教え方全般を意味し、意味を中心にしながら、言語形式にも注意を払う言語教育のアプローチとも言える。本研究では、一人の装用児A子に対して、意味ある言語活動の中で、授受表現という形式を対象とし、インタラクションを重視した学習活動ステップ1、ステップ2、ステップ3を行った。意味あるコンテクストで学習するためには、A子の体験に基づいた身近なコンテクストになるように、ライティングの問題や読解文章などの教材を独自に作成した。またインタラクションを重視し、Mがささまざまなフィードバックを与え、5.1で述べた言語習得のインプットからアウトプットに至る過程に「気づき」が起こるようにした。さらに、ライティング活動を行う際にも、作成した問題をA子に与えて解答させるのではなく、Mが一緒にA子からの質問を受けながら行った。

　学習活動のA子の「気づき」は、6.3.4、6.4.4、6.5.4の学習活動の考察で述べたように、意味的な「気づき」、統語的な「気づき」、語彙の「気づき」など言語のさまざまな面で観察された。またライティングによって、書きたい文字や語彙がわからないことに気づき、アウトプット活動がA子の更なる「気づき」を促すために有効だということが示された。

　5.7で述べたように、フォーカス・オン・フォームの指導効果を報告したBerent, Kelly, Aldersley, Schmitz, Khalsa, Panara, & Keenan（2007）の先行研究では、対象者が大学生レベルの聴覚障害学生であり、視覚的に言語形式を強調するビジュオグロスという方法やエッセイ・コーディングという作文の誤用を視覚的な記号によって示し、学生に返却する方法が用いられていた。A子に対して行った学習活動では、視覚的な方法でも「気づき」が起きていたが、多くの場合、話しことばによるMのフィードバックによって「気づき」が促されている。このことからA子にとっては、話しことばを生かし、「話す」「聞く」方法を用いたフォーカス・オン・フォームを用いた方法が有効であることが示された。

　また就学前の装用児を対象として、母親のフィードバックが装用児の言語発達を促進したというDesJardin & Eisenberg（2007）の調査では、母親のパラレル・トーク、自由回答質問、拡張、リキャストなどが有効だったと報告されている。一方、A子の「気づき」を促すために有効だったフィードバックは、Mの「繰り返し」（問題文を繰り返す）や「聞き返し」

（え？等と聞き返す）、「引き出し」（正用を途中まで言う）、「補足・確認」（授与者・受益者を確認する）などだった。小学生であるＡ子に行った学習活動では、就学前の子どもに有効だった発話の間違った部分を訂正して言い直すリキャストよりも、これらのフィードバックの方が効果的だったと言えるだろう。

　本研究の対象児Ａ子は、DesJardin & Eisenberg（2007）の研究で対象とした就学前の装用児たちよりも年齢が上であった。Ａ子は小学4年生であり、学習活動中は、話しことばでコミュニケーションをとり、質問や指示を理解することができた。また、授受表現という文法項目に焦点を当て学習活動を行ったため、「気づき」を促したり、正用を導く「引き出し」や授受動詞の授与者や受益者を確認するための「補足・確認」が有効であった。このことから装用児の言語習得に有効なフィードバックは、装用児の年齢や習得する構文によって異なることが示唆された。

　本研究は事例的研究であり、先行研究とは比較できないが、装用児の年齢や聴力レベル、認知能力、習得するべき構文によっても効果的なフィードバックが異なるかどうか、今後明らかにしていく必要があるだろう。

　以上述べたように、Ａ子の授受表現の学習活動では、Ｍのフィードバックによって A 子の「気づき」が起きていることがわかる。その「気づき」が統語・意味・文字など、言語のさまざまな側面においても起きている。したがって、第二言語習得における学習者の言語習得のプロセスに「気づき」を促すフォーカス・オン・フォームは人工内耳装用児Ａ子にも有効だったと言えるだろう。

　人工内耳装用児は、日常生活で話しことばによる一対一のコミュニケーションで大きな問題がなくても、騒音下や大勢が同時に話す環境では、言語音が聞き取りにくくなる。健聴児は大量の母語インプットを得て自然に言語を獲得していくが、装用児は聞こえの障害によって言語インプットに限りがある。そこで少ないインプットの中で、装用児自らの「気づき」が言語習得を促進する。つまり、周囲のことばを聞きながら自然と日本語を獲得していく健聴児には特に意識的に操作する必要がないような「気づき」を促すことが、装用児の言語習得にとっては重要であると言えるだろう。

また、本研究では、学習活動中、装用児A子が「話す」「聞く」「読む」「書く」という4技能を生かせることが示された。人工内耳が登場する以前、補聴器で聴能訓練に多くの時間を費やしてきた重度・最重度難聴児は、聞いて話すことが難しいにもかかわらず、多くの努力をしてきた。そして一般的に「話す」「聞く」が難しい難聴児は、「読む」「書く」技能を通しての言語学習方法が有効であると言われている。人工内耳装用児にとっても、「読む」「書く」を通しての学習は、重要であることに変わりがない。しかし、本研究のように、装用児を対象とした個別の学習活動では、「話す」「聞く」も加え、4技能をよりバランスよく育成してくことができるだろう。

　澤村（1991）は、外国語教育における4技能の学習について、ラセン型カリキュラムを用いて説明している。このモデルでは、言語教育が円錐の側面をラセンの軌跡を描くように展開している。最初に「聞く」ことから始め、「話す」「読む」「書く」を繰り返し、その過程で言語の音、語彙、文法、語法を学ぶというものである。森（2002, 2011）は日本の英語教育の「読み」中心の言語学習について、このラセン型のモデルを用い、4技能がバランスよく育成できないということは、学習者が「読む」の領域を垂直によじ登るようなものだと例えている。この例えを用いるならば、これまで補聴器を装用しても話しことばが聞き取りにくかった重度・最重度難聴児は、日本語を習得するために、4技能のうちの「読む」「書く」の壁を登ることが重要とされてきたと言えるだろう。しかし、本研究では、人工内耳を装用した重度・最重度難聴児は、健聴児のように、「聞く」「話す」「読む」「書く」を繰り返しながら、日本語を習得していける可能性があることが示された。

　本研究では、装用児A子を対象に授受動詞の習得のために、4技能を使った学習を試みた。今後、授受表現以外の構文でも4技能を使ったフォーカス・オン・フォームが有効であるか明らかにしていく必要があるだろう。次章では、本研究を通して示された今後の課題について述べる。

## 第8章
# 今後の課題

　**本**研究の目的は、音声日本語を第一言語とする人工内耳装用児A子に対してフォーカス・オン・フォームによる指導を実践し、A子の授受表現の問題点と習得過程を明らかにすることであった。また、日本社会におけるウチとソトの概念を理解することなく、円滑なコミュニケーションを築くことは難しいことから、授受動詞「くれる」の習得の重要性を主張し、聴覚障害児の言語習得の評価に授受動詞「くれる」が不可欠であることを提言することであった。本研究では、A子に対して学習活動ステップ1、ステップ2、ステップ3を実践したところ、「くれる」の基本義や意味概念の理解の難しさが示され、授受表現の習得には、段階的な学習が必要であることが明らかにされた。

　本研究の意義は、人工内耳装用児の言語習得研究が少ない中で、授受表現という構文を対象にした言語習得研究であること、また聴覚障害児の言語評価において、授受動詞「くれる」の評価の必要性を提言したこと、さらに、人工内耳装用児の授受表現習得のために具体的な学習方法や教材を提示した点である。

　しかし、本研究は次の点で課題が残る。まず、学習活動で筆者が適切なフィードバックをA子に与えられなかったことである。教える者は、授受表現だけではなく、日本語の文法的知識、学習者が何を理解していないのか、どんなフィードバックを与えると効果的か、などの知識が必要である。A子の授受表現の理解を促し、正用を導くためには、A子の理解を確認してから正用を導くためのフィードバックを与えることが有効であった。しかし、学習活動ステップ1の自由会話や漫画を使った学習、学習活動ステップ2のリーディングやライティングのインタラクシ

ョンで、「誰が誰のために何をしたか」という質問を行えず、適切なフィードバックが与えられなかった。他にも、学習活動ステップ1の「貸す」「借りる」など方向性を持つ動詞、他動詞「かぶせる」のような動詞には、意味の確認が必要だった。言語を効率よく習得するために、教える者として必要な語彙の基本義や文法知識など、専門的な知識が不足していた。

　また、本研究は事例的研究であり、装用児A子1人が対象であった。本研究の学習方法が授受表現の習得のために効果的であったことで、他の人工内耳装用児のための言語教育へ貢献できる方法が示唆された。しかし、今後、この方法が他の装用児にも同じように有効であるのか、有効な装用児の言語レベル、構文の種類等に関する検討が必要である。そのためには、装用児の習得の段階がどこにあるか、何につまずいているのかなど、装用児の言語習得過程を明らかにしていき、言語習得研究・言語教育の理論や知見を参考に、人工内耳装用児の言語習得、言語教育の実践を構築していく必要があるだろう。

　聴覚障害児が音声言語を母語として選択したならば、健聴者の社会で他者とコミュニケーションを通して、豊かな対人関係を築き自立してくことができるように、ことばを育てていかなければいけない。人工内耳を装用し、聞こえが改善されることに起因する装用児の言語環境の変化は著しく、家庭や教育現場がその変化に追いついていないという現状では、さまざまな問題がある。装用児が定期的な言語検査を受ける機会がほとんどなく、言語発達を継続的に評価する機会が乏しいこと、聴覚障害児の言語検査に授受動詞「くれる」が含まれていないこと、A子のように、通常学級で学び、特別な言語指導を受ける機会がない装用児のための学習方法や教材の不足していることなどである。これらの問題点を広く周知させ、人工内耳装用児の言語教育環境を改善していく必要性があるだろう。

　今後、装用児の言語習得過程の研究を通して装用児に有用な教材や学習方法を考案し、実践を重ねることで、装用児親子、教育現場への一助となり、装用児の言語教育に貢献できるよう、研究を続けていきたいと思う。

# あとがき

　**娘**たちが先天性聴覚障害と診断されたのは、今から13年前です。当時、娘たちのように生後2歳ごろの人工内耳の手術は、年齢的に早い方でした。体外機も今のように耳掛け型ではなく箱型で、手作りの小さなリュックに入れて背負っていました。最近のお子さんが1歳代で両耳に最新の人工内耳をしている姿を見ると、医療や機器の進歩の速さに驚きます。先輩のお母さんが、私たちのころはもっと大変だった、とおっしゃる時には、おそらく今の私と同じように、補聴機器の進歩の速さや聴覚障害児の子育てにかける時間や労力の違いを感じているのだと思います。

　私たちの身の回りも大きく変化しています。特に聴覚障害者にとっては、インターネットの普及により、人と人がつながり易くなり、音声や画像、動画などを含めた新しい情報を手軽に知り共有することができるようになりました。補聴器や人工内耳の改良、医療技術の進歩、また障害者権利条約の批准などで障害者福祉にも追い風が吹いています。しかし、どんな変化があっても聴覚障害教育に関わる専門家や親たちの子どもへの溢れんばかりの愛情は、どの時代でも変わらないものです。だからこそ、聴覚障害児のために、これからも変わらずに残していくものと変わらなければいけないものを見極めていかなければならないと思います。

　聴覚障害児を育てることは、ことばを育てることから始まります。心の育ちも学力の向上もことばの育ちとともにあります。コミュニケーションの力や読み書きの力は、聴覚障害児の自己実現や社会参加を可能にするために中核となるきわめて重要なものです。テクノロジーや医療の進歩が聴覚障害児の可能性を著しく広げたことにともない、聴覚障害児の日本語習得のためにこれまで積み上げられてきた指導内容、方法、教材、評価などを継承しながら、それらを改めて見直し、発展させていく

必要があるでしょう。英語教育や日本語教育など外国語教育の分野では、さまざまな研究と活発な議論がなされています。今後、このような言語教育、関連諸分野からの知見や研究結果を聴覚障害児の日本語教育の実践に応用していきたいと思います。そのためにも、聴覚障害児のことばの問題について、多くの方々に関心を持っていただき、広い視点からご教示いただきたいと思います。そして本書が微力ながらその一役を担えれば幸いです。

　また、子どもの育ちとことばの発達にともなって、親のできる支援も変わっていきます。補聴器や人工内耳を装用して音の世界を知り始めるころ、話しことばが理解できるようになるころ、日常のやりとりに不自由がなくなるころ、読み書きが始まるころ、教科学習が難しくなるころ、中学生、高校生になるころ……。それぞれの時期に対応した親の役割があるでしょう。しかし、子育ては親にとって初めての体験ばかりです。まして子どもに聴覚障害があると不安や迷いは尽きず、何をどうすればいいのか、今のままでいいのか、という思いの連続です。そのような時には、専門的な知識を学び、最新の情報を得て、同じ聴覚障害児を育てる仲間や先輩から勇気や励ましを得れば、不安も軽減できます。ともに学び、知恵や知識を共有し、考え、行動することで、聴覚障害児の育ちを支えていけるでしょう。聴覚障害児をもつ親の一人として、本書が一人でも多くの方々の一助となれば嬉しく思います。


**謝辞**

　本書は、2012年9月に昭和女子大学より学位を授与された論文「人工内耳装用児の言語学習活動―事例による授受表現の学習」を加筆修正し、独立行政法人日本学術振興会平成26年度科学研究費補助金（研究成果公開促進費）の交付を受けて刊行したものです。

　刊行までには多くの方々にお世話になったことをここに記してお礼申し上げます。

　母校、昭和女子大学は、私の知的探究心にこたえ、学びを追求できるすばらしい環境でした。そこで出会い、ご指導いただいた多くの先生方に心より感謝いたします。特に学位論文の主査であった德永美暁先生に

は、言語学から日本語教育に関する専門知識に至るまで、すべての面でご指導いただきました。また論文が完成に至ったのも、私が家庭と研究を両立できるように、つねに温かい配慮をしてくださったおかげでした。今でも私の研究活動を応援してくださり、大変心強く思っております。

金子朝子先生には、論文の副査だけでなく、大学在学中から長年にわたりご指導いただきました。私がメルボルンで日本語を教えていた時には、修士課程に進み、英語の教職課程を修めることを勧めてくださいました。そして博士論文の指導では、貴重なご意見とご助言をいただきました。また、石橋玲子先生にも副査として論文の完成までに多くの有益なご助言をいただきました。ここに改めてお礼申し上げます。

また、今の私があるのは、外部審査を引き受けてくださった北野庸子先生との出会いがあったからです。娘たちの聴覚障害が診断された直後に人工内耳を勧めくださって以来、手術後の（リ）ハビリテーション、聴覚障害学生の情報保障支援、論文の完成まで、長きにわたり、大変お世話になりました。時には大きな困難にぶつかることもありましたが、私の研究だけでなく、家族まで温かく見守り、励ましてくださいました。今でも先生の情熱からは元気をいただいており、ここに改めて感謝申し上げます。

池上嘉彦先生は、修士論文をご指導いただいてから結婚、出産、育児と12年の期間が経ったにもかかわらず、博士課程で学ぶよう導いてくださいました。いつか聴覚障害児の娘たちの日本語の問題を研究のテーマにしたいと相談した時、研究にはいつでも戻ってこられるから子どもたちの記録をとっておくように、とアドバイスいただいたことが、この研究の第一歩になったと思っています。また博士課程在学中には、中田清一先生から緻密で細やかな研究に対する姿勢を学びました。論文の完成にむけて貴重なご意見をくださり、温かくご支援いただいたことは、大きな励みとなりました。ここに感謝の意をお伝えいたします。

本書の刊行にあたっては、斎藤佐和先生に貴重なコメントをいただきました。お忙しい中、快くお時間をとっていただきましたことに、深く感謝いたしております。そして、ココ出版の田中哲哉氏には本書の完成まで大変お世話になりました。厚くお礼申し上げます。

私事となり恐縮ですが、研究を続ける環境を整えてくれた母や妹、弟、家族に改めて感謝します。本書の表紙の絵は、母が孫たちと家族が集まるようすを描いたものです。妹は娘たちをモデルにし、教材の漫画を描いてくれました。また研究に協力してくれた次女の愛、三女の恵はもとより、長女、優の協力も大変大きいものでした。研究に没頭していた私には配慮が足りなかった点も多くあったと思います。本当にありがとう。そして誰よりも子育てから研究まで、すべてにわたり、惜しみない支援を行ってくれた夫の一幸に心より感謝します。

　また、この場を借りて、これまで娘たちの成長を温かく見守ってくださった医療機関の先生方、言語聴覚士の先生方、幼稚園、小学校、中学校の先生方、私の子育てに手をさしのべてくれた全ての方々にお礼申し上げます。

　最後に、当時海外で暮らしていた私に、日本から聴覚障害の早期発見の重要性を教えてくれた亡き父に感謝します。帰国してから5か月間という短い間でしたが、父は最後まで、今の大変な時期は一生続くことはない、と励ましてくれました。娘たちの成長を見届けることができなかった父に本書を捧げます。

2015年2月

星野友美子

**参考文献**

我妻敏博（1981）「聴覚障害児におけるうけみ文、やり・もらい文の理解」『聴覚障害』36(5), 15–21.
我妻敏博（1998）『聴覚障害児の文理解能力の研究』風間書房
我妻敏博（2003）『聴覚障害児の言語指導—実践のための基礎知識』田研出版
我妻敏博・菅原廣一・今井秀雄（1980）「聴覚障害児の言語能力（Ⅲ）—うけみ・やりもらい文の理解」『国立特殊教育総合研究所紀要』7, 39–47.
天野清（1977）『幼児の文法能力』国立国語研究所報告58 東京書籍．
池上嘉彦（2006a）『英語の感覚・日本語の感覚〈ことばの意味〉のしくみ』日本放送出版協会
池上嘉彦（2006b）「〈主観的把握〉とは何か—日本語話者における〈好まれる言い回し〉」『言語』35(5), 20–27. 大修館書店
池上嘉彦（2011）「日本語と主観性・主体性」澤田治美（編）『主観性と主体性』ひつじ書房 pp.49–67.
磯部美和・大津由紀雄（2005）「言語獲得」中島平三（編集）『言語の事典』朝倉書店 pp.236–254.
板倉昭二（2002）「認知能力とは何か」田島信元・子安増生・森永良子・前川久男・菅野敦（編著）『認知発達とその支援』（第2章）ミネルヴァ書房 pp.11–19.
糸山泰造（2003）『絶対学力「9歳の壁」をどう突破していくか？』文藝春秋
井上ひとみ・田口智子・藤吉昭江・大森佳奈（2012）「ALADJINから言語指導（介入）へ」『聴覚障害児の日本語言語発達のために—ALADJINのすすめ』テクノエイド協会 pp.233–257.
稲熊美保（2004）「韓国人日本語学習者の授受表現の習得について—「もらう」系と「くれる」系を中心に」『国際開発研究フォーラム』26, 13–26.
和泉伸一（2009）『「フォーカス・オン・フォーム」を取り入れた新しい英語教育』大修館書店
和泉伸一（2011）「フォーカス・オン・フォーム」佐野富士子・岡秀夫・遊佐典昭・金子朝子（編集）『第二言語習得—SLA研究と外国語教育』（第7章4節）大修館書店 pp.237–247.
市川保子（編著）（2010）『日本語誤用辞典』スリーエーネットワーク
井出祥子（2006）『わきまえの語用論』大修館書店
伊藤克敏（2005）『ことばの習得と喪失』勁草書房
伊藤壽一（2011）「人工内耳の適応に関する考察」『耳鼻臨床』104, 1–6.
岩崎聡・西尾信哉（2012）「本邦における人工内耳装用児の現状」『聴覚障害児の日本語言語発達のために—ALADJINのすすめ』テクノエイド協会 pp.106–113.
岩立志津夫（1980）「日本語児における語順・格ストラテジーについて」『心理学研究』51, 233–240.
岩立志津夫（2005a）「古典的言語発達研究—派生の複雑度の理論と知覚の方略」岩立志津夫・小椋たみ子（編）『よくわかる言語発達』（第3章3節）ミネルヴァ書房 pp.84–87.
岩立志津夫（2005b）「心理学者が主張する生得理論」岩立志津夫・小椋

たみ子（編）『よくわかる言語発達』（第1章6節）ミネルヴァ書房 pp.16–19．
岩立志津夫・小椋たみ子（編）（2005）『よくわかる言語発達』ミネルヴァ書房
宇佐美真一（2006）『きこえと遺伝子—難聴の遺伝子診断と遺伝カウンセリング』金原出版
内田伸子（1999）『発達心理学』岩波書店
内田伸子（2004）「子どものコミュニケーション能力の発達とことばのカリキュラム——一次的ことば〜二次的ことば〜三次的ことばへ」『子ども達のコミュニケーションを育てる』教育開発研究所 pp.19–24．
エプスタイン，J.（1992）『人工内耳のはなし』（中西靖子編訳）学苑社
大久保愛（1975）『幼児のことばと知恵』あゆみ出版
大久保愛（1984）『幼児言語の研究—構文と語彙』あゆみ出版
大嶋百合子（2005）「情報処理論的アプローチによる言語発達研究」岩立志津夫・小椋たみ子（編）『よくわかる言語発達』ミネルヴァ書房 pp.96–99．
大津由紀雄（2011）「母語の知識と外国語教育」佐野富士子・岡秀夫・遊佐典昭・金子朝子（編集）大学英語教育学会（監修）『英語教育学大系第5巻　第二言語習得—SLA研究と外国語教育』（第2章3節）大修館書店 pp.47–60．
岡本夏木（1982）『子どもとことば』岩波書店
岡本夏木（1985）『ことばと発達』岩波書店
小椋たみ子（2002）「相互作用」岩立志津夫・小椋たみ子（編著）『言語発達とその支援』（第4章4節）ミネルヴァ書房　pp.63–68．
小椋たみ子（2005）「言語発達における個人差」岩立志津夫・小椋たみ子（編）『よくわかる言語発達』（第2章12節）ミネルヴァ書房　pp.62–65．
小椋たみ子（2006）「言語獲得」針生悦子（編）『言語心理学』朝倉書店 pp.158–179．
オグレディ，W.（2008）『子どもとことばの出会い—言語獲得入門』（内田聖二訳）研究社
苧阪満里子（2002）『脳のメモ帳—ワーキングメモリ』新曜社
小田島牧子・都築繁幸・草薙進郎（1983）「聴覚障害児の受身文、やり・もらい文の理解に及ぼす話者の「視点」の影響」『聴覚障害』38(2), 12–23．
オーレ・ロン・キアケゴー（2006）『ニッセのボック』（批谷玲子訳）あすなろ書房
笠井紀夫（2012）「ALADJINの紹介」『聴覚障害児の日本語言語発達のために—ALADJINのすすめ』テクノエイド協会 pp.25–65．
門田修平（編著）（2003）『英語のメンタルレキシコン—語彙の獲得・処理・学習』松柏社
門田修平（2010）『SLA研究入門—第二言語処理・習得研究のすすめ方』くろしお出版
金澤貴之（編著）（2001）『聾教育の脱構築化』明石書店
金谷武洋（2004）『英語にも主語はなかった』講談社

神島二郎（1961）『日本人の発想』講談社
河野美沙子（2008a）「聴覚障害が言語習得に及ぼす影響―書きことばによる書きことば学習の可能性について」『甲南女子大学大学院論集人間科学研究編』6, 85-94.
河野美沙子（2008b）「聴覚障害児のための言語教育プログラム考―外国人向けに教育の手法を利用する意義」『甲南女子大学大学院論集人間科学研究編』7, 1-7.
河野美沙子（2008c）「聴覚障害児の日本語教育―作文の指導方法について」『日本語・日本文化研究』14, 49-60. 京都外国語大学留学生別科
北野庸子（2007）「人工内耳と子育て」『そだちの科学―視聴覚障害とそだち』9, 79-86. 日本評論社
久野暲（1978）『談話の文法』大修館書店
黒田生子（2008）『人工内耳とコミュニケーション』ミネルヴァ書房
ケラー，H.（2004）『奇跡の人―ヘレン・ケラー自伝』（小倉慶郎訳）新潮文庫
現代思想編集部（編）（2000）『ろう文化』青土社
小林春美（2002）「言語前期の言語発達」岩立志津夫・小椋たみ子（編著）『言語発達とその支援』（第5章1節）ミネルヴァ書房 pp.69-79.
小林春美・佐々木正人（編）（2008）『新・子どもたちの言語獲得』大修館書店
小林ミナ（2007）『外国語として出会う日本語』岩波書店
小柳かおる（2001）「第二言語習得過程における認知の役割」『日本語教育』109, 10-19.
小柳かおる（2004）『日本語教師のための新しい言語習得概論』スリーエーネットワーク
近藤安月子（2008）『日本語学入門』研究社
斉藤こずゑ（2002）「子どもの言語への動機」岩立志津夫・小椋たみ子（編著）『言語発達とその支援』（第3章3節）ミネルヴァ書房 pp.38-43.
斎藤佐和（1996）「聴覚障害教育の方法」中野善達・斎藤佐和（編）『聴覚障害児の教育』（第3章）福村出版 pp.49-73.
斉藤佐和子（2002）「健常幼児の格助詞と態の表出―構文検査（斉藤私案）を使用して」『音声言語医学』43, 173-181.
坂本正・岡田久美（1996）「日本語の授受動詞の習得について」『アカデミア（文学・語学編）』61, 157-202. 南山大学
迫田久美子（2010）「第二言語習得研究と日本語教育とのインターフェイス」中島平三（監修）西原鈴子（編集）『言語と社会・教育』朝倉書店 pp.100-124.
佐々木嘉則（2010）『今さら訊けない…第二言語習得再入門』凡人社
佐野富士子（2011）「認知心理学的アプローチによる第二言語習得」佐野富士子・岡秀夫・遊佐典昭・金子朝子（編集）『第二言語習得―SLA研究と外国語教育』（第4章3節）大修館書店 pp. 118-121.
サリバン（1995）『ヘレン・ケラーはどう教育されたか サリバン先生の記録』（槙恭子訳）明治図書出版
澤隆史（2004）「きこえの障害と言語の発達―聴覚障害児の読み書き能力を

巡る諸点と研究課題」『聴覚言語障害』33(3), 127–134.

澤村文雄（1991）「スパイラル型指導法」安藤昭一（編）『英語教育現代キーワード事典』増進堂　pp.177–179.

柴田康子・堀江友子・服部琢・中山博之・加藤敏江・浅見勝巳・加藤智浩・稲垣祥子（2007）「平成17年度新生児聴覚スクリーニングの結果から紹介された症例の診断過程」『Audiology Japan』50, 211–217.

白畑知彦（2008）「第二言語習得研究からの示唆」小寺茂明・吉田晴世（編著）『スペシャリストによる英語教育の理論と応用』松柏社　pp.63–78.

白畑知彦・若林茂則・村野井仁（2010）『詳説第二言語習得研究―理論から研究法まで』研究社

城間将江（1992）「日本における人工内耳の適用の現状」ジューン・エプスタイン（著）中西靖子（編訳）『人工内耳のはなし』学苑社　pp.155–171.

菅原廣一・今井秀雄・菅井邦明（1976）「聴覚障害児の言語能力について〈1〉―若干の言語テストからの考察」『国立特殊教育総合研究所紀要』3, 113–122.

鈴木情一（1981a）「視点の言語心理学的研究―文の述部に焦点をおいて」『読書科学』25(1), 20–31

鈴木情一（1981b）「視点の言語心理学的研究―直接話法における視点の移行について」『読書科学』25(3), 96–107.

鈴木情一（1982）「視点の言語心理学的研究（3）―主観述語における指示条件に焦点をおいて」『読書科学』26(1), 10–23.

鈴木孝明（2007）「単一項文の理解から探る幼児の格助詞発達」『言語研究』132, 55–76.

全国早期支援研究協議会（2010）『わが子と人工内耳―装用した子・してない子、全国保護者アンケート270人の回答から』

ターキントン，K. & サスマン，E.（2002）『聾・聴覚障害百科事典』中野善達（監訳）明石書店

高木知子（2004）「読み書き技能の芽生え」B. バックレイ（著）丸野俊一（監訳）『0歳～5歳児までのコミュニケーションスキルの発達と診断―子ども・親・専門家をつなぐ』北大路書房　pp.147–186.

髙見健一（2011）『受け身と使役』開拓社

田中真理（1997）「視点・ヴォイス・複文の習得要因」『日本語教育』92, 107–118.

田中真理（2004）「日本語の「視点」の習得」南雅彦・浅野真紀子（編）『言語学と日本語教育Ⅲ』くろしお出版　pp.59–76.

ド・ボワソン＝バルディ，B.（2008）『赤ちゃんはコトバをどのように習得するか―誕生から2歳まで』（加藤晴久・増茂和男訳）藤原書店

長南浩人・澤隆史（2007）「読書力診断検査に見られる聾学校生徒の読書力の発達」『ろう教育科学』49(1), 1–10.

塚田泰彦（2009）「「国語の特質に関する事項」の指導」田近洵一・大熊徹・塚田泰彦（編）『小学校国語科授業研究』（第四版）教育出版　pp.114–121.

都築繁幸（1997）『聴覚障害教育コミュニケーション論争史』御茶の水書房

徳永美暁（2004）「日本語の語用―話者が直接関与する事柄の表現について」『学苑』769, 66–77. 昭和女子大学

徳永美暁（2006）「「ガールフレンドが私に手紙を書いた」は適格文か？」『高見澤孟先生古稀記念論文集』東京外国語大学荒川研究室 pp.5–17.

徳永美暁（2009a）「ポライトネスの普遍性と日本語のポライトネスについての一考察」生井健一・深田嘉明（編）『言語・文化・教育の融合を目指して―国際的・学術的研究の視座から―矢野安剛教授古稀記念論文集』開拓社 pp.101–114.

徳永美暁（2009b）「日本語の話者表現」『学苑』819, 1–9. 昭和女子大学

鳥越隆士（2002）「聴覚障害」岩立志津夫・小椋たみ子（編著）『言語発達とその支援』（12章1節5）ミネルヴァ書房 pp.240–250.

鳥越隆士・クリスターソン, G.（2003）『バイリンガルろう教育の実践―スウェーデンからの報告』全日本ろうあ連盟

永江誠司（2004）『脳と発達の心理学―脳を育み心を育てる』ブレーン出版

中田賀之（2011）「動機付け」佐野富士子・岡秀夫・遊佐典昭・金子朝子（編集）大学英語教育学会（監修）英語教育学大系第5巻『第二言語習得―SLA研究と外国語教育』（第6章3節）大修館書店 pp.189–200.

中根千枝（1967）『タテ社会の人間関係』講談社

中野善達（編）（1991）『聴覚障害児の早期教育』福村出版

中村祐里子（2002）「中級学習者の受身使用における誤用例の考察」『北海道大学留学生センター紀要』6, 21–36.

根本進（1978）『クリちゃんオレンジの本』さ・え・ら書房

根本進（1978）『クリちゃんみどりの本』さ・え・ら書房

野中信之・大森千代美・越智啓子・山田理恵・宮下武憲・森望（2006）「小児人工内耳症例の言語発達」『Audiology Japan』49, 244–263.

バーンスタイン, D.K. & ティーガーマン, E.（1994）『子どもの言語とコミュニケーション―発達と評価』（池弘子・山根律子・緒方明子訳）東信堂

秦野悦子（2001）「ことばの発達の理論的基礎」秦野悦子（編）『ことばの発達入門』大修館書店 pp.3–28.

波多野完治（編）（1993）『ピアジェの発達心理学』国土社

針生悦子（2006）「言語と思考」針生悦子（編）『言語心理学』（第8章）朝倉書店 pp.138–157.

ピアジェ, J.（1968）『思考の心理学』（滝沢武久訳）みすず書房

樋口忠彦・金森強・國方太司（編）（2005）『これからの小学校英語教育―理論と実践』研究社

平川眞規子（2005）「第二言語習得」中島平三（編）『言語の事典』朝倉書店 pp.255–273.

廣田栄子（2008）「聴覚障害の基礎」奥野英子（編著）『聴覚障害児・者支援の基本と実際』中央法規 pp.2–26.

冷水来生（1988）「聴覚障害児における文理解の発達」『特殊教育学研究』25(4), 21–28.

福田章一郎・間田直美・福島邦博・片岡裕子・西崎和則（2005）「新生児聴覚スクリーニングで難聴が疑われた乳児の聴覚評価」『Audiology Japan』

48, 135-141.
藤村宣之（2005）「9歳の壁―小学校中学年の発達と教育」子安増生（編）『よくわかる認知発達とその支援』ミネルヴァ書房　pp.134-135.
藤本裕人（2006）「わが国における聴覚障害教育の目的と制度」中野善達・根本匡文（編著）『聴覚障害教育の基本と実践』田研出版　pp.41-56.
藤吉昭江（2012）「構文別の獲得年齢と順序」『聴覚障害児の日本語言語発達のために―ALADJINのすすめ』テクノエイド協会　pp.136-139.
プレストン，P.（2003）『聞こえない親をもつ聞こえる子どもたち―ろう文化と聴文化の間に生きる人々』（澁谷智子・井上朝日訳）現代新書
別府悦子（2008）「発達障害の子どもたちの認知発達と援助」『認知発達心理学入門』（第14章）ひとなる書房　pp.226-237.
星野友美子（2007）「人工内耳で聴覚障害児を育てるということ」『そだちの科学―視聴覚障害とそだち』9, 108-113.　日本評論社
星野友美子（2009）「人工内耳装用児の言語獲得および言語教育環境における現状と課題―日本語教育からの視点」『昭和女子大学大学院言語教育・コミュニケーション研究』4, 39-51.
星野友美子（2010a）「「聴こえない・聴こえにくい子ども」の子育て―人工内耳がもたらした可能性」『昭和女子大学女性文化研究所紀要』37, 51-61.
星野友美子（2010b）「人工内耳装用児の「書く力」に関する一考察」『昭和女子大学大学院言語教育・コミュニケーション研究』5, 31-44.
星野友美子（2011）「人工内耳装用児の授受動詞の学習に関する一考察」『昭和女子大学大学院言語教育・コミュニケーション研究』6, 65-78.
牧野成一（1996）『ウチとソトの言語文化学―文法を文化で切る』アルク
松井晴子・渡邉まり恵・佐藤香織・細谷美代子（2006）「聴覚障害者を対象とした日本語能力テストの開発に向けて―日本語能力試験の応用可能性について」『日本語教育』128, 110-115.
松沢豪（1970）『聴覚障害児のことばの発達とその指導』啓学出版
松山奈美・伊藤友彦（2006）「格の移動と動詞の形態との相関が聴覚障害児の統語課題の誤用に及ぼす影響」『東京学芸大学紀要総合教育科学系』57, 161-169.
水谷信子（1985）『日英比較話しことばの文法』くろしお出版
水本豪（2007a）「幼児の単文理解における文脈による理解促進効果と作動記憶―特にかきまぜ文の理解について」『言語処理学会第13回年次大会発表論文集』pp.258-261.
水本豪（2007b）「幼児の関係節理解からみた格助詞の理解と作動記憶容量のかかわり」『日本言語学会第134回大会予稿集』pp.434-439.
水本豪（2009）「幼児の文理解発達に及ぼす作動記憶容量の影響―日本語児における単一項文の理解から」『九州大学言語学論集』30, 1-27.
ムーアズ，D. F. & マーチン，D. S.（2010）「概観――般教育および聴覚障害教育におけるカリキュラムと指導」ムーアズ，D. F. & マーチン，D. S.（編）松藤みどり・長南浩人・中山哲志（監訳）『聴覚障害児の学力を伸ばす教育』明石書店　pp.18-32.
村田孝次（1983）「話しことば・ことば遊び」藤原喜悦・佐野良五郎（監修）

『言語と文化―ことばと感性を育む』俊成出版　pp.82-100.
村野井仁（2006）『第二言語習得研究からみた効果的な英語学習法・指導法』大修館書店
松村勘由・牧野泰美・横尾俊（2008）「通級による指導（難聴）における言語指導の現状と課題」『国立特別支援教育総合研究所研究紀要』35, 101-114.
森敏昭（2002）「学習指導の心理学エッセンス」海保博之・柏崎秀子（編著）『日本語教育のための心理学』（第10章）新曜社　pp.153-176.
森敏昭（2011）「学習と認知発達」森敏昭・岡直樹・中條和光（共著）『学習心理学―理論と実践の統合をめざして』（第7章）培風館　pp.131-153.
森田良行（1995）『日本語の視点―ことばを創る日本人の発想』創拓社
森田良行（1998）『日本人の発想、日本の表現』中央公論社
森田良行（2002）『日本語文法の発想』ひつじ書房
森田良行（2006）『話者の視点がつくる日本語』ひつじ書房
矢澤圭介（2002）「乳幼児期：幼児期」田島信元・子安増生・森永良子・前川久男・菅野敦（編著）『認知発達とその支援』（第8章3節）ミネルヴァ書房　pp.102-108.
山岡俊比古（2008）「小学校英語学習における認知的側面―認知的発達段階に即した学習とその促進」『教育大学連合学校教育学科研究科教育実践学論集』9, 75-86.
山下秀雄（1986）『日本人のことばとこころ』講談社
四日市章（2006）「聴覚障害児の言語とコミュニケーションの方法」中野善達・根本匡文（編著）『聴覚障害教育の基本と実践』（第2章4節）田研出版　pp.25-40.
尹喜貞（2004）「授受本動詞「あげる」「くれる」「もらう」の習得―日本語を外国語とする韓国人日本語学習者を対象として」『言語文化と日本語教育』28, 44-50.　お茶の水女子大学日本言語文化学研究会
脇中起余子（1999）「認知と言語」中野善達・吉野公喜（編著）『聴覚障害の心理』田研出版　pp.65-79.
脇中起余子（2009）『聴覚障害教育これまでとこれから―コミュニケーション論争・9歳の壁・障害認識を中心に』北大路書房
綿巻徹（2002）「言語発達理論」岩立志津夫・小椋たみ子（編著）『言語発達とその支援』ミネルヴァ書房　pp.6-13.

Allen, T. E. (1986) Patterns of academic achievement among hearing impaired students: 1974 and 1983. In A. N. Schildroth & M. A. Karchmer (Eds.), *Deaf children in America*. SanDiego: College Hill Press. pp.161-206.

Anderson, J. (1983) *The architecture of cognition*. Cambridge, MA: Harvard University Press.

Anderson, J. (1985) *Cognitive psychology and its implications*. 2nd ed. New York: Freeman.

Archbold, S., Nikolopoulos, T., Lutman, M. E., & O'Donoghue, G. M. (2002) The educational settings of profoundly deaf children with cochlear implants compared with age-matched peers with hearing aids: Implications for management. *International Journal of Audiology*, 41(3), 157–161.

Archbold, S., Harris, M., O'Donoghue, G., Nikolopoulos, T., White, A., & Richmond, H. L. (2008) Reading abilities after cochlear implantation: The effect of age at implantation on outcomes at 5 and 7 years after implantation. *International Journal of Pediatric Otorhinolaryngology*, 72, 1471–1478.

Berent, G, P., Kelly, R. R., Aldersley, S., Schmitz, K. L., Khalsa, B. K., Panara, J., & Keenan, S. (2007) Focus-on-form instructional methods promote deaf college students' improvement in English grammar. *Journal of Deaf Studies and Deaf Education*, 12, 8–24.

Bever, T, G. (1970) The cognitive basis for linguistic structure. In J. R. Hayers (Ed.), *Cognition and development of language*. New York: John Wiley and Sons. pp.279–362.

Bley-Vroman, R. (1988) The fundamental character of foreign language learning. In W. Rutherford & M. Sharwood Smith (Eds.), *Grammar and second language teaching: A book of readings*. Rowley, MA: Newbury House. pp.19–30.

Bruner, J. S. (1983) *Child's talk: Learning to use language*. New York: Norton. [『乳幼児の話しことば』（寺田晃・本郷一夫訳）新曜社]

Chall, J. S. (1983) *Stages of reading development*. New York: McGraw-Hill.

Christiansen, J. B., & Leigh, I. W. (2002) *Cochlear implants in children: Ethics and choices*. Washington, DC: Gallaudet University Press.

Chomsky, N. (1965) *Aspects of the Theory of Syntax*. Cambridge, MA: MIT Press.

Chute, P. M., & Nevins, M. E. (2002) *The parents' guide to cochlear implant*. Washington, DC: Gallaudet University Press.

Corrigan, R., & Odya-Weis, C. (1985) The comprehension of semantic relations by two-year-olds: An exploratory study. *Journal of Child Language*, 12, 47–59.

Cummins, J. (1979) Cognitive / academic language proficiency, linguistic interdependence, the optimum age question and some other matters. *Working Papers on Bilingualism*, 19, 197–202.

Cummins, J. (2003) BICS and CALP: Origins and rationale for the distinction. In C. B. Paulston & G. R. Tucker (Eds.), *Sociolinguistics: The essential readings*. London: Blackwell. pp.322–328.

DeKeyser, R. (1998) Beyond focus on form: Cognitive perspectives on learning and practicing second language grammar. In C. Doughty & J. Williams (Eds.), *Focus on form in classroom second language acquisition*. Cambridge, England: Cambridge University Press. pp.42–63.

DesJardin, J, L., & Eisenberg, L. S. (2007) Maternal contributions: Supporting language development in young children with cochlear implants. *Ear and Hearing*, 28, 456–469.

DesJardin, J, L., Ambrose, S. E., & Eisenberg, L. S. (2009) Literacy skills in children with cochlear implants: The importance of early oral language and joint storybook reading. *Journal of Deaf Studies and Deaf Education*. 14(1), 22–43.

Doughty, C., & Williams, J. (1998) Pedagogical choices in focus on form. In C. Doughty & J. Williams (Eds.), *Focus on form in classroom second language acquisition*. New York: Cambridge University Press. pp.197–261.

Dowell, R. C., Dettman S. J., Hill, K., Winton, E., Barker, E. J., & Clark, G. M. (2002) Speech perception outcomes in older children who use multichannel cochlear implants: Older is not always poorer. *Annual Otology, Rhinology & Laryngology*, 111, 97–101.

Ellis, R. (1990) *Instructed second language acquisition*. Oxford: Blackwell.

Ellis, R. (1994) *The study of second language acquisition*. Oxford: Oxford University Press.

Ertmer, D. J., Young, N., Grohne, K., Mellon, J. A., Johnson, C., Corbett, K., & Saindon, K. (2002) Vocal development in young children with cochlear implants. Profiles and implications for intervention. *Language, Speech, and Hearing Services in Schools*, 33, 184–195.

Estabrooks, W. (1994) *Auditory-verbal therapy for parents and professionals*. Washington, DC: A. G. Bell Association.

Fey, M. E., Krulik, T. E., Loeb, D. F., & Proctor-Williams, K. (1999) Sentence recast use by parents of children with typical language and specific language impairment. *American Journal of Speech-Language Pathology*, 8, 273–286.

Gass, S. (1997) *Input, interaction, and the second language learner*. Mahwah, NF: Lawrence Erblaum.

Gass, S. (2003) Input and interaction. In C. Doughty & M. Long (Eds.), *The handbook of second language acquisition*. Malden, Ma: Blackwell. pp.224–255.

Gass, S. M., & Selinker, L. (2001) *Second language aquisition: An introductory course*. 2nd ed. Mahwah, NJ: Lawrence Erlbaum.

Geers, A. E. (2004) Speech language and reading skills after early implantation. *Archives of Otolaryngology–Head and Neck Surgery*, 130, 634–638.

Geers, A. E., Nicholas, J., & Sedey, A. (2003) Language skills of children with early cochlear implantation. *Ear and Hearing*, 24, 46–58.

Goldberg, J. P., & Bordman, M. B. (1974) English languages instruction for the hearing impaired: An adaptation of ESL methodology. *TESOL Quartely*, 8(3), 263–270.

James, D., Rajput, K., Brown, T., Sirimanna, T., Brinton, J., & Goswami, U. (2005) Phonological awareness in deaf children who use cochlear implants. *Journal of Speech, Language, and Hearing Research*, 48, 1511–1528.

James, D., Rajput, K., Brinton, J., & Goswami, U. (2008) Phonological awareness, vocabulary, and word reading in children who use cochlear implants: Does age of implantation explain individual variability in performance outcomes and growth? *Journal of Deaf Studies and Deaf Education*, 13(1), 117–137.

Karchmer, M. A., & Mitchell, R. E. (2003) Demographic and achievement characteristics of deaf and hard of hearing students. In M. Marschark & P. E. Spencer (Eds.), *Oxford handbook of deaf studies, language, and education*. New York: Oxford University Press. pp.21–37.

Krashen, S. (1982) *Principles and practice in second language acquisition*. Oxford: Pergamon Press.

Krashen, S. (1985) *The Input Hypothesis: Issues and implications*. London: Longman.

Levelt, W. J. M. (1993) The architecture of normal spoken language use. In G.

Blanken, E. Dittman, H. Grimm, J. Marshall, & C. Wallesch (Eds.), *Linguistic Disorders and Pathlogies: An Internatinao Handbook.* Berlin: de Gruyter. pp.1–15.

Lightbown, P., & Spada, N. (2006) *How languages are learned.* Oxford: Oxford University Press.

Litovsky, R.Y., Johnstone, P. M., Godar, S., Agrawal, S., Parkinson, A., Peters, R., & Lake, J. (2006) Bilateral cochlear implants in children: localization acuity measured with minimum audible angle. *Ear and Hearing*, 27, 43–59.

Loewen, S., & Nabei, T. (2007) Measuring the effects of oral corrective feedback on L2 knowledge. In A. Mackey (Ed.), *Conversational interaction in second language acquisition.* Oxford: Oxford University Press. pp.361–377.

Long, M. H. (1981) Input, interaction, and second language acquisition. In H. Winitz (Ed.), *Native language and foreign language acquisition, Annals of the New York Academy of Sciences*, 379, 250–278.

Long, M. H. (1983) Native speaker / non-native speaker conversation and the negotiation of comprehensible input. *Applied Linguistics*, 4, 126–141.

Long, M. H. (1991) Focus on form: A design feature in language teaching methodology. In K. de Bot, C. Kramsch, & R. Ginsberg (Eds.), *Foreign language research in cross-cultural perspective.* Amsterdam: Benjamins. pp.39–52.

Long, M. H. (1996) The role of the linguistic environment in second language acquisition. In W. C. Ritchie & T. K. Bhatia (Eds.), *Handbook of second language acquisition.* San Diego, CA: Academic Press. pp.413–468.

Long, M. H., & Robinson, P. (1998) Focus on form: Theory, research, and practice. In C. Doughty & J. Williams (Eds.), *Focus on form in classroom second language acquisition*, New York: Cambridge University press. pp.15–41.

Lust, B. (2006) *Child language: Acquisition and Growth.* Cambridge: Cambridge University Press.

McNeil, D. (1966) Developmental psycholinguistics. In F. Smith & G.A. Miller (Eds.), *The genesisi of language: A psycholinguistics approach.* Cambridge, MA: MIT Press. pp.15–84.

Marschark, M., & Harris, M. (1996) Success and failure in learning to read: The special case (?) of deaf children. In C. Cornoldi & J. Oakhill (Eds.), *Reading comprehension difficulties: Processes and intervention.* Mahwah, NJ: Lawrence Erlbaum. pp.279–300.

Marschark, M., Rhoten, C., & Fabich, M. (2007) Effects of cochlear implants on children's reading and academic achievement. *Journal of Deaf Studies and Deaf Education*, 12, 269–282.

McLaughlin, B. (1990) Restructing. *Applied Linguistics*, 11, 113–128.

Meadow-Orlans, K. P. (2004) Participant Characteristics and research procedures. In Meadow-Orlans. K. P., Spencer. P. E., Koester, L. S. *The world of deaf infants: a longitudinal study.* Oxford: Oxford University Press. pp.24–39.

Mitchell, R., & Myles, F. (2004). *Second language learning theories.* (2nd ed.). London: Arnold.

Nelson, P., Jin, S.-H., Carney, A., & Nelson, D. (2003) Understanding speech in modulated interference: Cochlear implant users and normal-hearing listeners.

*Journal of Acoustical Society of America*, 113(2), 961–968.

Paul, P. V. (2003) Processes and components of reading. In M. Marschark & P. E. Spencer (Eds.), *Oxford handbook of deaf studies, language, and education*. New York: Oxford University Press. pp.97–109.

Peters, B., Litovsky, R., Lake. J., & Parkinson, A. (2004) Sequential Bilateral Cochlear Implantation in Children. In Miyamoto, R. (Ed.), *International Congress Series*. 1273, 462–465.

Pienemann, M. (2003) Language processing capacity. In C. J. Doughty & M. H. Long (Eds.), *The handbook of second language acquisition*. Oxford, UK: Blackwell. pp.679–714.

Proops, D. W. (2006) The cochlear implant team. In H. R. Coope & L. C. Craddock (Eds.), *Cochlear implants: A practical guide*. (2nd ed.). London: Whurr. pp.70–79.

Robertson, L. (2009) *Literacy and deafness: Listening and spoken language*. San Diego: Plural Pablishing.

Robertson, S. S., & Suci, G. J. (1980) Event perception by children in the early stages of language production. *Child Development*, 51, 89–96.

Schmidt, R. (1990) The role of consciousness in second language learning. *Applied Linguistics*, 11(2), 17–46.

Schmidt, R. (2001) Attention. In P. Robinson (Ed.), *Cognition and second language instruction*. Cambridge: Cambridge University Press. pp.3–32.

Selinker, L. (1972) Interlanguage. *International Review of Applied Linguistics*, 10, 209–231.

Sharwood Smith, M. (1991) Speaking to many minds: On the relevance of different types of language information for the L2 learner. *Second Language Research*, 7, 119–132.

Sharwood Smith, M. (1993) Input enhancement in instructed SLA: Theoretical bases. *Studies in Second Language Acquisition*, 15, 165–179.

Skinner, B. F. (1957) *Verbal behavior*. New York: Appleto-Century-Crofts.

Slobin, D. I. (1985) Crosslinguistic evidence for the language-making capacity. In D. I. Slobin (Ed.), *The crosslinguistic evidence study of language acquisition: Vol.2. Theoritical issues*. Hillsdale, NJ: Erblaum. pp.1157–1256.

Smullen, J. L., Eshraghi, A. A., & Balkany, T. J. (2006) The future of cochlear implants. In H. R. Cooper & L. C. Craddock (Eds.), *Cochlear implants: A practical guide*. (2nd ed.). London: Whurr. pp.367–379.

Spencer, P. E. (2002). Language development of children with cochlear implants. In J. B. Christiansen & I. W. Leigh (Eds.), *Cochlear implants in children: Ethics and choices*. Washington, DC: Gallaudet University Press. pp.223–249.

Spencer, P. E. (2004) Individual differences in language performance after cochlear implantation at one to three years of age: Child, family, and linguistic factors. *Journal of Deaf Stuides and Deaf Education*, 9, 395–412.

Spencer, L. J., Barker, B. A., & Tomblin, B. (2003). Exploring the language and literacy outcomes of pediatric cochlear implant users. *Ear and Hearing*, 24, 236–247.

Spencer, L. J., Gantz, B. J., & Knutson, J. F. (2004). Outcomes and achievements of students who grew up with access to cochlear implants. *The Laryngoscope*, 114, 1576–1581.

Stickney, G. S., Zeng, F. G., Litovsky, R. V., & Assman, P. F. (2004) Cochlear implant speech recognition with speech maskers. *Journal of the Acoustical Society of America*, 116(2), 1081–1091.

Svirsky, M., Robbins, A., Iler-Kirk, K., Pisoni, D., & Miyamoto, R. (2000) Language development in profoundly deaf children with cochlear implants. *Psychological Science*, 11, 153–158.

Swain, M. (1985) Communicative competence: Some roles of comprehensible input and comprehensible output in its development. In S. Gass & C. Madden (Eds.), *Input in second language acquisition*. Cambridge, MA: Newbury House. pp.235–253.

Swain, M. (1993) The output hypothesis: Just speaking and writing aren't enough. *The Canadian Modern Language Review*, 50, 158–164.

Swain, M. (1995) Three functions of output in second language learning. In G. Cook & B. Seildhofer (Eds.), Principles an practice in applied linguistics: Studies in honour of H. G. Widdowson. Oxford: Oxford University Press. pp.125–144.

Swain, M. (1998) Focus on form through conscious reflection. In C. Doughty & J. Williams (Eds.), *Focus on form in classroom second language acquisition*. Cambridge: Cambridge University Press. pp.64–81.

Swain, M. (2005) The output hypothesis: Theory and research. In E. Hinkel (Ed.), *Handbook of research in second language teaching and learning*. Mahwah, NJ: Lawrence Erlbaum. pp.471–483.

Swain, M., & Lapkin, S. (1995) Problems in output and the cognitive processes they generate: A step towards second language learning. *Applied Linguistics*, 16(3), 371–391.

Thoutenhoofd, E. (2006) Cochlear implanted pupils in Scottish schools: 4-year school attainment data (2000–2004). *Journal of Deaf Studies and Deaf Education*, 11, 171–188.

Tokuhama-Espinosa, T. (2001) *Raising multilingual children: Foreign language acquisition and children*. Wesport, CT: Bergin and Garvey.

Tokunaga, M. (1986) Affective deixis in Japanese : A case study of directional verbs. Ph.D. dissertation. University of Michigan.

Tokunaga, M. (1991) Linguistic manifestation of the Japanese sociological concept, uchi 'insiders' and soto 'outsiders'. *The 17th LACUS Forum*. Linguistic Association of Canada and the United States. pp.488–497.

Tomasello, M. (2003) *Constructing a language: A usage-based theory of language acquisition*. Cambridge, MA: Harvard University Press. （ことばをつくる―言語習得の認知言語学的アプローチ（辻幸夫・野村益寛・出原健一・菅井三実・鍋島弘治朗・森吉直子訳）慶應義塾大学出版会）

Tomblin, J. B., Spencer, L., Flock, S., Tyler, R., & Gantz, B. (1999) A comparison of language achievement in children with cochlear implants and children using hearing aids. *Journal of Speech, Language and Hearing Research*, 42, 497–511.

Tomblin, J. B., Spencer, L. J., & Gantz, B. J. (2000) Languageand reading acquisition in children with and without cochlear implants. *Advances in Otorhinolaryngology*, 57, 300–304.

Traxler, C. (2000) The Stanford achievement test, 9th edition : National norming and performance standards for deaf and hard of hearing students. *Journal of Deaf Studies and Deaf Education*, 5, 337–348.

Tyszkiewicz, E., & Stokes, J. (2006) Paediatric habilitation. In H. R. Cooper & L. C. Craddock (Eds.), *Cochlear implants: A practical guide*. (2nd ed.). London: Whurr. pp.322–337.

Van Patten, B. (2007) Input processing in adult second language acquisition. In B. Van Patten & J. Williams (Eds.), *Theories in second language acquisition*. Mahwah, NJ: Lawrence Erlbaum. pp.115–135.

Vermeulen, A. M., van Bon, W., Schreuder, R., Knoors, H., & Snik, A. (2007) Reading comprehension of deaf children with cochlear implants. *Jurnal of Deaf Studies and Deaf Education*. 12, 283–302.

Verbist, A. (2010) *The acquisition of personal pronouns in cochlear-implanted children*. Netherlands Graduate School of Linguistics. Utrecht: LOT.

Wauters, L. N., van Bon, W. H. J., & Tellings, A. E. J. M. (2006) Reading comprehension of Dutch deaf children. *Reading and Writing*, 19, 49–76.

Wheeler, A., Archbold, S. M., Gregory S., & Skipp, A. (2007) Cochlear implants: The young people's perspective. *Journal of Deaf Studies and Deaf Education*, 12, 303–316.

**巻末資料1．A子の言語発達**

期間：2005年1月〜12月16日

A子実年齢：4歳9か月〜5歳9か月

A子耳年齢：1歳1か月〜2歳1か月（右耳手術後から1か月を1：1と記す）

| No. | 日・耳年齢 | A子の発話・A子とのやりとり・やったこと・(リ)ハビリテーションで指導されたこと | 書いて見せたこと | 気づいたこと |
|---|---|---|---|---|
| 1 | 2005.1*<br>*日付不明 | 「ばーば」からおばあちゃんに変わった<br>おにいさん、おねえさんがわかり言うようになる | | |
| 2 | 1.13<br>(1：1) | 幼稚園で「ちぇんちぇー」と呼んだ<br>氷鬼のときに「とけた！」と連発した<br>「あけましておめでとう」を何回も言っている<br>バカ殿のキーホルダーを見てアイーンと言う | ジェスチャーでマスクとまくらが同じだ、と言ったので、文字と絵で違いを教えた | /s/ を /tʃ/ で置き換える<br>祖母が「お母さんが怒っているよ」と言ったら頭に角をつくって鬼を表すサインをした |
| 3 | 1.14<br>(1：1) | A どれ？（みかんの大きいもの小さいものを並べてAに欲しいものを選ばせていたときに）<br>「くろい」を「くらい」と言う<br>図書館の絵本を10冊ずつ借り始める | | 二語文<br>母音の順行同化 |
| 4 | 1.15<br>(1：1) | A じょーず | | |
| 5 | 1.19<br>(1：2) | （しまじろうのたこやきのカードを見て以前にM子ちゃんの家で皆でたこやきを食べたことを思い出したときに）<br>AとYとKとMちゃんと みーんな | K「が」ひっかいた<br>おべんとうの「ひ」 | 動詞がない発話 |
| 6 | 1.27<br>(1：2) | A ようちえん いった<br>Y がっこう いった<br>ぱぱ かいしゃ いった | | 三語文<br>この頃おばけや鬼の絵本に興味を持つ |
| 7 | 1.28<br>(1：2) | （指にさしたみかんを見せて）<br>かぼちゃみたい | | |
| 8 | 1.30<br>(1：2) | （テレビの泣いている人を見て）<br>まま みて ないてる | | |

| | | | | |
|---|---|---|---|---|
| 9 | 2.1<br>(1:2) | さむいからしめて | われちゃった・われた・こわれた・なげたからこわれた | 塊として覚えている |
| 10 | 2.4<br>(1:2) | (クレヨンしんちゃんの映画のチラシにキャラクターがたくさん載っているのを見て)<br>まま　どれがいい？ | | |
| 11 | 2.6<br>(1:2) | 発表会のため、ビデオ、本、おめんなどで桃太郎の内容を理解させる。桃太郎ごっこがはやり、何度もYと3人、またはMをいれて4人で犬や赤ちゃんの人形を使って桃太郎ごっこをする。セリフは幼稚園の台本を使う | | |
| 12 | 2.9<br>(1:2) | (寝起きの悪いKに)<br>K　いちご　たべる？<br>(テレビの前に母が立ったとき)<br>まま　みえない　どいて | われちゃった・どらみちゃん・どらえもんのいもうと・びにーるぶくろ・Yはおねつがなおった・おさらをふいて | 大人も使う助詞のない文<br>「から」がない文 |
| 13 | 2.13<br>(1:2) | ぱぱ　すーぱー<br>まきもどして (ビデオのこと) | | 二語文 |
| 14 | 2.17<br>(1:3) | (お菓子を見て)<br>めろんぱんみたい！<br>(板チョコを見て)<br>まくらみたい！ | | |
| 15 | 3.4<br>(1:3) | (発表会の桃太郎のセリフにある)<br>えい　えい　おー！ | へんになった・おかしい<br>なおった？ (テレビの画面が天候が悪い日にチカチカしたり、白黒になったり治ったりしたときに)・ちょこれーとがたべたい | |
| 16 | (1:3) | Mが歌を歌い始めると子どもたちも歌うようになる<br>動揺の歌詞カードを作る<br>動揺を歌う | | 童謡のCDをかけてみるが通してかけるよりも一曲を何度も聞くことを好む |

| | | | | |
|---|---|---|---|---|
| 17 | 3.12<br>(1:3) | ぴざ　かく（Yのまねをしてピザの上で絵を描きたかったから）<br>みんなでかわいいね（4人ともゴムで髪を結んだから） | | 二語文 |
| 18 | 3.13<br>(1:3) | はな　ない　すけーと（鼻水がでないからスケートに行きたい、行こうの意味）<br>いるか・うさぎ・くま・もち（Aが自分でホワイトボードに書いた） | | 名詞と形容詞しかない<br>Aが文字を書いた |
| 19 | 3.22<br>(1:4) | M：（シュークリームを）何個たべる？<br>A：5こ<br>Aが「どらえもん」と言ってホワイトボードに「とらえもん」と書いた | | |
| 20 | 3.23<br>(1:4) | M：A　麺つゆちょうだい<br>A：ちょっとまってね | | 塊として覚えている |
| 21 | 3.24<br>(1:4) | 幼稚園の見取り図を壁に張る | | |
| 22 | 3.29<br>(1:4) | （お弁当に入っていたプラスチック製の飾りの葉っぱを見て）<br>はっぱ　たべちゃ　だめ<br>玄関のチャイムの音を聞くと「ぴんぽーい」と言う | | |
| 23 | 4.14<br>(1:4) | バス　こないねえ | | |
| 24 | 4.15<br>(1:4) | （朝、飛行機が飛んでいるのを見て）<br>Kせんせい！（春休みにK先生がアメリカに飛行機で行ったことを地球儀で説明したことがあった） | | 説明を名詞でする |
| 25 | 4.17<br>(1:5) | けーき　たべる<br>すっぱいとしょっぱいのちがいが聞き取りにくいので味のりとレモンで説明した | | すっぱい・しょっぱいの発音が不明確 |
| 26 | 4.19<br>(1:5) | 人のときは誰？　物は何？　をカードを使って練習した。発音を少し直したら言うのをやめてしまった。桃太郎のキジのお面を裏返して、Aが「だれ？」と言ったので「だーれだ？」と言ってひっくり返す遊びをした | | |

| | 日付 | 発話 | | |
|---|---|---|---|---|
| 27 | 4.23<br>(1:5) | はっぱのもち（柏餅のこと、その後2度絵本を見せて教えたら次から柏餅と言うようになった） | かしわもち | 知っていることばで代用する |
| 28 | 4.25<br>(1:5) | 「？＋＊〜」（聞き取れない発話）お誕生日のティータイムのときに園長先生に「大きくなったら何になりたい？」と全員がきかれた最後にAが質問された。本人が何と言ったのか、わからなかった | | |
| 29 | 5.8<br>(1:5) | うるさい！<br>（Kが目の前で泣いたとき、両方のコイルを外した） | | |
| 30 | 5.9<br>(1:5) | M：給食食べた？<br>A：ごはん　ぶたにく<br>幼稚園で薬を飲ませてもらうとき、先生が「はい、Aちゃん、くちをあけて」と言ったらオウム返しに2度言った | | 聞いたことを模倣する |
| 31 | 5.15<br>(1:5) | （祖母との電話で）<br>もしもし　おはよー　A | | |
| 32 | 5.18<br>(1:6) | （テレビのCMを見て）<br>まま　げーむ　かって | | |
| 33 | 5.20<br>(1:6) | 「うるわしき朝」を家で歌うようにしていたら食事の前に自ら歌うようになった。以前は何の歌を歌っていたかわからなかったが、終わった後に「いただきます」と言うので、この歌なのだとわかった。次第にはっきり歌えるようになる | | 「静かなる」というところは「しずかちゃん」と言ったりして覚えている様子 |
| 34 | 5.26<br>(1:6) | 〜だと思う（バスが来るまでに「今日は誰先生だと思う？」「ママ〜先生だと思うな」というやりとりを毎日する | | |
| 35 | 5.27<br>(1:6) | 交通安全教室で一番前に座って先生がメモをとりながら警察官の話を伝えてくれた | | |
| 36 | 6.17<br>(1:7) | （幼稚園で作った父の日のプレゼントを持ってきて）<br>おとーさん　ぷれぜんと | | 2語文 |
| 37 | 6.21<br>(1:7) | （2階にあったカバンを見つけて）<br>わすれた！ | | |

巻末資料1

| | | | | |
|---|---|---|---|---|
| 38 | 6.23<br>(1:7) | まま　たまごっち　おふろ　はいった | | 4語文 |
| 39 | 6.24<br>(1:7) | あいす　たべた | | |
| 40 | 6.25<br>(1:7) | あ　いっぱいもってるね | | 終助詞「ね」 |
| 41 | 7.1<br>(1:7) | おせんべいを目にあてて「おねび」と言う。意味がわからないので、ひらがなで書かせてみたが「おねび」と書く。あとで「おてだま」のことだとわかった | ぷらねたりうむ・かび | |
| 42 | 7.6<br>(1:7) | Kちゃんね　ぶつかった　これ<br>（Kがここにぶつかった）<br>Kちゃんがやって（たまごっちのうんちを流してほしいときに） | | 終助詞「ね」 |
| 43 | 7.7<br>(1:7) | あめね　ぽんたん（あめがボタンと言っている） | | 子音の付加<br>ぽんたん |
| 44 | 7.15<br>(1:7) | （Yが鉛筆の上に鉛筆を立てるのを見て）<br>すごーい　Yちゃんすごーい | | |
| 45 | 7.20<br>(1:8) | せんせい　おやすみ（Sクリニックが臨時休診だったときに帰宅してSお姉さんに報告したこと）<br>1こ　聞こえるの（お風呂上りに右耳に人工内耳をつけたら左耳の人工内耳はいらない、と言った。右耳だけでいい、という意味） | | |
| 46 | 7.22<br>(1:8) | （ドリンクヨーグルトのふたが固くて開けられなかったとき）<br>のみたい　あけて | | 理由「から」 |
| 47 | 7.23<br>(1:8) | （たまごっちのキャラクターが成長したのを見つけて）<br>A：りんごっちになった<br>M：よかったねえ<br>A：よかったねえ | | 繰り返し |
| 48 | 8.3<br>(1:8) | A：まま　こしいたい？<br>M：そう　ママ　腰痛いのよ<br>A：ぱぱ　おなじだ（パパと同じだの意味） | | 助詞「と」・「も」 |
| 49 | 8.22<br>(1:8) | まま　きたない | | |

| | | | | |
|---|---|---|---|---|
| 50 | 9.8<br>(1:8) | ラ行、サ行の発音について指導をうける<br>さる、という単語だけでなく、さるはきにのぼる、などネットワークを広げ、言語化できるように指導される | | |
| | | 漢字帳に独自のあいうえお辞書を作るように言われる | | |
| 51 | 9.23<br>(1:9) | カレンダーの赤い日は「しゅくじつ」で学校も、会社も、幼稚園もお休みだと教える | | |
| 52 | 10.3<br>(1:9) | ぱぱ　いかないよー（行かないでーのつもり） | | |
| 53 | | 「う」が鼻音がかかっている「ま」と「ば」の取り違いがある | | |
| 54 | | 森のくまさん、でラ行の歌の練習するように指導される | | |
| 55 | 10.14<br>(1:9) | どうぶつの「つ」、「つ」、「つ」、「つ」と練習する。語頭に「つ」がくる「月」は言えない | | |
| 56 | 11.11<br>(1:9) | かま、かば、の発音と聞き取りの練習 | | 文章で話すようになったと感じる |
| 57 | 11.26<br>(1:10) | M：ガサガサだよ（クリームを頬にぬりながら）<br>A：ガチャガチャ（鍵を回すジェスチャーをしながら） | | 聴き違いによる |
| 58 | 12.16<br>(1:10) | M：ドラえもんはお休み　クレヨンしんちゃんをいっぱいやるよ<br>A：まま　ドラえもん　おねつ？（「お休み」が病気だと理解した） | | |

**巻末資料2． A子・K子との会話**

期間：2009年4月1日～2010年5月26日
A子実年齢：8歳11か月～10歳1か月
A子耳年齢：5歳4か月～6歳5か月（右耳手術後から5歳4か月を5：4と記す）

| No. | 日・耳年齢 | Aの発話・A／Kとの会話・聞き間違い |
|---|---|---|
| 1 | 2009.4.1 (5：4) | A：大きい綿菓子　中くらい綿菓子がありますよ |
| 2 | 5.1 (5：5) | （ホットプレートで焼いている肉を見ながら）<br>A：もう焼いたかな |
| 3 | 5.15 (5：5) | （漢字テストの聞き間違いによるミス）<br>いけんなさやく→正答：危険な火薬 |
| 4 | 5.27 (5：6) | （子どもを何人産みたいかという話しをしながら）<br>A：産まれたくないよ　一人っ子がいい　静かだから |
| 5 | 5.28 (5：6) | A：Yちゃんいるとまた反抗期が始まるね<br>（Yちゃんはまた口答えをするような態度をとるねのような意味） |
| 6 | 5.31 (5：6) | M：3年の漢字難しいからがんばってね<br>A：そう　だからすぐ100点とられない |
| 7 | 6.1 (5：6) | M：今日何した？<br>K：4時間目は体育<br>M：何したの？<br>K：でんぐりがえし<br>M：でんぐりかえしのこと何て言うの？<br>K：ぜんぜん<br>A：前転だよ<br>M：前転ね　じゃあ後ろまわりは？<br>A・K：（沈黙）<br>M：後転 |
| 8 |  | （横に倒れたビンの口から中身がたれそうになったとき）<br>A：あー落ちるう<br>M：たれるって言うんだよ |
| 9 |  | M：びわ食べた？<br>A：うん　にくち<br>K：ふたくちでしょ<br>M：ひとくち　ふたくち　みくちって言うんだよ |
| 10 |  | K：ママ　クワシクって何？<br>M：いっぱいそれについて書くこと<br>K：じゃ　ミヂカナって何？ |

| | | |
|---|---|---|
| 11 | | A：ミラクルって？<br>M：(辞書をひいて読む) 日本語で「奇跡　ありそうもない　あるはずもないことが起きること」 |
| 12 | | M：これ何か知ってる？<br>A：(沈黙)<br>M：びわだよ<br>A：あっ　それあきばやま公園にあった<br>M：そうだね　パパが木になってたっていってたね（びわを食べながら）<br>M：びわは今が旬だからね　旬はそのときしか食べられないってこと冬には食べられないんだよ<br>A：びわは果物かなあ？<br>M：実だね　木になってる<br>A：実って？ |
| 13 | 6.4<br>(5:6) | A：付属幼稚園だって<br>M：それ　H記念だよ<br>　　付属っていうのはくっついてる　って意味だからT大学にくっついてるってこと　仲間なんだよ |
| 14 | | (学校からの手紙を読みながら)<br>M：「バスを降りて待ち合わせをした親がいない場合…」そんなことありえない<br>A：「ありえない」ってどういうこと？<br>M：そういうことは絶対にないってこと |
| 15 | | (プリントを読みながら)<br>M：管理人さんのところに行く<br>K：自分で帰られるときは帰る<br>M：なんか違うんじゃない？<br>K：(沈黙)　かえれる…「ら」はいらないんだ<br>M：下校の途中　転んでしまったりけがをした場合周りの人に聞く…<br>K：聞くはちょっとおかしいね　助けてもらう |
| 16 | | A：待ち合わせって？<br>M：ここに来るから待っててね　とか約束すること |
| 17 | | A：テレフォンカードって何？<br>M：電話をかけるときにお金じゃなくてカードでもかけられるの |
| 18 | 6.5<br>(5:6) | A：ママ　Kは何で泣いてた？<br>K：不機嫌なの<br>A：不機嫌って？<br>K：機嫌が悪いこと |
| 19 | | A：おいしいおかずだ　これ<br>M：ちぢみっていうの　ちぢみ |

| | | |
|---|---|---|
| 20 | | A：ママ　月曜日にSさんっていうお姉さんが来るんだよ<br>M：そういうお姉さんのこと何ていうか知ってる？<br>　　教育実習生って言うんだよ（文字に書く）2週間ぐらいしかいないんでしょ？<br>A：わかんない　それ |
| 21 | | （プリントのスタンプの形を見て）<br>M：バーソロミュークマの形だ<br>A：あーほんとだ<br>M：肉球って言うんだよ<br>（カタカナでバーソロミュークマと書く） |
| 22 | | （テレビを見ながら）<br>A：どうしたの？<br>M：逆子なの　赤ちゃんは普通頭から出てくるんだけど足が下になっているのを逆子っていうんだよ　逆子だと引っかかって出てこないんだよ |
| 23 | 6.7<br>（5：6） | A：えっ　なになに？<br>M：パパがモンゴル行くんだって　出張　お泊まりの仕事　出張<br>K：ちょーは長いんだ |
| 24 | | M：今日　海で何したの？　何してたの？<br>K：大冒険<br>M：そうかあ　大冒険か　聞きたいな<br>A：あのね　石みたいのがあるでしょ<br>M：石みたいの<br>K：木とか集めたり　ごみとか集めたり　あとはボールとかあった<br>M：テトラポットで何したの？<br>K：あのー　のぼったりした　白いところの中に入ったよ<br>M：テトラポット<br>K：だから　知らない<br>P：テトラポットだな<br>A：そんなかにボールがあった |
| | | P：Aちゃん　テトラってラテン語で3って言うんだよ<br>（テトラポットと文字で書いてトイレに貼った） |
| 25 | 6.11<br>（5：7） | K：附属幼稚園からKから手紙が来たよ<br>M：自主研究の紙　いつまでに学校に持って行くの？<br>A：いってない<br>M：言われてない |
| 26 | | A：K先生が剣道やってるんだって<br>M：K先生って誰？<br>A：チョウイクジッ……<br>M：教育実習生 |
| 27 | 6.12<br>（5：7） | （1年生の顔写真を見ていて　名前と顔が一致しない様子を見て）<br>M：名前はわかるし顔もわかるけどどの人がどの人かわからないってこと |

| | | |
|---|---|---|
| 28 | 6.12<br>(5:7) | （ホットケーキを作っていて）<br>A：あっ　泡がでた<br>M：気泡っていうんだよ　泡はお水があるところとかにできる<br>A：でも泡って書いてあるね（袋の作り方を見ながら）<br>M：ほんとだ |
| 29 | 6.14<br>(5:7) | （アトランティス伝説の話をして）<br>A：王宮って？ |
| 30 | 6.16<br>(5:7) | Y：100点中何点だった？<br>A：えっ　何？<br>Y：100点中　何点？<br>M：テスト何点だった？　一番いいのは100点でしょ |
| 31 | | A：メロンは今が旬なの？<br>M：これからだね<br>A：パイナップルは旬じゃない？<br>M：パイナップルはもともと日本でとれないの　外国から輸入するんだよ<br>A：へっ？ |
| 32 | 6.17<br>(5:7) | （激むず漢字講座という字を見て）<br>A：何むず？<br>M：激むず　激はとってもという意味　激辛はとっても辛いとか |
| 33 | | A：100枚入りコーヒーフィルター（読みながら）<br>K：コーヒーフィルターって何？<br>M：そこにあるでしょ　コーヒーを入れるときに使うの |
| 34 | | A：どうしてワンピース　次の話は違うの？<br>M：一区切りだからじゃない？<br>A：（沈黙）<br>M：仲間がみんな飛んでってこれからどうなるかなあって思うでしょ　また違う話が始まるから　ずうっと同じ話が続くときは区切りがないんだよ　辞書持ってきてごらん　一区切りのひとは一だから区切りで引くんだよ　辞書の最後にきりって書いてあったでしょ　区切りの切りだよ<br>A：先生がきりのいいところでやめなさいって<br>M：そう　そのきり |
| 35 | 6.19<br>(5:7) | （タコライスを食べて）<br>A：この肉ちょっと辛い<br>M：こういうのはスパイシーっていうの |
| 36 | | M：ママ　プラム食べちゃおうっと<br>A：今　旬なの？ |
| 37 | | A：Yちゃん　がはははって笑うよね<br>M：上品じゃないね　どっちかっていうと下品　上品な笑い方っていうのは（手を口の横に当てて）おーほっほっほっていうの　上品のジョウはうえ　下品はした |
| 38 | | （AかKか不明）：パンにイチゴジャムをかけて食べたよ |
| 39 | | A：（パンを）少しずつ切ってね |

巻末資料2

| | | |
|---|---|---|
| 40 | 6.23<br>(5：7) | M：髪の毛切りたい人　土曜日に美容院行くよ　Kは？<br>A：伸びたいんじゃない？<br>M：Kは髪の毛伸ばしたいの？ |
| 41 | | M：ママの友達も川の光見たんだって　でもクマネズミとドブネズミの違いはわからないって言ってたから教えてあげた　クマネズミはどうして壁を上れるんだっけ？<br>A：これがあるから　これ（手を見せる）<br>M：何だっけ？<br>A：しわ<br>M：ブー　Y知ってるよね<br>M：ヒント　今みんなが食べてるもの（肉を食べている） |
| 42 | | A：名なしのごんべいって何？ |
| 43 | | A：ねえ　はなちゃんどこに生まれた？ |
| 44 | | A：1.5枚？<br>M：1.5斤　パンはこれが1.5斤　1斤を8枚に切るとか6枚に切るとか…… |
| 45 | | A：カツ丼の具？　具って何？<br>M：餃子の具って言うのは皮の中にあるお肉のこと<br>A：おにぎりの具とか？<br>M：そう　具が梅干しとか |
| 46 | | A：お化けの本借りたくないな<br>M：心霊写真の方がもっと怖いよ<br>A：何それ　心霊写真って<br>M：幽霊が写ってる写真だよ |
| 47 | 6.25<br>(5：7) | （メロンシャーベットの話をして）<br>A：ママ　メロンって今　旬？（アクセントは違う）<br>M：そうだね　旬だね |
| 48 | 6.30<br>(5：7) | （〆切という字を見て）<br>A：この字おかしいんじゃないの？<br>M：これでしめきりって読むんだよ（電子辞書を見せる） |
| 49 | 7.1<br>(5：7) | （音読をしているとき）<br>A：咲き乱れるって？（辞書を引く） |
| 50 | | A：若者って何ですか？<br>M：辞書を引いてみよう<br>（若人と書いてあり国語辞典を見てもわからなかった） |
| 51 | | （地球温暖化の話をして）<br>A：地球温暖化って何？<br>M：冷房とか使いすぎて地球があったかくなって北極の氷が溶けること　それでね、ホッキョクグマが住めなくなる… |
| 52 | 7.3<br>(5：7) | （おまんじゅうをさして）<br>A：これ旬？<br>M：こういうのは旬って言わないよ　人間が作ったものでいつでも作れるから　野菜とか果物とかお魚とかに言うんだよ |

| | | |
|---|---|---|
| 53 | | M：クマの手のあれ、何て言うんだっけ？<br>A：キュウニク？<br>M：反対<br>A：ああ　肉球か |
| 54 | 7.7<br>(5：7) | （教科書の「三年峠」を読みながら）<br>A：差し掛かるって着いたこと？<br>A：一息入れるって「ふうっ」てこと？<br>A：何でおばあさんとおじいさんは「ぬ」っていうの？<br>A：付きっきりって？<br>A：看病って？ |
| 55 | 7.8<br>(5：7) | M：今日お兄さんいたでしょ<br>（AかKか不明）：誰のお兄さん？<br>（若い人をお兄さんと思わず誰かのお兄さんだと思った） |
| 56 | | （AかKか不明）：山開きって知ってるよ　山が開くことじゃないよね　山がいっぱいになることだっけ　あっ、違った　富士山に登っていいよってことだ |
| 57 | | （AかKか不明）：腕章って何？<br>M：調べたの？<br>（AかK）：調べたよ |
| 58 | 7.20<br>(5：8) | A：今朝って今日の朝ってこと？　さっきおわったあさってこと？ |
| 59 | 7.21<br>(5：8) | A：Nちゃんとプールに会ったね<br>（2回聞き返して「で」と正しく言った） |
| 60 | | （テレビを見ながら）<br>A：これ何ていうの？　ショウジョウじゃなくって<br>M：トロフィー |
| 61 | 7.31<br>(5：8) | M：シャケ食べなくてもいいよ　明日おにぎりに入れたいの<br>A：具にするの？<br>M：そう　具にするよ |
| 62 | | M：テレビの前の電気を消した方がいいんじゃない？<br>A：えー　なんでー？<br>K：エコしてるんだよ　エコ<br>M：エコしてるって？<br>A：知らない |
| 63 | 8.16<br>(5：8) | （バラバラのクレヨンを指して）<br>A：順番にならんで |
| 64 | 9.25<br>(5：9) | （3年の4月に書いた学年の目当て）<br>勉強をどんどん進む |
| 65 | 9.10<br>(5：9) | A：区切るって？ |
| 66 | 9.13<br>(5：9) | （Kの顔の傷を見て「20世紀少年」を思い出した）<br>A：ウイルスかかってると思うよ |

| | | |
|---|---|---|
| 67 | 9.26<br>(5:10) | A：注ぐってどういう意味？（返却された漢字テストを見て「お茶を注ぐ」が書けていなかった）<br>M：こういうこと（お茶を注いでみせる） |
| 68 | | A：足取りが重いってどういうこと？ |
| 69 | 9.24<br>(5:10) | （漢字テストの聞き違いによるミス）<br>イヌをはなす（正答：意図を話す） |
| 70 | | （漢字テストの聞き間違いによるミス）<br>スイムガクってなに？と聞く（正答：注意深く聞く） |
| 71 | 9.29<br>(5:10) | A：寝不足すると朝ご飯食べられないんだよ |
| 72 | | M：ゲームセンターが儲かるようにできてるんだよ<br>A：儲かるって？ |
| 73 | 10.4<br>(5:10) | （人工内耳の注意事項として）<br>A：耳をあたらない |
| 74 | 10.13<br>(5:10) | （自然散策会で使った年号札を見て）<br>A：昭和って何？（天皇陛下と年号、西暦の説明をした） |
| 75 | 10.13<br>(5:10) | （テレビの水晶のパフォーマンスを見て）<br>（AかKか不明）：水晶って何？<br>M：占いのときに使う透明のたま |
| 76 | | A：学級閉鎖って何？ |
| 77 | | （「三銃士」の字幕を見て）<br>A：油断するって何？ |
| 78 | | （「三銃士」の字幕を見て）<br>A：敵を討つって何？ |
| 79 | 10.15<br>(5:10) | （お椀を指して）<br>A：朝　シチューをのんだときにここにひびができてたよ<br>M：ひびが入ってたよ |
| 80 | | （「三銃士」の字幕を見て）<br>A：つくべしつくべしはらうべし　「べし」って？<br>M：そうしなさいってこと |
| 81 | 10.20<br>(5:11) | A：冬休みにインフルエンザじゃなかったときにMちゃんちに長く泊まっていい？ |
| 82 | 10.21<br>(5:11) | A：まばたきって何？ |
| 83 | | A：白いたすきを斜めにかけてるって何？ |
| 84 | | （「三銃士」の字幕を見て）<br>A：斬るって殺すこと？<br>M：刀で人を殺すことを斬るって言うんだよ |
| 85 | 10.24<br>(5:11) | （「三銃士」の字幕「世はバッキンガム公ではない」を見て）<br>A：世って何？ |
| 86 | 10.27<br>(5:11) | A：たぐり寄せるって何？ |

| | | |
|---|---|---|
| 87 | 11.18<br>(6：0) | M：ねえ　どこでやるの？<br>K：リビング<br>A：リビングって？<br>K：あっちだよ |
| 88 | 11.8<br>(6：0) | A：いい？　船長って何のときに殺される？<br>M：どうやったら殺されるってこと？ |
| 89 | 11.23<br>(6：0) | （理科のテスト「風車が回ると粘土が入ったカップはどうなりますか」という問題に対して）<br>Aの答え：持ち上げる |
| 90 | 12.1<br>(6：0) | （漢字テストの間違えを見て）<br>A：根気って何？ |
| 91 | 1212<br>(6：0) | A：コンスタンスが女なのにいびき出してた |
| 92 | 12.14<br>(6：0) | （朝の支度をしながら）<br>A：ママが呼ばれるから遅くなっちゃうんだよ |
| 93 | 12.17<br>(6：1) | A：Aね　漢字ドリルで入院のニューがわかってきたの |
| 94 | 12.17<br>(6：1) | （まだ2学期にもかかわらず）<br>A：3学期を振り返って…<br>M：振り返るのはこうやって後ろを見ることだから終わったことについて言うんだよ |
| 95 | 12.25<br>(6：1) | A：行くの反対は帰る？ |
| 96 | 2010.<br>1.25<br>(6：2) | A：一年のときにMちゃんがランドセル間違えた　そしたらアイスがもらってきた |
| 97 | 2.2<br>(6：2) | A：この前おなか痛くて病院に行ってたとき病院に着いてたら治ってたよ |
| 98 | 2.12<br>(6：2) | A：お母さん　とってもよくできたね　とほめてもらいました |
| 99 | 2.18<br>(6：3) | A：ジャージ持って帰ったよ |
| 100 | 2.29<br>(6：3) | A：Kちゃんの手紙から入ってたよ |
| 101 | | A：丸いのがつけてたよ |
| 102 | 3.10<br>(6：3) | 算数の問題で代金はいくらかかるでしょうの「かかる」がわからなかったので時間と値段のかかるをたくさん例文で聞かせて最後に自分で文を作らせた |
| 103 | 3.14<br>(6：3) | A：もうエース連れて行っちゃったね<br>K：エース連れて行かれちゃった |
| 104 | 4.1<br>(6：4) | （足の指の爪の茶色いところを指して）<br>A：いつ遺伝なおるかなあ（以前からこれは遺伝だと教えていた） |

巻末資料2

| | | |
|---|---|---|
| 105 | 4.5<br>(6:4) | （爪を見て）<br>A：遺伝、いつなおるかな（爪の茶色い部分を遺伝だと思っている） |
| 106 | 4.6<br>(6:4) | （わからなかった算数の文章問題）<br>問題：図のようにアとイの箱に本が4冊と6冊ずつ入っています　1<br>　　　つの箱の重さはどちらも300グラム、本の重さはどれも550<br>　　　グラムです　本の入った箱の重さはアとイそれぞれ何キログ<br>　　　ラム、何グラムですか |
| 107 | 4.10<br>(6:4) | A：S先生は「H（名字）さん」って言うよ<br>（これまでS先生はAちゃんと呼んでいたから） |
| 108 | 4.19<br>(6:5) | （Yのお菓子箱に入った小さなラムネを見て）<br>A：たくさんの数があるね |
| 109 | 5.5<br>(6:5) | （テレビの字幕を見て）<br>A：ちんぷんかんぷんって何？ |
| 110 | 5.18<br>(6:6) | M：ご飯だけ食べると偏ってるよ　バランスよく食べて<br>（手を広げて立ちながら）<br>A：バランス？　ポト？　あ　落ちた |
| 111 | 5.19<br>(6:6) | A：おならの「お」はていねいな「お」じゃないでしょ？<br>M：「なら」って言わないからね<br>A：あと　おでんも「でん」っていわない<br>K：おすわりくださいの「お」はていねいでしょ？　おとしよりの<br>「お」とか　おにくの「お」とか |
| 112 | 5.20<br>(6:6) | （字幕を見て）<br>A：きかいの「き」にうかんむりのこーいうの（空中に字を書きな<br>がら）なんて言うの？<br>M：き？<br>A：きかいの「き」に…<br>M：ちょっと書いてみて<br>A：（書く）<br>M：ああ　器官<br>A：器官ってどういう意味？<br>M：体の中の呼吸するところは呼吸器官　消化するところは消化器<br>官って言うんだよ |
| 113 | | （字幕を見落として）<br>A：今なんて書いてあった？<br>M：シルバーとゴールド<br>A：シルバーとゴールドって何？<br>M：シルバーは銀　ゴールドは金<br>A：へえ |
| 114 | 5.22<br>(6:6) | （お餅を電子レンジに入れて）<br>M：見てないと膨らんじゃうんだよ<br>A：じゃあ見てるとずっと膨らまないってこと？ |
| 115 | | （ボタンがとれた後のところに）<br>A：糸がついてあるよ |
| 116 | 5.26<br>(6:6) | （工作をしながら）<br>A：あとこの横にリボンとか付けて完成したいなー |

巻末資料3．学習活動ステップ1：漫画

M1

M2

M3

©日引友香子 2010

M4

M5

M6

M7

©日引友香子 2010

巻末資料3　　　　　　　　　　　　　　261

M8

**巻末資料4．学習活動ステップ2：ワークシート**

〈ワークシート1〉

> 夏休みにMのお家に泊まりましたね。お母さんは、ホテルに泊まったからわからないけど、MちゃんやMちゃんの家族がAやKのためにしてくれたことには、どんなことがありましたか？ 教えてください。

（例）お母さんが、夕食の用意をしてくれた。

1. _____

2. _____

3. _____

4. _____

〈ワークシート２〉

> 「あげる」・「くれる」・「もらう」のうち正しいものを書いてください。
> 「に」・「を」を入れるところもあります。

〈ミニ静岡・子ども店長〜おさいほう大好きチームの当日の仕事〜〉

☆くじびき係

1. くじびきをやりたい人が来たら、くじをひいて（　　　　　）。
2. 青がでたら、景品の中から欲しい物を3個選んで（　　　　　）。
3. 赤がでたら、2個、選んで（　　　　　）。緑だったら1個、選んで（　　　　　）。
4. くじは100フジなので、お客さんが500フジ（　　　　）たら、おつりを400フジ（　　　　　）。
5. お客さんに選んで（　　　　　）たら、景品を袋にいれて（　　　　　）。
6. お金を払わないで、くじをやろうとする人がいたら、お金をはらって（　　　　　）。
7. お客さんがたくさんきたときは、順番にならんで（　　　　　）。
8. 順番を守らない人がいたら、大きな声で「ならんでください」と言って、順番にならんで（　　　　　）。

☆レジ係

1. お客さんが商品と値段を書いた紙を持ってきたら、お客さん（　　）お金（　　）もらう。
2. おつりがあるときは、計算しておつり（　　）あげる。

☆商品係

1. お客さんが選んだ商品を（　　　　　）て、商品がいくらか、値段を小さな紙に書いて渡す。
2. お客さんが、シュシュを一つしか選ばなかったら、もう一つ選んで（　　　　　）。
3. シュシュは必ず偶数個（2個、4個、6個）買って（　　　　　）。

☆お給料係

1. 当日の社員さんが、持って来た紙に、仕事の開始時間を書いて（　　　　　）。
2. 仕事が終わったら仕事終了時間を書いて、お給料の200フジを（　　　　　）。
3. ストラップは、作り方のマニュアルを見て、作って（　　　　　）。

〈ワークシート3〉

1. Kちゃんと二人で、お留守番をしているときに、東海地震が来たことを想像してください。もし次のようなことがおきたら、あなたはどうしますか？

(1) Kちゃんが「のどがかわいた！」と言いました。でも断水して水が出ません。
→ _____

(2) Kちゃんがおしっこをしたいと言いました。どうしますか？
→ _____

(3) 今度はKちゃんが、「おなかがすいた」と言いました。どうしますか？
→ _____

(4) お父さんもお母さんもまだ帰ってきません。廊下では、マンションに残った大人の人たちが集まっているようです。一人の大人が来て、「みんなで近くの避難所に避難するよ。」と言いました。あなたはどうしますか？
→ _____

(5) 避難所に来ました。水とおにぎりが全員に配られています。配給する人の水がなくなってどこかに取りに行きましたが戻ってきません。自分たちも水とおにぎりが欲しいと思いました。あなたはどうしますか？
→ _____

(6) 衛星電話で家族に電話ができることになりました。でも周りがうるさくて、お父さんかお母さんに電話しても、話し声が聞こえないかもしれません。さて、あなたはどうしますか？
→ _____

巻末資料4

〈ワークシート4〉

「ミニ静岡・子ども店長」はどうでしたか？　もし、来年、おさいほう大好きチームのようなお店をやりたい人がいたら、どんな仕事があるか教えてあげましょう。

☆くじびき係

☆レジ係

☆商品係

☆子ども社員係

☆その他の仕事

〈ワークシート5〉

> 冬休みにMちゃんが静岡に泊まりに来ます。Mちゃんが泊まりに来たら、どんなことをしてあげますか？

（例）静岡駅に迎えに行ってあげる。

1. ＿＿＿＿＿＿＿＿＿＿＿＿＿＿＿＿＿＿＿＿＿＿＿＿＿＿＿＿

2. ＿＿＿＿＿＿＿＿＿＿＿＿＿＿＿＿＿＿＿＿＿＿＿＿＿＿＿＿

3. ＿＿＿＿＿＿＿＿＿＿＿＿＿＿＿＿＿＿＿＿＿＿＿＿＿＿＿＿

4. ＿＿＿＿＿＿＿＿＿＿＿＿＿＿＿＿＿＿＿＿＿＿＿＿＿＿＿＿

5. ＿＿＿＿＿＿＿＿＿＿＿＿＿＿＿＿＿＿＿＿＿＿＿＿＿＿＿＿

〈ワークシート6〉

1. 次のような困ったときに、あなたはどうしますか？

(1) バス停にバスが来たのに、Kちゃんがねぼうして、まだバス停に来ていません。
   → _____

(2) 図工の時間、のりを忘れたことに気づきました。
   → _____

(3) 漢字のテストのとき、先生がなんと言ったのか、よく聞こえませんでした。
   → _____

(4) 掃除の時間、突然おなかが痛くなって、動けなくなりました。
   → _____

(5) 野外活動教室で青年の家に宿泊しているとき、人工内耳の電池がなくなってしまいました。予備の電池も持っていません。Kちゃんも野外活動教室に参加していて、電池を持っています。
   → _____

2. 今までの出来事を振り返って、学校や帰り道で困ったとき、どんな人がどんな風に助けてくれましたか？

   （例）おなかが痛くなったとき、○○君が保健室に連れていってくれた。
   → _____

3. クラスに東京から転校生が来ました。転校生は静岡もT小学校も初めてです。どうしたら、その転校生が困らないで生活できるか考えてみましょう。

   → _____

## 巻末資料5．学習活動ステップ3：読解
### 課題A（読んで話す学習）・課題B（読んで書く学習）

〈課題①〉

> 下の文章を読んで質問に答えてください。
>
> 〈授業参観〉
> 　昨日、小学校で授業参観がありました。授業が始まる前に、ロッカーのところで準備をしていたら、リコーダーが落ちてしまいました。すると、近くにいたおばあさんがすぐに拾って「はい、どうぞ」とにっこり笑いました。そのとき、「あ！　おばあちゃん」とR君が走ってきました。
> 　6年生は算数の授業でした。5年生の復習のプリントをやりました。問題をやっているときに、S先生が、「わからなかったら手をあげてください。ヒントを教えます」と言いました。Rくんが手をあげました。

1）近くにいたおばあさんは誰のおばあさんですか？
　　→ _____

2）リコーダーが落ちたとき、おばあさんは何をしましたか？
　　→ _____

3）リコーダーが落ちたとき、
　　→ おばあさんに拾って（　　　　　　）。

4）算数の授業のとき、S先生はどうして「わからなかったら手をあげてください」と言いましたか？
　　→ _____

5）R君はどうして手をあげましたか？
　　→ _____

〈課題②〉

> 下の文章を読んで質問に答えてください。

〈修学旅行説明会〉

　昨日、学校で修学旅行の親子説明会がありました。最初に、教頭先生が「去年の修学旅行のスライドを見せます」と言いました。次にS先生がしおりを配りました。日程では、最初の日のお昼ごはんは、飛行機で食べることになっています。S先生は、「お母さん方、一日目は、お弁当をお願いします」と言いました。

　家に帰って修学旅行のしおりをYちゃんに見せると、Yちゃんが「ホテルの食事はバイキングだから好きな物をいっぱい食べられるよ」と言いました。私がお土産はどんなものがあるかな、と思っていたら、Yちゃんが、「わからなかったらなんでも教えてあげるよ」と言いました。

　しおりを読んでいたら、Kちゃんが来て「見せて」と言ったので、一緒にしおりを見ました。修学旅行では、楽しそうなことがいっぱいで、楽しみです。

1) 説明会の最初に、教頭先生は何をしましたか？
　→ _____

2) 修学旅行一日目のお弁当は、誰が作りますか？
　→ _____

3) Yちゃんは、ホテルの食事はバイキングだと
　→ 教えて（　　　　　）。

4) 修学旅行のことでわからないことがあったら、どうしますか？
　→ _____

5) Kちゃんがしおりを「見せて」と言ったとき、どうしましたか？
　→ _____

〈課題③〉

> 下の文章を読んで質問に答えてください。

〈遠足の準備〉

　明日は5年生と6年生が遠足に行きます。AとKは、学校から帰ってくるとピクニックシートや雨具をリュックサックに入れて遠足の準備をしました。明日の朝、お弁当を作るのは、お母さんの仕事です。
　AとKはお菓子を買っていなかったので、お母さんがスーパーに行くときに、一緒について行きました。お母さんが買い物をしている間、お菓子売り場でお菓子を選んでいましたが、どのお菓子にするか、なかなか決まりませんでした。するとお母さんがやって来て、おさいふから500円を取り出しました。そして、「これでお菓子を買って、二人で帰ってきなさい」と言いました。
　帰宅して、お菓子をリュックに入れようとしたとき、Yちゃんが「そのグミ、食べたことがないから一つちょうだい」と言いました。Aはしぶしぶ「いいよ」と言ってグミをさし出しました。それを見てお母さんが「これも持って行ったら？」と冷蔵庫からチョコレートを出してきました。Aが「それちょうだい！」と言ったので、お母さんはAにチョコレートを渡しました。

1) 明日は何がありますか？
　→ _____

2) 遠足当日の朝、お母さんは何をしますか？
　→ _____

3) スーパーでお母さんは
　→ AとKに500円を（　　　　　　　　　）。

4) YちゃんはAに
　→ グミを（　　　　　　　）。

5) お母さんはチョコレートをどうしましたか？
　→ _____

巻末資料5

**巻末資料6. 確認テスト （30問）**

> 「あげる（あげた）」「くれる（くれた）」「もらう（もらった）」を
> （　　　）の中に入れてください。

1. 去年、私はＹちゃんに誕生日プレゼントを（　　　）。

2. Ｋ先生はいつもお菓子を（　　　）。

3. 私は去年のクリスマスにサンタクロースにゲームソフトを
   （　　　）。

4. 今日、学校で先生がスキー教室の写真を（　　　）。
   お母さんの財布にお金がなかったので、お父さんに写真の代金を
   （　　　）。

5. 私はおやつの時間にチョコレートを食べていた。Ｋが帰ってきたので、
   一つ（　　　）。

6. Ｓちゃんが私にシャープペンを（　　　）。

7. このシャープペンはＳちゃんに（　　　）。

8. 昨日、Ｓちゃんは人工内耳の電池がなくなって困っていた。
   だからＫちゃんが予備の電池を（　　　）。

9. 小学校では毎年3月、6年生に手紙を書く。
   そうすると、6年生は返事を書いて（　　　）。
   今年は、Ｓくんに返事を（　　　）。

10. 私は新しい制服のスカートがなかったので、Ｈちゃんが
    （　　　）。
    新しいブラウスは持っていなかったので、お母さんに買って
    （　　　）。

11. 昨日、私はお母さんにマッサージをして（　　　）。

12. 家族全員で写真に写りたかったので、知らない人に写真をとって
    （　　　）。

13. 遊んでいたら、ペットボトルのお茶がなくなった。
    お姉さんに「お茶はどこで買えますか？」と聞いたらお姉さんがお茶を（　　　　　）。

14. Yがマックのポテトを食べていた。
    そのポテトはYがお母さんに買って（　　　　　）。

15. 去年の夏休みに、文具店のお姉さんに消しゴムはんこの作り方を教えて（　　　　　）。
    お店の人は、他の子どもたちにも作り方を教えて（　　　　　）。

16. お母さんは買い物に行ってたくさんアイスを買ってきた。
    おやつの時間、お母さんはアイスをKちゃんに一つ（　　　　　）

17. Rちゃんが新しい制服のスカートをはいていた。
    そのスカートは、6年生のNちゃんがRちゃんに（　　　　　）。

18. Kちゃんが手袋を落としたとき、知らない人が拾って（　　　　　）。

19. Kちゃんが新しいくつをはいていた。
    そのくつは、お父さんがKに買って（　　　　　）。

20. S君が新しいゲームを持っていた。
    そのゲームはS君がRおじちゃんに買って（　　　　　）。

21. YおばちゃんがKの誕生日にケーキを作って（　　　　　）。

22. 昨日、学校でKちゃんが図工で使うのりを忘れた。
    だから私はKちゃんにのりを貸して（　　　　　）。

23. Yちゃんが勉強しながら寝てしまった。
    だからお母さんが部屋の電気を消して（　　　　　）。

24. Kちゃんが布団をかけないで寝ていた。
    だからお父さんが布団をかけて（　　　　　）。

25. Kがマックのポテトを食べていた。
    そのポテトはお母さんがKに買って（　　　　　）。

26. 重くてゆっくり歩いていたら、お父さんが持って（　　　　　）。

# 索引

[A] ALADJIN　9
[B] BICS　14
[C] CALP　14
[F] fossilization　→化石化
[J] JSL（Japanese as a Second Language）児童　26
[P] Piaget　→ピアジェ

[あ] アウトプット　116, 117, 122, 125
　　アウトプット仮説　122
[い] 一語文　60
　　一次的ことば　14
　　インタラクション　20, 117, 120, 121, 125, 132
　　インタラクション仮説　120
　　インテイク　116
　　インプット　115, 117, 118, 124
　　インプット仮説　118
[う] ウチ　86–88
[お] オーディトリー・バーバル・アプローチ（auditory verbal approach）　9, 62
　　音入れ　30
　　音韻意識　18, 24
[か] 化石化　26, 27
　　感覚器障害戦略研究　19, 40, 103, 106
[き] 気づき　115, 116, 122–124
　　9歳の壁　13–15
[け] 形態素　18, 25
　　言語獲得援助システム　114
　　言語獲得装置（LAD）　112, 114
　　言語（の）処理過程　55, 56
　　言語直感　22
　　言語の処理　57
　　言語の選択　45–47
　　健聴児の言語発達　59
[こ] 語彙の成長　18
　　行動主義アプローチ　112
　　構文獲得年齢　19
　　口話法　46
　　個人差　34, 35, 52
　　誤用　21, 24
[さ] 三次的ことば　14
[し] 質問応答関係検査　21
　　視点　85–87

授受構文　103, 104
授受構文の習得　25
授受の方向　84
授受表現　19, 83, 91, 94, 97
手話　46, 47
生得的アプローチ　112
助詞の誤用　22
人工内耳　38, 48–50
人工内耳装用児　37–39
新生児聴覚スクリーニング検査　38
[す] スピーチ・バナナ　51, 52
[そ] 相互作用論的アプローチ　113
　　装用閾値　51, 52
　　ソト　86–88
[た] 第一言語　27, 47
　　第一言語習得　36
　　第一言語習得理論　114
　　待遇表現　89
　　第二言語　27
　　第二言語習得　20, 26, 27, 36, 57, 111, 115, 126
　　第二言語習得研究　118, 123
　　第二言語習得の指導　117
　　第二言語習得理論　114
[ち] 中間言語　26
　　聴覚（・）口話法　46, 47, 108
[つ] 通級指導　37, 39
[と] 動機付け　29, 31
　　統合　116
　　トータル・コミュニケーション　46, 108
[な] 喃語　60
　　難聴学級　37
[に] 二語文　60, 75
　　二次的ことば　14
　　日本語学習者　21, 24
　　日本語学習者の誤用　22
　　認知　32, 33, 111
　　認知的アプローチ　111, 113
　　認知（の）発達　31, 32
　　認知力　111
[は] バイリンガル・アプローチ　108
　　バイリンガル教育　47
　　母親語（マザリーズ：motherese）　30

- [ひ] ピアジェ　14, 32, 113
  - 否定証拠　20, 21
  - 非用／回避（avoidance）　149
  - 表象機能　32, 72, 113
- [ふ] フィードバック　126, 131, 140
  - フォーカス・オン・フォーム　111, 123, 131
- [ほ] 母語習得　61
  - 母語習得理論　112
- [ま] マッピング　54, 58
  - マップ　69
- [め] 明示的文法指導（explicit grammar teaching）　160
  - メタ言語能力　129
- [よ] 読み（リーディング）の発達　16, 17
- [り] リキャスト　126, 132, 134
  - リテラシーの獲得　18
  - （リ）ハビリテーション　29, 30, 54, 58, 69
- [ろ] 聾学校　37
- [わ] 話者の視点　85–87

［著者］　星野友美子　ほしの ゆみこ

昭和女子大学大学院文学研究科言語教育コミュニケーション専攻博士課程修了。博士（文学）。専門は聴覚障害児のための実践的言語習得法。海外で日本語教育に携わる。東海大学健康科学部社会福祉学科研究員（研究テーマ：人工内耳装用児の言語獲得・聴覚障害者への情報保障）を経て現在、静岡市人工内耳親子の会代表。聴覚障害児をもつ親ならびに研究者の立場から家庭における療育や言語習得支援についての講演や研修を全国で行う。主な論文に「人工内耳で聴覚障害児を育てるということ」（2007年、『そだちの科学』No.9、日本評論社）、「聴こえない・聴こえにくい子どもの子育て―人工内耳がもたらした可能性」（2010年、『昭和女子大学女性文化研究所紀要』No.37）、「人工内耳装用児の言語学習活動―事例による授受表現の学習」（2012年、昭和女子大学大学院文学研究科博士論文）などがある。

## 人工内耳装用児の言語学習活動
### フォーカス・オン・フォームによる
### 「あげる・くれる・もらう」の指導

2015年2月28日　初版第1刷発行

著者・星野友美子
発行者・吉峰晃一朗・田中哲哉
発行所・株式会社ココ出版
　　　　〒162-0828　東京都新宿区袋町25-30-107
　　　　電話　03-3269-5438
　　　　ファックス　03-3269-5438

装丁・組版設計・長田年伸

印刷・製本・モリモト印刷株式会社

定価はカバーに表示してあります
ISBN 978-4-904595-54-1

シリーズ多文化・多言語主義の現在 5
## ろう者から見た「多文化共生」
もうひとつの言語的マイノリティ
佐々木倫子編　2,400円＋税　ISBN 978-4-904595-24-4

日本語教育学研究 1
## 学習者主体の日本語教育
オーストラリアの実践研究
トムソン木下千尋編　3,600円＋税　ISBN 978-4-904595-03-9

日本語教育学研究 2
## 日本語教育と日本研究の連携
内容重視型外国語教育に向けて
トムソン木下千尋・牧野成一編　3,600円＋税　ISBN 978-4-904595-09-1

日本語教育学研究 3
## 「ことばの市民」になる
言語文化教育学の思想と実践
細川英雄著　3,600円＋税　ISBN 978-4-904595-27-5

日本語教育学研究 4
## 「実践研究」は何をめざすか
日本語教育における実践研究の意味と可能性
細川英雄・三代純平編　3,600円＋税　ISBN 978-4-904595-49-7

ココ出版の書籍

日本語教育学の新潮流 1
### 日本語教師の「意味世界」
オーストラリアの子どもに教える教師たちのライフストーリー
太田裕子著　4,000円＋税　ISBN 978-4-904595-08-4

日本語教育学の新潮流 2
### グローバリゼーションと日本語教育政策
アイデンティティとユニバーサリティの相克から公共性への収斂
嘉数勝美著　3,600円＋税　ISBN 978-4-904595-11-4

日本語教育学の新潮流 3
### 「だから」の語用論
テクスト構成的機能から対人関係的機能へ
萩原孝恵著　4,000円＋税　ISBN 978-4-904595-22-0

日本語教育学の新潮流 4
### 第二言語習得における言語適性の役割
向山陽子著　3,600円＋税　ISBN 978-4-904595-32-9

日本語教育学の新潮流 5
### 子どもたちはいつ日本語を学ぶのか
複数言語環境を生きる子どもへの教育
尾関史著　3,600円＋税　ISBN 978-4-904595-34-3

ココ出版の書籍

日本語教育学の新潮流 6
## 「序列の接続表現」に関する実証的研究
日中両言語話者による日本語作文の比較から
黄明俠著　3,600 円＋税　ISBN 978-4-904595-36-7

日本語教育学の新潮流 7
## 「非母語話者の日本語」は、どのように評価されているか
評価プロセスの多様性をとらえることの意義
宇佐美洋著　4,000 円＋税　ISBN 978-4-904595-41-1

日本語教育学の新潮流 8
## 日本語教育における評価と「実践研究」
対話的アセスメント：価値の衝突と共有のプロセス
市嶋典子著　3,600 円＋税　ISBN 978-4-904595-43-5

日本語教育学の新潮流 9
## 文脈をえがく
運用力につながる文法記述の理念と方法
太田陽子著　3,600 円＋税　ISBN 978-4-904595-47-3

日本語教育学の新潮流 10
## 第二言語によるパラフレーズと日本語教育
鎌田美千子著　3,600 円＋税　ISBN 978-4-904595-56-5